汉字文化学

何九盈 著

第 2 版

商务印书馆
The Commercial Press

2019年·北京

图书在版编目(CIP)数据

汉字文化学/何九盈著.—2版.—北京:商务印书馆,
2016(2019.11 重印)
ISBN 978-7-100-11917-7

Ⅰ.①汉… Ⅱ.①何… Ⅲ.①汉字—文化学—研究
Ⅳ.①H12

中国版本图书馆 CIP 数据核字(2016)第 005217 号

权利保留,侵权必究。

汉字文化学(第 2 版)
何九盈 著

商务印书馆出版
(北京王府井大街 36 号 邮政编码 100710)
商务印书馆发行
北京艺辉伊航图文有限公司印刷
ISBN 978-7-100-11917-7

2016 年 3 月第 1 版　　开本 850×1168　1/32
2019 年 11 月北京第 2 次印刷　印张 10⅜
定价:28.00 元

目 录

第一章 总论 ... 1
第一节 20世纪中国文化的反思 ... 1
第二节 三种世界眼光看汉字 ... 11
第三节 文化 文明 文字 ... 23
第四节 汉字 汉字文化 汉字文化学 ... 37
第五节 汉字文化研究史 ... 51
第六节 汉字文化学的理论背景 ... 121
第七节 汉字文化学的方法论 ... 129

第二章 本体论 ... 147
第八节 汉字形体的文化功能 ... 147
第九节 汉字音读的文化功能 ... 193

第三章 关系论 ... 215
第十节 汉字与汉语的关系 ... 215
第十一节 汉字与精英文化 ... 239

第十二节 汉字与大众文化 ··· 271
第十三节 汉字与汉文化传播 ····································· 312

结　语 ··· 325

后　记 ··· 330

再版后记 ·· 332

第一章 总论

第一节 20世纪中国文化的反思

改革开放以来,由于西方文化的再度输入,中国出现了"文化热"、"文化高潮",也出现了"文化泡沫"这样一些说法。有人还编出《文化歌》,歌曰:

> 你炒文化,我炒文化,他炒文化,大家都来炒文化。吃完一盒快餐文化,讨论什么是文化。我也知道,你也知道,他也知道,争得脸红脖子粗,最后又都说不知道,终于一齐糊涂了。
> （陆昕:《文化的异化和异化的文化》,原载《中华读书报》,后收入作者的《月落集》,学苑出版社1999年版）

其实,"文化"这个词自从清末传入我国之后,一直就是使用频率颇高的常用词。20世纪的中国称得上是一个"文化"中国,无论是打仗,搞运动,还是搞建设,都要涉及"文化"。有"文化宣言"、"文化围剿"、"文化建设",还有"文化大革命",我们何时忘记过"文化"！公平而言,真正在"文化"上做出一点像样的成绩的是二三十年代和八九十年代。"炒文化"固然不可，何况"炒""热"的文化肯定是无法持久的；但革文化的命就更是一种灾难了。

翻开20世纪的文化发展史，"炒文化"毕竟不是主流，靠"炒文化"起家的人毕竟不多见。至于所谓"文化泡沫"，这完全是个人价值判断的问题。如果与"泡沫"相对的是"永恒"，则永恒的精品任何时候都只能是少数；如果视"普及"、"应时"之作为"泡沫"，这种"文化泡沫"的出现不仅是合理的，而且是必要的。我以为真正值得认真总结、反思的是长达几十年之久的所谓"文化革命"。这里不是专指那个"史无前例"，而是指20世纪的文化走向长期以"破旧"、"横扫"、"打倒"为基调，以高唱革命战歌为主要潮流。具体而言，是指新旧文化之争，中西文化之争，"兴无灭资"的文化之争（或者叫"左翼"、"右翼"的文化之争）。这三大文化论争的核心问题是中西文化之争。所谓"新文化"，以及以马克思列宁主义为基础的无产阶级文化，都是从西方传进来的，都不是本土文化，只有所谓"资产阶级文化"在一段时期之内是一个莫名其妙的概念。那年月，一切不符合大政策、小政策乃至大大小小长官意志的言论行动，都可以装进"资产阶级"这个箩筐中，都可以联到"资产阶级"这根线上。

这三大文化论争的功与过只有用专书的形式才能展开来讨论，因为涉及的问题太复杂，判断的标准也很多，功利标准，政治标准，意识形态标准，还有道德标准。我们现在要研究的只是汉字与三大文化论争的关系。

在新旧文化之争中，汉字首当其冲。新文化运动的将领们，很少有人不大骂汉字的。汉字被判定属于旧文化这一边，这当然

第一章　总论

不错；而凡旧都要革，这就是偏差。用新文字取代旧文字，也就是取代有数千年历史的汉字，实行汉字革命，这是新文化运动的重要内容之一。

在中西文化之争中，方块汉字被判定为不如西方的拼音文字。首先做出这一结论的并不是中国人自己。几千年以来，中国人自己对汉字饱含敬意，敌意的灌输来自西方。西方的传教士、外交官、军人、商人，还有某些学人、文化人，他们说汉字不好，才有后来中国人自己的大骂汉字，生出要革汉字命的过激主张。王漪在《明清之际中学之西渐》第四章《中国对十七、十八世纪欧洲之影响》中引用了一些西方言论，现转引如下：

在讨论中文之优劣与意义中，欧洲人几乎一致公认中文之艰深颇碍中国人对其他知识之追求。

李明（盈按，原名为 L. Le Comte）说："这些繁多的字，是中国人无知的来源。"

盈按：此语出自法国耶稣会士李明（1655—1728 年）的《中国近事报道》。大象出版社于 2004 年出版了郭强等人的译本。将此语译为："这数量众多的中国字是中国人民无知的根源所在。"（170 页）又，李明与白晋、张诚等人于康熙年间来华传教，1688 年 2 月到达北京。

利玛窦说："中国人必须致力于精通文字，因此耗尽精力，妨碍了学习其他知识。"

18 世纪英国军人 Anson 在其名著 Anson's Voyage Round

the World 中论及中国文字,曾予苛刻的批评说:

"说到中国字,他们(中国人)的固执和荒谬则更令人惊讶,经过这么长的历史,在众多国家中,只有中国仍用那粗糙的符号,他们必须精通一大堆超过人类记忆所能负荷的字,书写起来也需要奇异的功力,没有人能够完全精通它。"

孟德斯鸠却认为中文之难反有功于风俗教化,他说:

"夫支那之所以道民齐俗,不外乎礼如此,而是礼也,其所以深入人心不可复夺者有二,一即以其文字之难也,彼都人士常耗其毕生大半之精力从事夫此,盖惟文字精通,而后有以与乎典籍所传著之意。"

17、18世纪的西方人指责中国人的文字,这并不奇怪,奇怪的是中国的某些先进人物也起而附和。大概原因有二:一是汉字不同于西方所有的文字,笔画不表音,形状颇奇特;二是文化心态问题。不论怎么说,经过中西文字比较,我们有了注音字母,又有了拼音方案,这无疑是一个了不起的进步。

所谓"兴无灭资"之争,也就是"左"、"右"之争,这本是政治问题,意识形态问题,跟汉字文化有什么关系呢?在一切事物都被简单地划分为两极的那些年代里,如何对待汉字,也有一个站队的问题。从二三十年代到70年代中期,左派、革命者是主张汉字改革的,至少要附和这一主张,不反对这一主张。文字改革已不再是单纯的学术问题,而是政策问题。在这样的情况下,不赞同或反对汉字改革,就滑到"资产阶级右派"那一边去了,有的学人就因此而当上了"右派"。当年主张改革的理由,并不全错。现在看起来实在太武断,经不起推敲,也可以说幼稚

第一章 总论

得很。如认为汉字为地主资产阶级所控制、所利用,成了压迫无产者及劳苦大众的工具,它难写、难认,于是要革命,要废除。谁不赞成就革谁的命,这也叫"兴无灭资"。

这套理论现在当然不管用了,而整个20世纪推行了几十年的文化上的所谓"两条路线"的斗争,不仅在汉字文化领域,其他领域也一样,后果是严重的。

1968年9月24日台湾学者殷海光在一封信中谈道:

> 自五四以来,中国的学术文化思想,总是在复古、反古、西化、反西化,或拼盘式的折衷这一泥沼里打滚,展不开新的视野,拓不出新的境界。
>
> 五四人的意识深处,并非近代西方意义的'to be free'(求自由),而是'to be liberated'(求解放)。这二者虽有关联,但究竟不是一回子事。他们所急的,是从传统解放,从旧制度解放,从旧思想解放,从旧的风俗习惯解放,从旧的文学解放。于是,大家一股子劲反权威、反传统、反偶像、反旧道德。在这样的气流之中,有多少人能做精深谨严的学术思想工作?
>
> 新人物反旧,旧人物也反新。互相激荡,意气飞扬,防御是尚,于是形成两极,彼此愈来愈难作理性的交通。一九一一年以后的中国就没有像日本那样的稳定的社会中心,以及深厚的中间力量。加以左右的政治分化和激荡,更是不可收拾。

(林毓生:《中国传统的创造性转化》第316—317页,生活·读书·新知三联书店1988年版。盈按:此信收入张斌峰编《殷海光文集》(4),102—104页,湖北人民出版社2001年版)

殷氏所说的"两极"跟我在上文所说的"两条路线"很接近。把政治上的"两极"、"两条路线"搬到文化、学术领域，造成文人、学人自己窝里斗，把许多精力都浪费在斗斗斗上，哪能"做精深谨严的学术思想工作"？为什么叫喊了一个世纪的"文化，文化"，而没有一部像样的研究汉字文化的精深之作呢？就因为这个领域曾经是颇为敏感的禁区。连汉字的命都要革掉，还谈什么汉字文化呢！

20世纪的确是一个伟大的世纪，我曾经在《中国现代语言学史·绪论》中说：

> 中国现代语言学的发展与现代中国社会的变革有密切关系。这种变革的深远意义可能我们现在还认识得不透。从历史上来看，只有春秋战国时期的文化形态可与之媲美。仅仅"科学"、"民主"这一对概念的输入，就如同石破天惊，为新世纪的新文化埋下了不朽的奠基石，中国两千年的封建文化从此无可奈何地画上了一个沉重的历史性的句号。

这番话谈的是主流，现在看来还是站得住的。跟任何伟大变革一样，都要做出牺牲，付出代价，甚至还会留下后遗症，产生负面影响。而且上面这番话还没有包括1949年以后的情况。1949年以后也是一个伟大的时代，新中国取得了举世瞩目的成就，也产生了许多有目共睹的失误。十年"文化大革命"使中国文化的元气为之大伤。人和人之间比之以往更难做"理性的交流"，"更是不可收拾"。"文化大革命"的后遗症比之以往任何一次运动的后遗症都要严重，留下了种种非学术性的疙疙瘩瘩，种种非因精深学术问题而纯属意气用事的争吵，这不能不归因于包围我们的、我们又不能不呼吸其间、生存其间的文化生态系统。人一生下来就面对某种现成的文化生态系统，为某种文化所"化"。有什么样的文化生态系统就会有什么样的文化人，有什么样的文化人就会有什么样的文化论争。当然，人也可以"化"文化，反作用于文化，从而改善文化生态系统。从这样的理念出发，我以为"汉字文化学"的建设，第一件要做的事，就是文化反思，就是用新时期的眼光、用历史的眼光重新审视我们所面对的文化生态系统，解剖它的过去，正视它的现状。没有一个良好的文化生态系统，"汉字文化学"是建立不起来的。我们有幸迎来了20世纪的结尾，20世纪给我们留下了一条光明的尾巴。我们得以不存偏见地回观20世纪的文化变迁，从中汲取营养，也要检讨文化上的偏差。以下三点值得注意。

　　首先要记取的是，无论是研究汉字文化还是别的什么文化，对自己的研究对象宜保持冷静的客观的立场。另外，文化研究者要用文化塑造自己的文化形象，讨论的既然是文化问题，就不要用非文化手段使讨论复杂化。遗憾的是已往的文化广场常有非文化的武化习气，火药味太浓。在汉字必须要革命的年代里，为汉字说好话的人纷纷落马，下场不堪言状。这实在太不正常了。文化学术领域中的"风派"也很坏事，随风倒，一哄而起，容不得不同意见，不敢于坚持己见，这都不利于学术发展。在中国，非常需要建立优良的学术环境，营造一种心平气和、宽容高雅的文化氛围，民主自由的讨论空气。上半世纪汉字问题上的种种失误,根本原因是我们的文化生态系统有太多的不健全,有太多的蛮不讲理的暴力倾向。

其次,自有先民以来,文化、文明都是在继承、交流中发展前进的。新旧之间是继承关系,中西之间是交流关系,这里不存在鸿沟。惟新是尚,与守旧、厌旧一样都是不对的,排外与崇洋媚外也都是不对的。

在遥远的伏羲时代、黄帝时代,文化交流就开始了。部落之间的交流,氏族之间的交流,民族之间的交流,后来是国与国之间的交流,从来都没有停止过。人类任何一种文明都必然包含另一种或多种文明的因素,单一的文明、纯之又纯的文明是不存在的。《老子》说的"邻国相望,鸡犬之声相闻,民至老死,不相往来"是理想,不可能是事实。如果有这样自我封闭的国家,这个国家必然灭亡。老子主张"无为",主张"绝学无忧",根本反对发展文化,还谈什么交流呢!

历史上,中外文化交流一直以西方为主渠道,汉代的西方是指西域,由张骞"凿空";唐代的西方指印度诸地,所以说唐僧上西天取经;明末清初的泰西指欧洲各国。汉唐时代的中西交流,明末清初的中西交流,基本上都是成功的,中方并无"屈辱"之感,连康熙皇帝也积极刻苦学习西方文化知识哩!中国传统文化(包括汉字)的地位并未因交流而跌落。清末到民国年间的中西交流,国人的文化心态大变,传统文化几至于解体,连汉字的命运也岌岌可危,伤筋动骨一百年。百年之后的今天,东方文化才迎来了复兴的转机。我们现在来讨论汉字文化,就是在转机的条件之下生出来的具有历史意义的重大课题。

近现代的中西文化交流和汉唐、明末清初的交流相比,情形之所以不同,既有国际原因、社会原因,也有文化自身的原因。

汉唐都是农业时代的强大帝国,与西方诸国相比,无论是军事、政治、经济、文化,都有高屋建瓴之势,处于世界领先地位。那时的文化交流,中方处于主动地位,并未触及本土文化的深层结构,即使影响甚大的佛教文化,也无法与中土的儒家文化抗衡。明末清初的文化交流,规模比较小,基本上是在传教士的范围之内,西方的侵略者也只能在边境地区(如澳门)小打小闹,对中国的传统文化并没有构成什么威胁。清末民国时期,情形就大不一样了。欧洲的强国已进入工业社会,进入科技时代,建立了自由、民主的伦理秩序;而中国还停滞在农业社会,科技严重落后于西方,从皇帝到军阀都紧抱专制主义,与人民为敌。这时的文化交流,中方完全是被动的,西方文化以炮舰为先导,潮水般涌入中国,冲毁了孔家店,也冲毁了以经学为核心的传统文化体系,变也得变,不变也得变。在这样的形势下,有人主张废除汉字,革汉字的命,可以说是矫枉过正,也可以说是一切都要重新试验,还可以说是汉字本身的确有它自己的缺点。至于外国人看汉字,正如外国人看京戏,很难接受,不足为奇。问题在于西方文化中心论者以高等民族自居,要用自己的核心价值观征服全世界,教训全世界,领导全世界,这就不仅仅是文字层面的问题了。

按通常情况而言,中西文化交流是必要的,也是可能的,并不是非要走向冲突不可。拿音韵学为例,从古至今都受益于中西交流。从汉末开始,梵学传入中土,开阔了中国音韵学的视野,反切的广泛使用,四声的发现,等韵学的建立,梵学有启示、推动之功。现代音韵学的发展，也得西方语音学、音位学之助，国际音标的输入，更是功莫大焉。可是传统音韵学还是有自己的不可代替的地位和作用，顾炎武、江永、戴震、段玉裁、江有诰的著作乃至章太炎、黄侃等人的研究成果，并不因此就失去了自己的光辉，并不因此就要被扔到茅坑里去。

汉字由于自身结构的独特性，很难直接从西方文字研究中受到启迪，但汉语拼音方案是中西文化交流的产物，汉字学科的一般理论原则，系统化的构建原则，也是深受西方影响的现代学科体系的产物，至于"汉字文化"的提出，同样受西方文化的影响。汉字是本土的，文化在 culture 这个意义上完全是西方的。以 culture 为思维原点研究汉字，这是中西文化结合的产物。

第三，古代中国是一个思想一统的宗法家长帝国，与之相应的是文化上的专制主义。作为文化榜样的圣贤只不过是文化专制的偶像。从孔子诛少正卯到李卓吾冤死狱中，还有历朝历代的文字狱，到明清两代文化专制愈演愈烈。孔子首开排斥"异端"之风，孟子打着"正人心，息邪说"的旗号，卫孔子之道，拒杨墨之言。他说："杨氏为我，是无君也；墨氏兼爱，是无父也。无父无君，是禽兽也。"这样破口大骂，实开以口诛笔伐代替学理分析之先河，两千多年以后的"文革大字报"不就是孔孟遗风吗！

五四运动批判了文化专制主义，代之而起的是一元文化观。唯我独左，唯我独革，唯我正确，容不得不同意见，可以说这是多数中国文化人的毛病。在汉字问题上，压制不同意见，打击不同意见，就是一元文化观的具体表现。一元文化观或者以权威偶像的是非为是非，或者以经典传统的是非为是非，或者以权势握有者的是非为是非，不允许选择，不允许创新，不允许奇思异想，对学术发展起阻碍作用，尤其是边缘学科、交叉学科的发展，更是难乎其难。一元文化观推崇的是"道统"、"文统"、"学统"，是多数派，是一言堂，实际上就是话语霸权主义，对于边缘文化往往起压制作用。汉字文化学的提出不过十年历史，哪来的"统"呢！这门学科至今还只是局限在少数研究者的范围之内，还没有受到广泛的应有的重视，就因为它还没有冲破一元文化观的束缚，它的历史意义和深远意义还需要阐发。

局部和整体是联系在一起的，从整体上观察20世纪的文化特质，我们就会明白，汉字问题之所以成为问题，根子就出在文化上，文化一味"大破大立"，汉字能安然无恙吗？

第二节　三种世界眼光看汉字

用传统眼光看汉字和用世界眼光看汉字，所得结论当然不同。

用传统眼光看汉字，汉字神圣得很，从来就没有成为问题。如果有问题，那也只是规范问题、正字问题、正音问题等等，至于它在中国文化史上的地位和作用，那是不言而喻的，所以我们的古人根本就不讨论或者很少讨论这样的问题。在他们看来，这里原本就无问题，讨论什么呢！明末来华传教士金尼阁写了一本《西儒耳目资》，曾引发了一场小小的讨论，经金尼阁一解释，"中华之字，同音极多"，若用西之切法，"岂不乱哉！"这场讨论还没有开展起来就悄悄地平息了。1892年，时任英、法、意、比四国公使的薛福成（1838—1894年）在这年十月初六的日记中也比较过中西文字之异同,他的眼光不是西化的,还是传统的。

> 希腊字文理较长,而总不外以字母摄音,合音成字;故各国皆26字母,惟希腊有36字母,而法国只24字母,于六书中仅得谐声之义。不知声音之道,年久则变。中国经籍,如"天"、"下"、"华"、"庆"、"明"、"行"等字,六朝前犹近秦汉之音,唐以后则纯用今音。以中国之人读中国之字,而高下轻重疾徐,已各自成音,赖有象形、会意等义相维持,故数千年后犹得于考证古训也。外国文字仅知谐声,以口相传,久而易变。况以华言译西语,以今音译古语,以华字译西书,既无一定之音,又无一定之字,而且方言各异,则安能如华文之六体兼备而四书不乱哉?
>
> (《出使英法义比四国日记》第660页,岳麓书社1985年版)

用世界眼光看汉字,主要发生在20世纪。世界在变,眼光也跟着在变,汉字还是那个汉字,而眼光却有不同,汉字的遭遇也就不同,这是颇有意义的。20世纪有三种世界眼光在看汉字,这就是:西方文明中心论者的世界眼光,东方文明中心论者的世界眼光,文明多极论者的世界眼光。这三种世界眼光的实际影响自不可一概而论,立场、观点都大不相同,却都牵涉到如何评价中华文明在世界文明中的历史作用和现实地位问题。

由传统眼光转换为世界眼光看汉字,根源于中国社会不能不由传统型转换为现代型,在此转换过程中,汉字碰到了前所未有的难题。

在传统文化中，汉字掌握在少数人手里；它的使用范围局限于中国和汉字文化圈中的有关国家；它的用途也有限，用于书写经籍典籍、政府文书、各类作品以及民间契约、记账之类。

一个现代化的社会，文化要普及，广大工农群众要学文化，而且要学得快，学得好，汉字难学难认的问题提出来了，甚至汉字为哪个阶级服务的问题也提出来了。尽管这样提问题是不妥当的，而谁也不能禁止有人这样看汉字，这样批评汉字。

一个要走向现代化的国家，必然要参与国际交流。汉字一走向国际大家庭，外国人也开始批评汉字了：稀奇古怪，难写难认。

还有，汉字如何适应科技时代，这里有技术处理问题。

难题是可以解决的，无论是技术问题还是认识问题都不可能是一成不变的。所以，百年之内，世界眼光就有三种之多。

一、西方文明中心论者的世界眼光

这个问题我在上一节已经谈了一些看法。汉字地位的跌落，是西方文化压倒东方文化的恶果之一，国内外从根本上否定汉字的人，基本上都是以西方文明中心论者的世界眼光来否定汉字的，尽管这种眼光不长远，视觉有偏差，但如果不是站在西方世界看中国，汉字的地位是不可能动摇的。

西方人为什么要把自己的文明凌驾于世界各种文明之上并以自我为中心呢？这跟他们在科学技术上领先有关系，更重要的是通过军事侵略、领土扩张、文化渗透，置弱小民族于受压迫、受奴役的地位，以达到称霸世界的目的。中国人难道不想以自我为中心吗？难道不想将自己的文化、文字推广到世界各地吗？清帝国鼎盛之日，以自己为"天朝"，视洋人为"夷狄"，为化外之民，只是鸦片战争后，不堪一击的老朽帝国威风扫地，一系列不平等条约把中国政府变成一个顺从洋人的机器，还有什么资格夸耀自己古老的文明呢！此后，不少文化人眼看中国在世界上受尽欺凌，也渐渐地露出那下世光景来，一面主张全盘西化，一面痛骂传统，由自尊自贵变得自轻自贱，矮洋人十等，事事不如洋人。有人说：

> 东洋文明和西洋文明，怎么能够处于对等地位呢？……一两和十五两成为一斤，这个一两和这个十五两，除同为加法中的一个相加的数目外，并没有对等的道理。现在西洋文明和东洋文明的比，何止十五和一的比呢！
>
> （毛子水：《驳〈新潮〉国故和科学的精神篇订误》，《新潮》第 2 卷第 1 号，1919 年）

30 年代，主张"全盘西化"的陈序经引用胡适的话说：

> "我们如果还想把这个国家整顿起来，如还希望这个民族在世界上占了一个地位，——只有一条生路，就是我们自己认错，我们必须承认自己百事不如人。"
>
> 胡先生在这里虽不明说全盘接受西洋文化，然谓"百事不如人"，正和我们的全盘西化相差没有几多。
>
> （陈序经：《中国文化的出路》第五章，商务印书馆 1934 年版）

不读这些文字，怎么能知道，当年的某些新式人物为什么要把汉字骂得狗血喷头呢？的确，汉字问题不仅仅是汉字问题，我们的文化既然一无是处，根本没有分量，汉字还不该骂吗！一个穷人，在外面受尽了恶棍的气，一回到家里就打老婆，骂孩子，自己左右开弓打自己的耳光。那些以西方人的眼光为自己眼光的人，也跟这个穷人一样，骂祖宗，骂文化，骂孔子，骂汉字，他们的确骂倒了应该骂必须骂的，也骂了不应该骂的。最为极端的耸人听闻的话就是："汉字不灭，中国必亡。"此话根本就违背事理和逻辑，然而在相当长的历史时期之内却占据了相当一部分文化人的头脑。

后来的历史发展证明，汉字没有灭，中国也没有亡。不过，当一代伟人向世界宣布"中国人从此站立起来了"的时候，汉字并没有跟共和国一起站起来，它以待罪之身在等待着灭亡。因为文字必须改革，要走世界文字共同的拼音化的道路，这是方向。"西化"，虽然没能"化"得起来，其影响之深远不能低估。

只有到了 80 年代，到了改革开放的新时代，中国人继政治上和意识形态上的独立自主之后，在文化领域也开始归宗认祖。我们既不要"西化"，也不要"苏化"。"我们是谁？""我们是我们自己。"我们有自己的语言，自己的文字，自己的文化传统，一个东方文化复兴的时代开始了。

二、东方文明中心论者的世界眼光

世界变了，眼光也变了，汉文化观，汉文字观也跟着变了。世界不仅变得跟 19 世纪不同了，也变得跟 20 世纪上半期不同了，

80年代的中国跟70年代的中国已有天壤之别。这是千真万确的亲身感受。

从世界范围内来看,"西方文化中心论"的破产已成事实,西方的有识之士如汤因比就曾经指出,文明发展的中心模式事实上是不存在的。他说:

> 所谓"历史统一"的错误概念——包括那样一种推论,认为文明的河流只有我们西方的一条,其余所有的文明不是它的支流,便是消失在沙漠里的死河——还有三个来源:自我中心的错觉,"东方不变论"的错觉,以及说进步是沿着一根直线发展的错觉。
>
> (汤因比:《历史研究》上,中译本第46页,上海人民出版社1997年第1版)

自我中心的确是错觉,"东方不变论"是更大的错觉,这两个错觉是一个问题的两个方面。中国的突起,亚洲四小龙的腾飞,证明东方变了,自我中心也就"中心"不起来了。亨廷顿在《文明的冲突与世界秩序的重建》中多次谈到这种情况。他说:

> 每一个文明都把自己视为世界中心,并把自己的历史当作人类历史主要的戏剧性场面来撰写。与其他文明相比较,西方可能更是如此。然而,这种单一文明的观点在多文明的世界里日益不相关和无用。研究文明的学者长期以来承认这一自明之理。……汤因比严厉批评了表现在"自我中心的错

觉"中的西方的"狭隘与傲慢",即认为世界环绕着西方旋转,存在着"不变的东方",以及"进步"是不可避免的。像斯宾格勒一样,他认为统一历史的假设是无用的,即这样一个假设:"只存在着一条文明之河,那就是我们自己的,所有其他文明之河都或者从属于它,或者消失在荒沙之中。"在汤因比之后五十年,布罗代尔同样强调需要努力寻找一个更广阔的视野,并理解"世界上伟大的文化冲突和世界文明的多样性"。然而,这些学者所警告过的错觉和偏见依然存在。(第41页)

西方是而且未来的若干年里仍将是最强大的文明。然而,它的权力相对于其他文明正在下降。(第8页)

权力正在从长期以来占支配地位的西方向非西方的各文明转移。全球政治已变成了多极的和多文明的。(第8—9页)

在20世纪,文明之间的关系从受一个文明对所有其他文明单方向影响支配的阶段,走向所有文明之间强烈的、持续的和多方向的相互作用的阶段。(第39页)

非西方社会,特别是东亚社会,正在发展自己的经济财富,创造提高军事力量和政治影响力的基础。随着权力和自信心的增长,非西方社会越来越伸张自己的文化价值,并拒绝那些由西方"强加"给它们的文化价值。

(中译本第6页,新华出版社1998年版)

在国外,还有这样的预言,亚洲将成为世界发展中心,21世纪将是"太平洋世纪"。"东方文明中心论"的提出也是一种世界眼光,也有它的国际背景,其文化心态当然是对"西方文明中心论"的抗拒与反对,是受压了一百余年的中国人要长吁一口气,要重振汉唐雄风。所以,从道义上来讲,对这样的夸大之辞不必深责。而且,东方文明中心论并没有成为事实,它一直停留在对未来的预设阶段。它的理论也是极不完备的,著名的论点有:"21世纪东方文化将代西方文化而起","东西文化的关系是三十年河东,三十年河西"。说得通俗一点,就是:风水轮流转,明年到我家。

了解文化中心论的消长,直接关系到如何看待汉字文化的问题。东方文明中心论在汉字文化领域里的反应相当热烈。下面是我们从一家刊物上摘引的一些言论,目的不是为了要批评谁,只是要展示一种文化心态。至于这些言论本身,完全可以作为一家之言受到尊重,个人是否同意这是另外一个问题。

"世界关于语言文字结构的研究中心有可能转移到中国。"

"把汉字文化扩展到世界广阔的领域去。""汉字文化传统对现代化进程具有巨大的动力。"

"世界上最有国际通用性的文字是写意的,而不是写音的","人类文字发展的最高阶段,不是纯拼音文字,而是写意文字。"

"未来世界的第一语言,21世纪的第一语言,将是汉语。"(盈按,汉语成为"世界的第一语言",与之相应的汉字也就要成为世界第一文字了)

这些话都是站在世界高度具有世界眼光的人讲出来的,乍一听,实在叫人开心呀!

曾几何时,历史的发展还不到一百年,汉字曾经被一记耳光打得栽到了地下,现在又被捧到了天上。请问,汉字,你有何想法?

汉字说,第一,无论是几十年前骂我为"混蛋"、"野蛮",是"牛鬼蛇神"、"十恶不赦"的人,还是现在极力夸我的人,我相信你们的心肠都是好的,都是为了振兴中华,所以,好与坏我都不计较了。第二,只是,你们为什么总是感情用事好走极端呢?从五四到现在,你们的思维方式为什么没有多少长进呢?《红楼梦》里一个什么人说了一句"不是东风压倒西风,就是西风压倒东风",你们就把它运用到文化领域来了。文化,文明,并不存在你死我活的斗争。第三,骂我的人,捧我的人,都是少数,我既不会被骂杀,也不会被捧杀,我还是我,我将顺应时势,顺应潮流,生存下去,好好地为世人服务,我从来没有想过要当什么"中心",要争什么世界"第一"。当中心,争第一,那是你们自不量力吧!这样争下去,不是又要挑起冲突和斗争吗?西方的文明中心论是不值得学的。

汉字如是说,听不听就由你了。

三、文明多极论者的世界眼光

世界已进入经济全球化和文明多极化的时代,用文明多极论者的世界眼光看汉字,又会把汉字看成一个什么样子呢?

1.汉字只是世界文字大家庭中的一个成员。它既为中国人服务,也为外国人服务,但主要是为中国人服务,为汉字文化圈的人服务。它的国际地位是联合国认可了的,它在国际间的通用率将会逐步提高。

2. 但汉字不可能成为世界第一,也不可能将被改为拼音文字。

3. 跟世界上任何一种文字一样,汉字也既有自己的优点,又有自己的缺点。汉字的优点很多,主要表现为和汉语建立了良好的搭配关系以及形体的表意性和艺术性等,难写难认的缺点是不可否认的。

4. 汉字仍然是中华各民族团结一致的共同基础,散落在世界各地的5 500万华人对汉字仍然有深厚的感情,他们通过汉字温习对祖国的感情和牢记自己的文化根。

汉字,是中国的标记、徽章,炎黄子孙不论漂泊到地球上的哪一个角落,只要一见到汉字,一见到这方正庄严的标记,一见到这会表达感情极具人文气质的徽章,谁人不起故园情?谁人不低头思故乡?

这是文明多极论者对汉字的看法,本人就是文明多极论者。这种看法的理据何在?

人类自从进入文明社会,文明从来就是多极的。汤因比在《历史研究》中研究了人类有史以来的二十多种文明,亨廷顿认为"冷战后时代的世界是一个包含了七个或八个文明的世界"。不论分为多少种文明,都少不了中国文明,中国文明是世界文明的一个部分,并为世界文明的发展做出过重大贡献。17世纪以后中国文明从世界文明高峰上跌落下来,西方就发明了"东方不变论",汉字也跟着受责。现在,中国经济连年稳定地增长,"根据大多数人估计,中国将于21世纪初成为世界上经济最强大的国家","以19世纪40—50年代西方入侵为开端的时代正在结束……东方正在进入自己的时代。"(《文明的冲突与世界秩序的重建》第103、266页)我们说这些,跟汉字有什么关系呢? 须知:汉字在国内地位的稳定,国际地位的提升,正是甚至可以说完全是基于这样的世界背景。

事情的发展也不会完全像亨廷顿所预料的那样,他的有些说法也不过是耸人听闻。

塞缪尔·亨廷顿说:"如果中国经济在未来的十年或二十年中仍以现在的速度发展,那么中国将有能力重建其1842年以前的霸权地位。"

汤因比的预测更是令中国人不敢当了。他认为,"将来统一世界的大概不是西欧国家,也不是西欧化的国家,而是中国。""中国肩负着不止给半个世界而且给整个世界带来政治统一与和平的命运。""中华民族逐步培育起来的世界精神、儒教世界观中存在的人道主义、儒教和佛教所具有的合理主义等是中国肩负担任世界统一重任的思想渊源。"(《文明:充满生死搏斗的神秘剧——汤因比的历史研究》第155—156页)一时间,国内也掀起了儒学热,研究汉字文化的人也从中受到鼓舞,于是就想入非非要当"中心"了。

儒教是农业社会宗法统治的产物,有许多合理的内容,但这种教义基本上只能用于修身,用于养性。在一个现代化的社会,用它来"齐家"已经不灵;用它来"治国"更要乱套;用它来"平天下",简直是说梦话。儒教既不讲科学、民主,又不讲自由、平等,反对奇思异想,反对标新立异,歧视工商技艺。中国历朝历代的皇帝老倌乃至独裁者、军阀都将孔子偶像化,不是没有原因的。而偶像化的孔子已不是原本意义上的、真实的孔子了。即使是原汁原味的孔子,其价值观也与现代人的核心价值观无法相提并论。当然,这无损于孔夫子的历史地位。总之,"半部《论语》治天下"的神话早已过时了,而且一去不复返了。请不要质疑我对孔子、《论语》那份持久不变的敬意。我七岁就跪拜孔夫子,八九岁就背诵了《论语》的全部,孔子、《论语》给我的教益,终生难忘。但我能成为一个现代人,靠的是现代知识,是现代人应有的文化观、世界观。

就语言文字而言,每一个文明实体都有自己的语言文字,这是体现某一种文明的根本所在,汉字不可能有那么大的能量取代别的文字,或凌驾于别的文字之上。"语言专家的普遍看法是,到本世纪末,会使用英语的人口将超过15亿,除了美国、英国、加拿大等以英语为母语的国家之外,全世界将有十多亿人会熟练使用英语。据统计,全球四分之三的信件是由英文写成。"(刘军《英语会成为"世界语"吗?》,《光明日报》1997年9月9日)指望汉语成为世界第一语言,汉字成为世界第一文字,完全缺乏事实依据,只能说是个别人的一厢情愿。也不可能指望中国将通过自己的"霸权地位"来推广自己的语言文字,因为中国不可能像美国一样在国际上谋求"霸权地位",称王称霸不是中国的国策。各文明实体之间可以互相学习,和平共处,共同发展,并不是非要"压倒"对方不可。

从这样的眼光看来,汉字既无需拼音化,也不可能取代别种文字的地位,汉字就是汉字。至于将来世界大同之日,语言文字的情况会是一个什么样子，这个问题实在太遥远，任何人也无法预测。

以上所言着眼于现状和未来。至于过去，是否也可以用世界眼光来考察呢？我们说"汉字只是世界文字大家庭中的一个成员"。这个成员与其他成员在历史上有无关系呢？饶宗颐曾出版了一本《符号·初文与字母——汉字树》（商务印书馆1998年版），要"从世界观点出发，对汉字的成就作一总的考察、探索原始时代汉字的结构和各自演进的历程以及它何以能延续数千年，维持图形不变的理由。"（《引言》）"本书指出汉字未形成的前期，图形绘饰之外，在陶文流行阶段有大量的线形符号，其中与腓尼基字母相似的占大多数，此种符号少数亦见于西亚早期的线形图文，似反映当时闪族人使用字母尝采择彩陶上的若干符号，来代替借用楔形文的雏形字母。此一特殊现象，可为字母学展开新的课题——字母出自古陶文的一新的假说。"（《引言》）

这是一个崭新的世界视野。现在，"古陶文"究竟是不是"文"，哪些是"文"，哪些不是"文"，争议颇大。在此情形下谈论其与腓尼基字母的关系，与西亚早期线形图文的关系，的确需要很大的勇气。这样的"假设"至少为陶文研究走出困境设计了一条新的思路。其可信程度如何，还有待于更多的材料来证实。

第三节　文化　文明　文字

文字是文明的基础，文明是文化的实体，三者之间的关系应该是很清楚的。而实际上却并不这么简单。如果你多翻阅一些资料就会发现,不独对"文化"的解释五花八门,对"文明"的释义同样令人眼花缭乱。甚至这两个词有无实质性的区分,也有两种说法:一种意见是有区分,另外一种意见则反是。这种分歧当然都是来自西方,因为是否对"文化"、"文明"加以区分,如何区分,在西方也是老问题了。

前些年,又有人搬出古典,为"文化"与"文明"寻找本土根据,似乎这两个概念也是"古已有之",这就有点昧于源流了。本书既然是在谈"汉字文化学",对这些关键词不能不稍做梳理,有一个交代。

一、中国古代所谓的"文化"、"文明"

"文化"与"文明"都是外来词,我们古代虽已有这两个词,含义与今天却大不相同。

中国古书里的"文化"是与"武力"相对而言的。"文"指文德,即仁义礼乐法度之类的意识形态或制度化的工具;"化"指教化,所谓"教成于上而俗易于下,谓之化也。"(诸葛颖:《桂苑珠丛》。转引自《说文通训定声·随部》1984页,万有文库本)《周易·贲》:"彖曰:观乎人文,以化成天下。"对于不服从政令的异己势力或远方异族,用文德教化之。孔子说的"故远人不服,则修文德以来之",伪古文《尚书·大禹谟》说的"帝乃诞敷文德,舞干羽于两阶,七旬有苗格",都属于"文化"。汉代刘向《说苑·指武》也讲到了"文化"与"武力"的关系:

圣人之治天下也,先文德而后武力。凡武之兴,为不服也；文化不改，然后加诛。夫下愚不移，纯德之所不能化，而后武力加焉。

刘向说的"文化"不是一个词，而是偏正词组。"文化不改"，意为用文德教化之仍然"顽冥"不改。

到晋代束皙《补亡诗·由仪》，"文化"已是词，诗中说："文化内辑，武功外悠。"李善注："辑，和也。言以文化辑和于内，用武德加于外远也。悠，远也。"吕向注："言文化和内，武功及外而远也。"(《六臣注文选》第19卷，第357页，四部丛刊初编缩本)

南齐王融《三月三日曲水诗序》云："皇帝（指齐武帝）……设神理以景（照，光也）俗，敷文化以柔远。"(《六臣注文选》第46卷，第869页，四部丛刊初编缩本)

二例中的"文化"虽已是名词，意思还是指"文德"、"文治"。"文明"在古书中也有了，意义也与今不同。

《易·乾·文言》："天下文明。"
《易·同仁·象传》："文明以健。"
《易·大有·象传》："其德刚健而文明。"
《易·贲·象传》："文明以止，人文也。"
《易·明夷·象传》："内文明而外柔顺。"
《易·革·象传》："文明以说。"

在《周易》中"文明"只出现于"象传"和"文言"，既不见于《易经》，也不见于《易传》的其他部分。有人以为这些"文明"

就是现代"文明"一词的来源,似不确。这六个"文明"都还不是词,只能说是主谓词组。

《文言》中的"天下文明",孔《疏》云:"天下文明者,阳气在田,始生万物,天下有文章而光明也。"周振甫《周易译注》:"九二,指阳气出于地面,当阳历正二月,大地花草萌生,故大地有文采而光明。"天下,指大地。孔《疏》及周《注》都把"文明"理解为并列词组,不甚恰当。这里的"文明"应是文采明亮。

"象传"的五个"文明"意思已有引申。"文"指文德,"明"乃彰明、昭著的意思。

《礼记·乐记》:"是故情深而文明,气盛而化神。"王梦鸥《礼记今注今译》:"乐所表达的心态是幽深的而形象是明白的;气氛是使人兴奋的,感化效用却是奥妙的。"这里的"文明"还是主谓词组,只不过"文"指的音乐语言、音乐形象。"明"意为明白、鲜明。

伪古文《尚书·舜典》:"濬哲文明,温恭允塞。"伪孔《传》:"舜有深智文明温恭之德。"孔《疏》:"经纬天地曰文,照临四方曰明。"蔡《传》:"深沉而有智,文理而光明。"注家均把"文明"作为并列词组,我以为还是文德昭著之意。

《文心雕龙》也多次出现"文明",仍与今义有别。如:

  自两汉文明,楷式昭备。(议对)
  文明从容,亦心声之献酬也。(书记)
  文明以健,则风清骨峻。(风骨)

《诗》云:"为章于天",谓文明也。(章表)

四例中的"文明"都不是词。例一指文学、文教昌明;例二、三指文章明白畅达(例三已见《易传》,具体涵义因上下文境不同而有别);例四指文采明亮。《魏书·高允传》:"高子黄中内润,文明外照,必为一代伟器。"(1067页)又:"高子内文明而外柔弱,其言呐呐不能出口,余常呼为'文子'。"(1077页)这两个"文明",也是文采明亮的意思。

"文明"作为一个词且与今义相近,时代较晚。清代李渔《闲情偶寄·冲场》:"求辟草昧而致文明,不可得矣。"以"文明"与"草昧"相对而言,但还不是西方意义上的"文明"。

二、西方所谓的"文化"、"文明"

在现代汉语中,"文化"、"文明"都是"来自西洋,路过日本","回归"中国的意译词,是鸦片战争以后的新词。旧瓶装新酒,日本人利用汉字中原有的古词意译这两个西洋词语,用"文化"译英语的 culture,用"文明"译英语的 civilization。王力先生的《汉语史稿》(《王力文集》九,第686页,山东教育出版社1988年出版)、史存直的《汉语词汇史纲要》(第120页,华东师范大学出版社1989年版),都谈到了这两个词的来源和意义问题。刘正埮、高名凯等编的《汉语外来词词典》也收了"文化"、"文明"这两个词条。释义是:

文化 人类在社会历史发展过程中所创造的物质财富和

精神财富的总和，特指精神财富，如教育、科学、文艺等。

文明　人类创造的物质财富和精神财富的总和。

（《汉语外来词词典》第 358 页，上海辞书出版社 1984 年版）

他们对"文化"的释义与《现代汉语词典》中"文化"这个词条的第一个义项完全一样。《现代汉语词典》对"文明"的解释立了三个义项，义项一与"文化"义项一同；义项二："社会发展到较高阶段和具有较高文化的"，与《辞海》"文明"的义项二"指人类社会进步状态，与'野蛮'相对"（1534 页）意思基本相同。

"文化"、"文明"引进之后，国人对这两个词的理解，由于个人所接触的西洋文化背景不同，认识上也很不一样。直到 20 年代中期，张申府还跟胡适就此进行过辩论。

1926 年 7 月，胡适在《我们对于西洋近代文明的态度》中对"文化"、"文明"做过界定：

第一，文明（civilization）是一个民族应付他的环境的总成绩。

第二，文化（culture）是一种文明所形成的生活的方式。

第三，凡一种文明的造成，必有两个因子：一是物质的（material），包括种种自然界的势力与质料；一是精神的（spiritual），包括一个民族的聪明才智、感情和理想。凡文明都是人的心思智力运用自然界的质与力的作品；没有一种文明是精神的，也没有一种文明单是物质的。

（原载《现代评论》第4卷，1926年7月10日，又载《东方杂志》第23卷第17号，1926年，收入《胡适文存》三集，卷一，黄山书社1996年版）

胡适对"文明"的界说特别是对"文化"的界说与《现代汉语词典》这两个词条的释义完全不同。他的这篇文章引出了另一篇文章，即张崧年（字申府，1893—1986年）的《文明或文化》（《东方杂志》第23卷第24号，1926年），无论是研究词汇史还是研究文化学，这篇文章都值得一读。从中可以了解，八十多年前中国知识界学术界对"文化"、"文明"这两个基本词还有那么一些深刻的分歧。张崧年说："现在不是我详述我对于文化或文明的见解的地方。我现在只是要说一点我对于适之先生那篇东西的疑点。……适之先生以为近来谈什么文明什么文明的人，因为没有他所谓共同标准作论基，所以得不到'根本的了解'。于是他便开篇先写出三条所谓'基本观念'以作'讨论的标准'。他又以为这'是研究这个问题的人都可以承认的'，遂不肯加以详细的说明。……我自信也可算一个'研究这个问题的人'。虽然如此，对于适之先生所提出，不加说明，以为可以承认的那三条或几个所谓基本观念，我却觉条条，个个，都不能无疑。"张氏认为最大的"可疑"，"那便是说'文明'与'文化'不是同物，是二物。这便是一个大大可疑之点。""'文明''文化'在中国似乎都还是新名词，自更无约定俗成的分别，以至界说。然如陶孟和先生等译也是德国以研究这个问题有名的故弥勒里耶博士的名著《社会进化史》,开宗明义为'文明'两字下了一个笼统的界说,以后便几乎总是'文化''文化'地起来。谁能说这有什么分别?就是适之先生自己篇中所用'文化''文明'两词,似乎也不大容易为之划界限。……所以我意'文明'与'文化',在中国文字语言中,只可看成差不多与'算学'与'数学'一样,只是一物事之二名,或一学名一俗名。不必强为之区异。或则顶多说,文化是活动,文明是结果。也不过一事之两看法。总之,像适之先生隐隐假定'文明''文化'为二事,至少也是可疑,而不能以为可以承认的。"对此,朱谦之(1899—1972年,曾任中山大学、北京大学教授)有不同看法。他说:"从科学的见地明确规定起来,则文化与文明,在语言原义上实在是很有分别的。"(《朱谦之文集》99页,中山大学出版社2004年版)

"文化"与"文明"在20年代中期还没有约定俗成的界说,一方面是外来词有一个落地扎根的过程,有一个中国化的过程,更主要的原因是引进来源不同,是欧美语言中这两个词本来就有不同的界说,张崧年与胡适各有所本,张崧年的意见是这些分歧意见中的一种。他的根据是:"英法人谈这问题的,常常把 civilization 与 culture 两字混而用之。这种例子简直俯拾即是。""罗素……即力言'文明'与'文化'分别之不当。""此外,有的则以'文化'为精神的,'文明'为物质的;亦有的翻一个个儿,以'文明'为精神的,'文化'为物质的。又有的,在两个之上,更选一个新字,叫什么 Gesittung,而把'文化''文明'并属入于其中。更有的,以'文化'并包精神物质两方面，而以'文明'附入于其内；或则只就 civilization 一字之原义而申解之，以指社会组织之发达（即如《牛津袖珍字典》所注，谓为社会发展之高级）。"德语的情形跟英法又不同。张崧年说："德之 kultur 与英法之 culture 虽源同形类，但今后若相翻，则 civilization 与 kultur 更相当。《牛津袖珍字典》中注 kultur，谓为德国人所见之 civilization，可谓甚是。日本受德学影响，研究'这个问题'极有名的米田庄太郎博士，自谓译 kultur 为'文化'以与 civilization 之译为'文明'对，乃他所创，可谓造孽不鲜。然于其很值得翻译的小书《现代文化概论》中，费了三四十页考论'文明''文化'两词的意思，结果也是定为无别：用此用彼，但随方便，不强立呆板的死分划。"（张、胡二人的文章均收入罗荣渠主编的《从"西化"到现代化——五四以来有关中国的文化趋向和发展道路论争文选》，北京大学出版社 1990 年版）

张崧年的结论虽然已与这两个词在现代汉语中后来所使用的实情完全不符，但他的洋考证是很有意义的，有助于中国一般读者了解分歧的由来，也有助于我们认识到一个翻译词要在本土生根天衣无缝地融入本民族语言词汇系统之中，往往要有一个渐进的过程，古老的汉字在接纳外来新义时也有一个旧貌换新颜的过程。像"文化"、"文明"所发生的内部意义的更新，这件事情本身不仅有语言学上的意义，也是"汉字文化"应当研究的问题。

我们现在再看《辞海》、《现代汉语词典》对"文化"、"文明"的界说，这两个词的第一义项是相同的，这也是张崧年所反复强调的，胡适对"文化"的释义被排除在规范之外。若按胡适对"文化"的界说来理解"文化"与"文明"的关系,其必然结论就是"文明先有,文化后出",这跟文明"指社会组织之发达"的"牛津"释义是相矛盾的。所以张崧年问道:"但这也岂是事实?"《辞海》、《现代汉语词典》"文明"的义项二都是从"指社会组织之发达"而来,只是措词有所不同。"文明"的义项之二界定了它和"文化"的区别,张崧年不承认二词同中有别的一面。

《辞海》、《现代汉语词典》对"文化"、"文明"的释义,都把大约只有百年左右的外来义放在义项之一,这是对的,因为这是基本义、常用义,也是现代的约定俗成义。当然,学术界对这两个词的涵义还会有不同的看法。就在我写这段文字时无意间见到一篇文章,作者非常认真地要对"文明"与"文化"这两个概念重新界定,这样的讨论文章今后还会有。本文对这两个关键词的使用,还是遵照汉语习惯用法,以免引起混乱。

从张申府的《文明或文化》到现在,八十多年过去了,欧美学术界对"文化"、"文明"又有什么看法呢?这里介绍新近翻译过来的一种意见。美国哈佛教授亨廷顿(1927—2008年)在《文明的冲突与世界秩序的重建》一书中也谈到"文化"与"文明"的关系问题:

> 在德国之外,文明被看作是一个文化实体。19世纪德国的思想家描述了文明和文化之间的明显区别,前者包括技巧、技术和物质的因素,后者包括价值、理想和一个社会更高级的思想艺术性、道德性。这一区分在德国的思想中保

持了下来，但在其他地方没有被接受。一些人类学家甚至颠倒了这一关系，把原始的、一成不变的、非城市的社会设想为代表了文化，而更复杂的、发达的、城市的和动态的社会是文明。然而，这些区分文化和文明的努力从未被人们所理解，而且在德国之外，绝大多数人赞成布罗代尔的观点，即："想要用德国的方式把文化分离于其基础——文明，是虚妄的。"（中译本第24页）

文明的观点是由18世纪法国思想家相对于"野蛮状态"提出的。文明社会不同于原始社会，因为它是定居的、有城市的和识字的。（中译本第23—24页）

文明和文化都涉及一个民族全面的生活方式，文明是放大了的文化。它们都包括价值、规则、体制和在一个既定社会中历代人赋予了头等重要性的思维模式。（中译本第24—25页）

（［美］塞缪尔·亨廷顿著、周琪等译《文明的冲突与世界秩序的重建》，新华出版社1998年版）

看来，德国的"区别"一直只是德国的"区别"，人类学家的"颠倒"却影响很大。西方"其他地方"还是不赞同"这些区分"，跟张申府当年讲的没有什么不同。

三、文字与文化、文明的关系

文字与文化的关系及文字与文明的关系都要分社会层面和个人层面来谈。

就社会层面看文字和文化的关系，文字既不是披在文化身上的外衣，也不是可以脱离文化体系的自在之物。文字是文化的产物,又服务于文化,促进文化的发展,它自身又是文化的一个部分。

所谓文字是文化的产物,这得从人之为人谈起。人之所以有别于其他动物,是因为人不仅有动物性(或称之为生物性、自然性),还有文化性。我们中国古代的哲人也探讨过人和禽兽的不同。古人认为:人之所以异于禽兽者,是人要遵循仁、义、礼、忠、孝的社会伦理原则、道德原则,这样的区分无疑具有重要意义,但还是停留在道德层面。虽然这些也是文化内容,却不能说明人是如何从动物中独立出来的。法国著名人类学家克洛德·列维-斯特劳斯说:

> 文化这个概念起源于英国,因为是泰勒首先将之定义为"包括知识、信仰、艺术、道德、法律、风俗以及由作为社会成员的人所获得任何其他能力和习惯的复合的整体。"(见英国爱德华·泰勒《原始文化》谢继胜等译本第1页,与此处译文略有出入。广西师范大学出版社2005年版)因为文化关系到人和动物之间的特定的区别,并因此导致了自古以来自然与文化之间的古典对立。有鉴于此,人主要是作为匠人或"工具制造者"问世的。
>
> (谢维扬等译《结构人类学》第385页,上海译文出版社1995年版)

西方人类学家谈人与动物之间的区别时,着眼于人类的技术能力、物质创造、工具创造。毫无疑问,文字的创造,也是技术能力的表现,而且是纯粹的智力性的技术。人类在发展的进程中,一旦会制造工具，又产生了语言，就已经是"文化的人"了，但还不是我们现代意义上的"文化人"，还没有进入文明的境界。只有到了新石器时代，生产技术进一步革新，城市出现了，文字诞生了，"文化人"也登上了历史舞台。从"文化的人"（或者说"人化"）到"文化人"，中间经历了漫长时期。我们这里说的"文化人"特指文字与个人层面而言。《现代汉语词典》"文化"义项三："指运用文字的能力及一般知识：学习文化｜文化水平。"这个意义上的"文化"就是文字问题，而"运用文字的能力"是属于个人的行为，这种"个人"随着文字的产生就产生了，渐渐成为统治阶级中的知识人物。从有文字的时候开始，不会"运用文字"就是"文盲"，就是没有文化。故"文化"也是一个历史概念，不能用静止的一成不变的眼光来看"文化"，原始人的文化和文明人的文化内涵大大不同。当整个人群还没有创造出文字时，即使有了宗教仪式，有了巫术，有了洞穴壁画，即使人早已有别于动物，人还只是"文化的人"，人的文化性还停留在文明的门槛之外，那时的人还缺乏文明的基础结构。所谓"原始文化"、"史前文化"，其界限不就在于文字吗！没有文字谈什么"史"（按：口传历史也是"史"，那是宽泛意义上的"史"），所谓"有史以来"不就是有文字记载以来吗！这说的是文字与文明的关系。摩尔根将人类文化发展分为三个阶段，以标音字母的发明和使用文字来写文章作为"高级野蛮社会"的终结和文明社会开始的一个标志，这个观点在西方也有不赞成的，而我们中国谈文化的人是普遍接受了的。我们虽不能说没有文字的民族全都是野蛮民族，但至少可以说，没有文字的民族、不使用文字的民族，其文明程度是很低的，发展前途是很不利的。我们说世界上有四大文明古国（中国、印度、埃及、巴比伦），衡量的重要标准之一就是四国都有古文字。如果没有文字，即使古老，也很难称之为"文明古国"。

按我们现在对"文明"的使用情形来看，文字与文明的关系主要体现于社会层面，至于个人层面，文明当然也跟文字有一定关系，却主要不是文字问题。衡量个人的文明程度，要以精神的、道德的修养与教养作为重要标准，这跟18世纪西方最早使用"文明"一词的弥拉波（Mirabeau）所界定的涵义是吻合的，所谓"精神文明"是也。

"精神文明"是非技术性的，古人所说的仁、义、礼、忠、孝实与"精神文明"相对应。一个有文化教养的人，不一定是"精神文明"的表率。许多不仁不义不忠不孝的人，文化教养极高，运用文字的能力极高；某些不识字或识字不多的人，却可以成为"精神文明"的典范。文字能力并不是个人文明的决定因素。

这不是要否定文字对人的作用。社会是人的社会，社会的进步是人的进步。文字在塑造促进人的大脑和思维模式方面有不可估量的作用。霍凯特说得对："文字跟语言一样，也是一种文化传授的建制。"（《现代语言学教程》下，中译本第271页，北京大学出版社1987年版）"文化传授"是人类赖以生存、发展，不断地从一个文明台阶跨上另一个文明台阶的根本保证。在文字产生之前，人类的生产经验、科学成果、技术知识、精神产品、心智活动以及一切社会交流，全靠言语传授，有了文字之后，人类自身进化的过程加速了，"文化传授"的层次也在提升。美国生物学家克里斯托弗·威尔斯（Christopher Wills）说：

> 加速我们的脑子生长的力量似乎是一种新的刺激物：语言、符号、集体的记忆等等所有文化的元素。正如我们的文化产生于复杂的事物，我们的脑子也是这样。大而聪明的脑子导致更复杂的文化，文化又反过来导致更大和更聪明的脑子。

（转引自《人类的起源》中译本第65页）

威尔斯说的"符号"当然包括文字，应该说主要是文字。文字这个文化元素有益于脑子变得聪明起来，而我们现在某些"聪明的脑子"却不承认文字与文化的关系，却看不到文字在"文化传授"中"跟语言一样"也是一种"建制"。

语言使人类创造出内省意识世界，造就了现代人的头脑，使世界变为文化的世界。文字使人类的观念活动、言语活动可以借助物质的形式表现出来，成为肉眼看得见的生动形象，巩固人类一代又一代创造出来的思维成果，促进人脑心智的发展，使世界变为文明的世界。

第四节　汉字　汉字文化　汉字文化学

"汉字文化学"是本书一个具有原创意义的概念，也是本书的关键词，它的内部构成是一种什么样的关系呢？也就是说它的语义关联应如何切分呢？

一、"汉字文化学"的概念内涵

"汉字文化学"有两种切分法。一种是：

　　　汉字文化学　　（汉字/文化学）

另一种切分法是：

　　　汉字文化学　　（汉字文化/学）
　　　　　　　　　　（汉字/文化）

第一种切分是不可取的，未能体现汉字自身的文化特性。后一种是两级切分，体现了"汉字文化"的整体性、相关性。我们研究的是"汉字文化"之"学"，而不是"汉字"加"文化学"。

　　从文化体系而言，"汉字文化"是汉文化（过去叫"中国文化"，也叫"中华文化"，或叫"华夏文化"。叫"中国文化"欠严密，因为中国是多民族国家；叫"华夏文化"太古老）的一个子系统，是汉文化的一个部分。

　　从汉字体系而言，汉字文化学是汉字学的一个分支。所以，"汉字文化学"也可以转换为另一种结构形式：

　　　文化汉字学

这个概念的优点是，它的第一个层次就显示出"文化"与"汉字学"之间的关系，"汉字学"是中心语。不足之处是"文化"与

"汉字"不在同一层次。这只是形式上的切分,"汉字文化学"与"文化汉字学"在内容上无实质性的区分。由于"汉字文化学"这个概念见诸书面语言已有近三十年的历史,已为同行认可,也就用不着再更换名称引起不必要的概念之争了。当然,我并不反对使用"文化汉字学"这个名称。

按照我们的切分,"汉字文化学"是以"汉字文化"作为大基础的。"汉字文化"的深层涵义又是什么?"汉字"、"文化"是什么关系呢?是汉字"与"文化,还是汉字"的"文化。应是二者兼而有之。但"汉字"是具体的,看得见,写得出,读得出,"白纸黑字",历历在目,清清楚楚。"文化"在哪里?文化无所不在。在天上,在地下,在物质,在精神。文化必须通过具体事物才能表现出来。当我们说汉字与文化如何如何时,实际上说的是个别汉字及汉字作为一个体系所蕴涵的文化内容。"汉字文化"指的是汉字的文化内涵。汉字涉及万事万物、方方面面,汉字文化自然也会涉及万事万物、方方面面。"字里乾坤"很恰当地表达了汉字这一特性。

有人说:"造成中华文化核心的是汉字,而且成为中国精神文明的旗帜。"(饶宗颐:《符号·初文与字母——汉字树》第174页,商务印书馆1998年版)中国文化数千年绵延不绝,以持久性闻名于世,汉字是有功的。这是从宏观而言。汉字跟拼音文字不同的是有它自己特殊的形体结构,组成了特殊的话语场。它的符号具有直观性、象征性的特色。字形的象征结构本身往往就有"能指"意味,某些字无须通过"音响形象",人们用直观分析的方法就能把握其"所指"为何。字形能跟人的思想感情联结在一起,文化内涵自然就丰富了。关于这一点，中外的学理分析已经相当多了，不必重复。我引用一位大家都熟知的诗人兼文人又兼学人余光中的意见，或许更有说服力。下面这段文字摘自他的名篇《听听那冷雨》：

> 杏花。春雨。江南。六个方块字，或许那片土地就在那里面。而无论赤县也好神州也好中国也好，变来变去，只要仓颉的灵魂不灭美的中文不老，那形象，那磁石一般的向心力当必然长在。因为一个方块字是一个天地。太初有字，于是汉族的心灵他祖先的回忆和希望便有了寄托。譬如凭空写一个"雨"字，点点滴滴，滂滂沱沱，淅沥淅沥淅沥，一切云情雨意，就宛然其中了。岂是什么 rain 也好 pluie 也好所能满足？翻开一部《辞源》或《辞海》，金木水火土，各成世界，而一入"雨"部，古神州的天颜千变万化，便悉在望中，美丽的霜雪雲霞，骇人的雷電霹雹，展露的无非是神的好脾气与坏脾气，气象台百读不厌门外汉百思不解的百科全书。

余光中以诗人的敏感和深厚的中国情怀，讴歌了汉字与中国人的向心力，以泼洒"云情雨意"的大笔，感悟到汉字的神奇魅力。他是拿英文、法文与汉字比较了之后说这番话的。我引用他的话并非出于学术论证上的需要，我只想提出一个问题，为什么不少长住海外真正研究过西方文明深受西方文化熏陶的人，一谈起汉字、汉字文化问题，总是眉飞色舞情深意浓呢？他们的创作成就、学术创新难道与他们骨子里的传统文化基因没有关系吗？一个文化附庸者能给世界文化宝库增添些什么呢！

二、汉字文化学的任务

三十年前，我在《简论汉字文化学》中就讨论过这个问题。

> 汉字文化学是一门以汉字为核心多边缘交叉学科。尽管研究工作还有待于深入，但这门学科的任务非常明确。一是阐明汉字作为一个符号系统、信息系统，它自身所具有的文化意义；二是探讨汉字与中国文化的关系，也就是从汉字入手研究中国文化，从文化学的角度研究汉字。
>
> （《北京大学学报》1990年第6期）

这"一是"、"二是"是紧密相联的，而且是不可分割的。前者属于本体论，后者属于关系论。"汉字文化"既是本体的，又是关系的。只讲本体不讲关系，或只讲关系不讲本体，都不是严格意义上的"汉字文化学"。立足于本体，以本体的研究为基础进而探讨汉字文化与整个汉文化的关系，汉字在汉文化中的地位，对汉文化的积极影响与消极影响等等，都是汉字文化学的任务。

本体由汉字的内部要素构成。首先是形，其次是音，再次是义。字音和字义特别是字义直接关系到语言层面，往往是语言问题，但其中有不少内容已渗透到文字层面，尤其是古代汉语、书面语言的研究，从来都不能离开文字这个载体。

文字跟语言之间的关系颇为复杂。古人以文字统语言，今人又以语言统文字，载体和被载体之间的关系弄得模糊了，简单化了。

目前，如何区分汉字文化、语言文化，似乎成了一道难题。

一难在范围没有划清。汉字文化的研究应严格控制在"字"的层面，以"字"的形、声作为研究对象，而不是以"词"的声、义作为研究对象。下面举一个现成的实例，目的是区分两种不同的研究对象，并不表示我们赞同实例的具体结论。如帝尧为何叫作"尧"。《说文》："堯，高也。从垚在兀上，高远也。""堯，高也"是声训，是语言问题。"从垚在兀上"是字形分析，是构形问题。

段玉裁注："堯，本谓高，陶唐氏以为号。《白虎通》曰：'堯，犹嶢嶢。嶢嶢，至高之貌。'按焦嶢，山高貌。见山部。堯之言至高也。"（第694页）这是语言分析。

刘起釪先生《古史续辨》对"尧"的考察求索就涉及文字层面，请看：

> 尧原与唐毫无关系，但与"陶"则是同音异字，也即同于"窑"。尧、陶、窑三字同属宵部，而尧的今音读牙声疑母，窑读喉声喻母，是由古声类通转中的喉牙相转造成，其实二字发音部位都在舌根，两者声纽应完全相同，都应属喻母四等字。根据古音通例"喻四归定"，此二字古音读为定母，与陶字读音全同。可知尧、陶、窑三字古同音 tāo。后代语音中陶字本音仍保持定母未定（盈按，"未定"之"定"疑"变"字之误文），但作为人名皋陶之"陶"，则与尧、窑都演化为喻母四等，都读 yáo 了（所以皋陶之陶又写为繇）。

《诗·绵》里周人所住的"陶复陶穴",今西北一带仍叫它作窑洞。是陶确即窑,亦即尧。尧字在甲骨文中像人顶着陶器的土坯去烧,而陶及窑是已成缶器的陶坯在窑穴里,它们的构形不仅取义相同,可能成字有先后之异,总之这三个字原是一个字。

(《古史续辨》第125页,中国社会科学出版社1997年版)

这段话是以字的形声作为研究对象,证明"尧"、"陶"、"窑"三个字原是一个字,要得出的结论是:"可能由于该族在制陶技术上有特殊成就,就把氏族有名的宗祖崇奉为上帝给本族派下的窑神。"(第126页)这正是汉字文化学要研究的内容,作者用的方法是通过字的形与声以揭示其文化背景与内涵,跟段玉裁所用的方法与结论都不同。

可惜,以"尧"为"窑神"的结论是不可信的。错误不是出在方法上,而是出在音韵知识上。"陶"本字作"匋","窑"《说文》作"窯"。说"匋""窯"相通这是对的。段玉裁"窯"字注已指出:"匋窯盖古今字。"(第344页)徐灏《笺》也说:"窯即匋之异文耳。"意义通,语音也通。所谓语音通,不一定是"喻四归定"的问题,"喻四归定"的说法并不科学。"匋"、"窯"的声母在上古早期应是复辅音声母(详说可参阅拙文《商代复辅音声母》及《〈中国字例〉音韵释疑》)。这一点暂且不论,说"尧"与"陶"是"同音异字",这就有问题了。

首先,作者明知"尧""读牙声疑母","窑读喉声喻母"。疑母上古音值为[ŋ],各家无异议;至于喻四,中古韵图归喉音,可在上古是什么音呢？各家说法不一。作者仅仅用"声类通转"一语就断言"二字发音部位都在舌根，两者声纽完全相同"。既然是"都在舌根"、"完全相同"，其音值无疑就是[ŋ]了，而作者又说"都应属喻母四等"，这不是自相矛盾吗？而且所谓"通转"是如何"通"法，如何"转"法，并无明文交待。

其次，作者之所以先说二字都是舌根音，紧接着又说"应属喻母四等"，无非是为了求助于"喻四归定"这个不可靠的说法。作者据此竟然断定："尧、陶、窑三字古同音 tāo。""tāo"是个什么音？陶读徒刀切时，中古为定母豪韵开口一等字，读余昭切时，为喻四宵韵开口三等字；"窑"亦读余昭切，与"陶"的又音同；"尧"在中古为五聊切，为疑母萧韵开口四等。"陶"在上古归幽韵，"尧"在上古归宵韵，既有一、三、四等之别，又有声韵之别，"尧"怎么就读为 tāo 了呢！以 tāo 音作为"陶"、"窑"的上古读法也是欠妥的。

再其次，作者说"作为人名皋陶之'陶'，则与尧、窑都演化为喻母四等，都读 yáo 了。""yáo"又是个什么性质的音？古不古，今不今，不知所云。在现代汉语中，"窑"、"尧"均音 yáo，变成了同音字，但历史来源不同，"窑"由喻四演变为零声母，"尧"由疑母演变为零声母，怎么可以说"都演化为喻母四等"？

以上的讨论，目的不是要批评这个例子，而是想说明，从文字层面探讨汉字文化，如何做到与语言事实相契合，这是第二难。音韵是语言问题，以字音为据说字形，就是要运用语言材料来证明字形的文化内涵，这个方法没有错，而我们的上古音至今还有很多问题未研究清楚，随意拿一些似是而非的音理原则作论据,又不分时代先后,就谈不上有什么科学价值了。

这个问题值得一谈,是因为字形的研究的确离不开古音韵的材料,还因为不少人喜欢用这一方法来达到自己的目的。还以"尧"字为例,六十多年前,马叙伦先生也就此发表过意见:

> 我以为陶唐两个字的发音都在舌尖前破裂音定纽,可以连绵起来称作陶唐,也可以单称作唐,但他的意义不在唐字,却在陶字。据《说文》说:"陶,再成丘也";我以为陶是垚的转注字,《说文解字》:"垚,土高也";垚字的样子是土上有土,正合"再成丘"的意义;陶垚两个字的收音,古时都在幽类,垚和岳是一个字,所以他们的发音都在舌根音疑纽。拿画画的样子画出来,垚是⋀⋀,岳是⋂⋂,那末,尧字实在该写作垚,尧是现在山西太原的氏族;太原是高山区里的平原,他们因为生长在高山区里,所以称作垚氏或垚唐氏……"四岳"是他们同一地区里四个氏族的族长。
>
> (《研究中国古代史的必须了解中国文字》,
> 《中国建设》第4卷第4期,1947年)

马叙伦先把"陶"与"尧"在"再成丘"和"土高"这个意义相关的点上联系起来,又将二字定为"幽类";第二步又断定"垚和岳是一个字",说一句都属疑纽似乎就万事大吉了,结论也就有了:他们生长在高山区里,所以称作垚。可是《说文》"陶"、"再成丘也",下文是"济阴",济阴与太原扯不上,马叙伦就不管了。"岳"是入声字,它的主元音和韵尾不同于"垚",马叙伦也不管了；所谓"垚是𠈌"，有何根据，也未说明。

学术研究中不能没有假设，假设也可以很大胆，但证据必须跟上去。以音韵证文字，即使不求天衣无缝，起码也不能自相矛盾，随意牵合。无论古今，声类、韵类总是非常有限的，而同音字、音近字数量却很多，如果以为音同音近就可以作证，这样的证据几乎可以信手拈来。说"尧"同"窑"、"陶"有证据，说"尧"同"岳"也有证据。音通音转必须要有别的文献资料为证，如果没有任何其他古文献资料为证，应尽量少谈或不谈音通音转的问题，因为谈汉字文化与专谈音韵问题的文章不同，后者完全在音韵的框架内做文章，讨论的内容是语音演变的一般规律或具体规律之类的问题，不涉及历史如何如何，文化如何如何，问题比较单一。

如果说，本体论研究的是汉字文化的内部问题，主要是运用汉字自身的形音资料探求其蕴藏的文化因子，那么关系论的研究则以汉字文化的外部关系为目标。可以做纵向研究，也可以做横向研究。文化是一个流动的历史的概念，汉字在各个不同文化时代，无论是地位、作用和涉及的人群、使用的范围都是有所不同的。自然文化时代的文化是以大自然为载体的文化，自然崇拜、图腾崇拜是那个阶段的时代精神，这时还谈不上"汉字文化"，但许多材料说明，汉字的源头就在此时。图画艺术孕育着文字的胚胎。绘画，刻画，留存至今的载体有地下出土的陶器和地面上的岩石。陶纹和岩画这些具有隐秘象征意义的图像，是史前留下来的"神秘天书"。人文文化时代以"人"的自我发现为特色，这是汉民族、汉文化逐渐形成、统一的阶段，也是汉字系统逐渐形成、确立、统一的阶段。所谓汉字文化、汉字文化圈主要表现于这一时期。科学文化时代起始于19世纪末至20世纪，这期间汉字经历了深刻的危机，面临着生死存亡的严重考验，值得反思。横向研究的内容也很多，如汉字与汉语，汉字与韵文，汉字与书法，汉字与民俗，汉字与思维等。

三、汉字文化学与相邻学科的关系

列维-斯特劳斯说："任何一门科学离开其他科学的帮助便将一事无成。"（《结构人类学》中译本第30页，上海译文出版社1995年版）汉字文化学也不例外。与汉字文化学关系最为密切的有汉字学、文化语言学，如果没有这两门学科的"帮助"，"汉字文化学"同样"将一事无成"。

汉字学，特别是古汉字学（当前公认的提法是"古文字学"）与汉字文化学有共同的研究资源，共同的研究对象。古文字研究的微观目标在于释读解密，宏观目标是要通向历史。汉字文化学的微观研究主要不是去辨认古文字，而是对已认知的古文字进行文化分析，它的宏观目标是通向整个汉文化，不仅跨学科，而且要进行跨文化的比较研究。汉字学是汉字文化学的先行学科，也可以说汉字文化学是汉字学新产生的分支学科。二者的不同点主要在研究的范围、目标和理论原则上有区分。汉字文化学如何独立于汉字学之中，已经积累了一些经验，但毕竟时间还很短，描述性的研究尤其是理论性的研究都有待于进一步加强。

汉字文化学与文化语言学都以文化研究作为目标，这是共同点。不同点是研究对象有异。汉字文化学以汉字作为研究对象，文化语言学以汉语作为研究对象。这里涉及语言跟文字的一般关系问题。这两种文化符号在性质上的区别似乎从古至今在实际处理上都注意不够，我们有必要从根上说起。

语言和文字的产生条件不同。语言的产生是生物性质进化的结果，是人体大脑结构、发音器官、发音能力进化的结果。所以，"语言是'最纯粹'的有机的符号系统……它完全是借助身体产生出来的。"（特伦斯·霍克斯：《结构主义和符号学》中译本第139页，上海译文出版社）文字是无机的符号系统，它的产生是文化和技术进化的结果。语言学科介乎自然学科和人文学科之间，文字学纯属人文学科。

语言是在劳动过程中产生的，文字是在少数人脱离了体力劳动以从事精神生产为职业之后才最终完成的。

"语言是浸透到人类生活的各个角落的符号，是谁都知道且必须知道的符号。"文字曾经只是极少数人才能掌握的符号。自文字产生以来，凡有文字的社会，不论哪个时代，哪个民族，都有文盲、半文盲。凡人都会说话，并非凡人都能识字。甚至不少语言根本就没有自己的文字。因为文字跟社会的文明程度关系密切，是衡量文明社会的一个标志，而"迄今还没有发现任何语言结构特征能明确地跟社会结构的文明程度相联系"。（伯纳德·科姆里：《语言共性和语言类型》中译本第11页，华夏出版社）野蛮社会也有语言，也有文化，但一个使用文字的社会绝不再是处于野蛮状态中。

语言（指母语）的习得在不知不觉中就可以实现，文字的习得要复杂得多。识字一般要进学校，要接受专门训练。由于多方面的原因，人们对文字符号的掌握、理解、使用，往往存在极大的差别。尤其是历史悠久、造型独特的汉字，一个人想要熟练地运用它，彻底地把握每一个字形、字音、字义的历史和现状，即使付出毕生的精力，也很难圆满如意，这是一门无止境的学问。

几乎所有讨论人类文明起源的论著，都把文字的产生作为文明时代的重要标志之一，而没有人拿语言作为标志。因为语言以声音为载体，"一言既出，驷马难追"，语言随着声音的消逝而消逝（现代社会能建立语音档案，能把语言记录下来，这是有了文字之后的事，是科学文明时代的事，不在讨论之列），只有语言还不能建立文明的基础结构。文字能传之久远，能记录历史，有历史记录的社会才称得上是真正的文明社会。

过去我们总是依据某一种理论原则，说文字只是记录语言的符号。从一般意义而言，这个理论当然不错。但这种理论一旦绝对化，就会歪曲事情的本来面貌。其不良后果是导致两种文化偏向的出现。一种是：只强调文字是记录语言的符号，看不到语言内部系统也有不同的层次差别，看不到文字也影响制约语言，看不到文字自身也有非常丰富的文化内涵，看不到文字和语言本来就是若即若离、不即不离的矛盾统一体，于是从19世纪末就有人对汉字进行种种不恰当的批评，指责汉字不能拼写口语，要创造出拼写口语、拼写方言的文字，这种主张果真若全面实施，汉民族、汉文化会是一个什么样的局面，不堪设想。广东人用粤语拼音文字，上海人用吴语拼音文字，山西人用晋语拼音文字，江西人用赣语拼音文字，文字倒是记录口语了，学习也容易了，可各地来往文书互不相识，中央政府何以统一管理这个大国？文字要忠实于语言，如实拼写反映语言，付出的代价是什么？就是汉民族的解体。《汉语拼音方案》也只能拼写以北京语音为标准音的普通话，汉语有那么多方言它是拼写不了的，从这个意义上来说，任何文字跟语言（包括它的方言）的关系都有一定距离，只是距离有远有近有大有小而已，这是正常现象。另一种偏向是：由于过分强调文字只是记录语言的符号，就误以为文字从产生的第一天起就跟语言有一字一音一义的对应关系，如果还没有这种对应关系，就不成其为文字，从而影响了我们对发生期的文字性质做出正确的论定。所谓发生期的文字，是指原始形态的图画文字。图画文字原本是以客观事物作为对象的，它直接描写的是事物，而不是语词和概念；它表达的是个人情感、宗教情感、社会情感，并不是纯理性的符号。那些以生殖器官为图像的文字，表达的是生殖崇拜的情感；那些以日、月、星辰为图像的文字，表达的是天神崇拜的情感……。文字与人的主体是密切结合的（与人的生死、吉凶、祸福以及生产的丰歉等等），人的主体又是与自然融合在一起的。人类通过巫术利用图形文字实现与天神地祇的沟通。这时的文字显然还没有发展到完全以记录语言作为自己的唯一功能。只有当文字的巫术功能失去主导作用之后，代之而起的才是文字的语义功能。这时，文字已由发生期过渡到完全成熟的系统期。与之相应的，社会由神话时代过渡到王权时代，文字由具有神秘力量的情感符号、神话思维的符号过渡到具有统治工具能力的理性符号、与语言相结合的思维符号。在汉文化中，图谶是其余波。郑康成说："六艺皆图所生"，这句话透露了图画文字、谶纬学说与六经的关系，由于纬学消亡，被视为异端荒诞不经之谈，加之曲学阿世之儒以谶纬之说迎合当道，有关神话思维的资料、图腾时代的资料不能用科学的眼光加以分析利用，因此渐渐失传。

文字跟语言的不同，决定了汉字文化学与文化语言学的不同。我在《汉字文化学的思考》中说："汉字文化学与汉语文化语言学，二者是平行中又有交叉的关系。""文化语言学不能涵盖汉字文化学。"（按：此文未正式刊出）这是我的一个基本观点。

第五节　汉字文化研究史

90年代初，我参与主编《中国汉字文化大观》和执笔撰写《简论汉字文化学》时，对汉字文化研究的历史还缺乏较为全面的认识与了解，为了弥补这一缺憾，本书要对古代的汉字文化研究、现代的汉字文化研究、国外的汉字文化研究做一翻考察。

目的有三：一门新学科的建立，应该要寻找自己的历史根据。世界上没有无源之水，无本之木，也没有无历史根据的学问，汉字文化研究也是如此。寻找历史根据，建立历史联系，这是目的之一。目的之二是把古人和前人请出来，让读者听听他们的意见，或许能从中受到启发。目的之三是把国外某些不带种族偏见的汉学家请出来，听听他们关于汉字文化的意见，提供一点思考资料。学术无国界，汉字文化问题早已是世界性话题。不论本土的传统，还是外国行家所形成的传统，都值得认认真真地去对待，去研究。

具备了必要的传统知识，就会明白："汉字文化学"的提出是新的，而"汉字文化"的研究则已有传承，并非到了80年代由少数人爆炒起来的。

一、古代的汉字文化研究

古人并没有现代意义上的"文化"观念，但这并不等于说古人不会在汉字问题上做出文化性质的文章来。既然每个字都有一定的文化内涵，人们就会自觉或不自觉地利用它来为文化服务。而且由于阶级地位不同，文化教养不同，文化心态不同，个人目的不同，就产生了各种不同的汉字文化期待视野。有迷信的，有艺术的，有政治的，有学术的，形成了复杂的汉字文化现象。

（一）视文字为有灵之物，关乎人事的祸福吉凶。

在古人的意识形态中，尤其是大小统治者的意识形态中，文字能传达天意，预示未来，具有祥兆功能，在用字问题上忌讳多多，今人几乎难以理解。

1.地名改字。

洛阳曾经做过帝都，"洛"字的结构就被改过来又改过去。《汉书·地理志》颜师古注引鱼豢《魏略》云："汉火德，忌水，故去'洛''水'而加'隹'。"颜注："如鱼氏说，则光武以后改为'雒'字也。"（盈按：陈直《汉书新证·地理志第八上》云："在西汉时洛阳即作雒阳，从封泥、汉印及汉书所存古字中，皆可以得到证明，传说光武时始改洛为雒非也。"）（199页，天津人民出版社1959年版）到曹魏黄初元年，"雒阳"又改回为"洛阳"。《三国志·魏书·文帝纪》裴松之注引《魏略》曰："诏以汉火行也，火忌水，故'洛'去'水'而加'隹'。魏于行次为土，土，水之牡也，水得土而乃流，土得水而柔，故除'隹'加'水'，变'雒'为'洛'。"（76页，中华书局1959年版）晋张华《博物志·地理考》也有类似的记载："旧'洛'字作水边各，火行也，忌水，故去'水'而加'隹'。又魏于行次为土，水得土而流，土得水而柔，故复去'隹'加'水'，变'雒'为'洛'焉。""洛""雒"语音同，汉魏的统治者迷信五行相生相克的五德终始论，以"洛"字的结构与本王朝命运攸关，所以改来改去。

汴水，《说文》作"汳"。段玉裁注："《汉志》作'卞'，《后汉书》作'汴'。按卞者，弁之隶变也。变汳为汴，未知起于何代，恐是魏晋都雒阳，恶其从'反'而改之。"桂馥《义证》也说："卞，今作汴，俗写飯字亦作飰，皆恶'反'字也。《宋书·谢灵运传》'次师于汳上'，犹存篆之正体。"《水经注》仍作"汳水"，不误。南宋赵彦卫《云麓漫钞》卷一："春秋晋楚战于邲，邲又音汳，即汴河，或恶有'反'，文改从汴。"（《云麓漫钞》第13页，中华书局1958年版）大徐"汳"字注："今作汴，非是。"

"汳"、"汴"音切稍有区别，段玉裁已指出："旧音切芳萬，今则并其音改之也。"（段注第535页）汴音皮变切。

虔州，以虔化水得名，隋代置州。治所在赣县。宋人也称虔州为"虎头州"，南宋时改为赣州，时人认为"虔州"这个名称不吉利。南宋张淏《云谷杂记》卷三云：

> 东坡过虔州郁孤台诗，郡守霍汉英和之，东坡遂复用韵，有"行看凤尾诏，邻下虎头州"之句。虎头盖指"虔"

也。虍与虎皆从"虍"（原注：火呼反），俗以"虍"字之首，有同于"虎"，故以虔为虎头州。绍兴三十二年（1162），校书郎董德元言，"虔州俗谓之虎头城，非嘉名也。今天下举安，独此郡有小警，意其名有以兆之。"遂改为赣州。今注此诗者乃云：虎头州，以言常州虎头顾恺之也。……借使如注者所云，则赵清献公出知虔州有诗云："乍辞龙尾道，来刺虎头城"，此又当作何说！

(《云谷杂记》第47页，中华书局1958年版)

虔州俗称虎头州，南宋吴曾《能改斋漫录》卷十八"梦至虎头洲"条也可证："治平元年（按，英宗年号，1064年），抚人李权，梦亲朋张乐送至洲上，甚不悦。告人曰：'吾其死乎？'俄而权被乡荐，遂登第，调虔州司理，乃悟虎头为'虔'字。"(《能改斋漫录》卷十八，第526页，中华书局1960年版)董德元言虔州"有小警"，当指此地曾于绍兴初年爆发过农民起义，后被镇压，州名也成了不祥之兆。

贝州（今河北境内）置于北周宣政元年，也由于农民起义的原因，加之字形不嘉，而被改为恩州。宋王辟之《渑水燕谈录》卷八有记载：

庆历七年（1047），贝州卒王则据城叛，诏明镐加讨，久无功。参知政事文彦博请行，仁宗欣然遣之，且曰："'贝'字加'文'为'败'，卿必擒则矣。"未逾月而捷报闻，诏拜平章事，曲赦河北，改贝州为恩州。

(《渑水燕谈录》第99页，中华书局1981年版)

也有因避讳而改地名的。赵彦卫《云麓漫钞》卷九云："义兴字犯本朝熙陵嫌名，改宜兴，予家先茔在焉。"（第128页）这是避宋太宗赵匡义（yì）（又名光义）而改义兴县为宜兴县。又据《齐东野语》卷四载："吴太子讳和，以和兴为嘉兴。"

2. 改元用字。

从汉武帝开始，皇帝有了年号纪年，选择嘉名，图个吉利，这是一件大事。所谓嘉名，不独意义好，字形结构也要经得起分析。

赵彦卫说："名年，始于汉武，往往皆寓美意，或记一时盛事。……若本朝（按，指南宋孝宗）改隆兴，取建隆绍兴之义。或云，赵稔曾用之，改乾道，又改纯熙。《诗》曰：'时纯熙矣。'有言'纯'旁作'屯'，不可用。复改淳熙，取淳化、雍熙。"（《云麓漫钞》卷十，第143页）"屯"为什么不吉利？《说文》："屯，难也，象草木之初生，屯然而难。"在全部帝王专制社会的年号中，找不出用"屯"、"纯"作年号用字的。

有的皇帝无能，朝政腐败，天下大乱，也往往归罪于改元用字不当。《唐语林》载："僖宗幸蜀回，改元光启（885—888年）。俗谚云：军中名血为'光'，又字体'户''口'负'戈'为'启'，其未宁乎？俄而未久乱作，长安复陷。"僖宗时，唐王朝的没落已成定局，即使用最吉祥的字改元，也无法挽狂澜于既倒。

宋代皇帝改元最多的是仁宗，他用了九个年号，其中有几个年号跟汉字文化有关系。他的第一个年号"天圣"，第二个年号"明道"，字形结构中就藏着另一种文化信息。请看欧阳修的解释：

> 仁宗即位，改元天圣，时章献明肃太后临朝称制，议者谓撰号者取"天"字，于文为"二人"，以为"二人圣"者，悦太后尔。至九年，改元明道，又以为"明"字于文"日月并"也，与"二人"旨同。
>
> （《归田录》第5—6页，中华书局1981年版）

撰号者真可谓用心良苦，欧阳修不说，后人怎么能体会其奥旨呢？当然，历代年号用字，"天"字的频率颇高，达六十多次。从汉到清，不少皇帝都盯上了这个"天"字，"真命天子"嘛，怎能忘记自己是"天字第一号"！"明道"这个年号才用了两年，为什么又改元呢？欧阳修说："无何，以犯契丹讳，明年遽改曰景祐。"五年之后，又改为"宝元"，可是这个"元"字又出了问题。"赵元昊以河西叛，改姓元氏，朝廷恶之，遽改元曰康定"，"而好事者又曰'康定乃谥尔'，明年又改曰庆历"。不断地改年号，说明仁宗朝面临内忧外患，心神不安，自信心很不足，总想在年号上做点吉利文章，从字眼里寻找太平世界。

后来的宋神宗，对改元用字，也很留意字的建构有无不祥之兆。《石林燕语》卷一：

> 熙宁末年旱，诏议改元。执政初拟"大成"，神宗曰："不可！'成'字于文一人负戈。"继又拟"丰亨"，复曰："不可！'亨'字为子不成，惟'丰'字可用。"改元丰。
>
> （〔宋〕叶梦得：《石林燕语》卷一，第5—6页，中华书局1984年版）

据清代胡珽案：陈郁《藏一话腴》云，执政初拟"美成"。上曰："羊大带戈，不可！"无论是"负戈"还是"带戈"，都有火药味，一个皇帝如此害怕干戈，这个王朝能安然无恙吗！

应该说，不只是皇帝们对年号用字很敏感，一般人的心态也不过如此。这里有一条早于宋代的材料。

> 萧纪，字世询，梁武之子也，为益州都督。侯景之难，乃僭号，改元曰"天正"，暗与萧栋（按，梁豫章王）同号，时栋为景所立，亦改元"天正"也。识者云："于'天'为'二人'，'正'为'一止'。天意亦若曰二人各一年而止也。"其后果悉如所言。昔桓玄当晋世，亦僭改年号为"大亨"，当时谓"亨"者于文为"二月了"，后玄之败果在仲春。由此观之，倔强之徒苟恣纵于一时者，适所以发帝王之英灵耳。
>
> （〔宋〕委心子：《新编分门古今类事》卷一，第11页，中华书局1987年版）

从文字学的观点来看，"亨"的结构并不是"二月了"，"天"也不是从"二人"，但"撰号者"、"识者"根据需要做出了自己的解释，而且同是认为，"天"于文为二人，道理却各不相同。在今人看来纯属牵强附会，古人却以为此中确有前因后果，字里天机，于冥冥中显示威灵。

3. 因讳改字。

统治者在文字上的忌讳主要有两类。一类是他们的名字，至尊至贵，别人不能用；一类是危及他们统治地位对他们不吉利的字，或改或禁。其后果是对汉字及汉字文化造成负面影响。宋人张世南已指出："字学不讲，多因前代讳恶，遂致书画差误。"（《游宦纪闻》卷九，第77页）因讳改字，从秦王朝到清朝，材料相当多，是汉字文化史上一条很粗的黑线。陈垣《史讳举例》云："研究避讳而能应用之于校勘学及考古学者，谓之避讳学，避讳学亦史学中一补助科学也。"他是从史学的角度来研究避讳的，我们是从汉字文化学的角度来研究避讳的。这里所用材料均跟字形、字音有关，乃直接从几种笔记文中钩稽而来。

因字形近似而讳。

首例为秦始皇改"辠"为"罪"，忌讳"辠"的原因是其形近似"皇"。《说文·辛部》"辠"字条："秦以辠似皇字，改为罪。"段注："此志改字之始也。古有假借而无改字，'罪'本训捕鱼竹网，从网，非声。始皇易形声为会意，而汉后经典多从之，非古也。"（第741页）又《说文·网部》"罪"字段注："'声'字旧缺，今补。本形声之字，始皇改为会意字也。"（第355页）段改"罪"从非声，未说明根据。始皇以"罪"为会意字，宋人张世南有解释："秦始皇嫌'辠'（原注：《韵略》在上声）字似'皇'，改为'罪'，自出己意，谓非之多则有辠也。今经书皆以'罪'易'辠'，独《礼记》、《尔雅》，犹有可考。"（《游宦纪闻》卷九，第77页，中华书局1981年版）

因字形不祥而讳。

最著名的例子是隋文帝改"随"为"隋"。《广韵·支韵》："隋，国名，本作随。《左传》：汉东之国随为大。汉初为县，后魏为郡，又改为州，隋文帝去'辶'。"王观国《学林》卷十："隋文帝本封随国之爵，及帝即位，乃去'随'之辶而为'隋'，以为国号。按字书，隋，徒果切，其义则落也，懈也，裂肉也。《玉篇》隋做堕，隋文帝不审其字形离合之义，而轻于增损，祇取笑于后世耳。"吴曾《能改斋漫录》卷二："隋字古无之（按，此说误。《说文·肉部》有"隋"，音徒果切），文帝受禅，以魏、周、齐不遑宁处，恶之，遂去'走'，单书隋字。犹后汉都洛，以火德故，去'水'加'隹'也。"王观国所说的"取笑于后世"，可以徐锴的批评为例：

> 随文帝恶"随"字为走，乃去之成"隋"字。"隋，裂肉也。"其不祥大焉。殊不知随从辶，"辶，安步也。"而妄去之者，岂非不学之故，将亦天夺其明乎？
>
> （《说文解字系传》第323页，中华书局1987年版）

王莽篡汉，夺刘氏天下为己有，对"刘"字很忌恶。《汉书·王莽传》："皇天革汉而立新，废刘而兴王，夫'刘'之为字，卯、金、刀也。正月刚卯、金刀之利，皆不得行。"刚卯是汉人佩带在身上用于辟邪逐鬼的饰物，或用玉，或用金，或用桃木，以正月卯日作，故名刚卯。"金刀，莽所铸之钱也。……莽以'刘'字上有卯，下有金，旁又有刀，故禁刚卯及金刀也。"（颜师古注）王观国说："王莽欲篡，而心恶'刘'字之文，故正月刚卯与夫金刀之钱，皆禁而不得行。夫卯、金、刀之兆已形矣，虽禁之无补也，莽以货泉为钱布之文，而卒有'白水真人'之应，岂偶然哉！"

还有个人的名字为统治者所忌恶的例子。欧阳修《归田录》载:"宋郑公(庠)初名郊,字伯庠,与其弟(祁)自布衣时名动天下,号为'二宋'。其为知制诰,仁宗骤加奖眷,便欲大用。有忌其先进者谮之,谓其'姓符国号,名应郊天'。又曰:'郊者交也;交者替代之名也。"宋交",其言不详(祥)。'仁宗遽命改之,公怏怏不获已,乃改为庠,字公序。公后更践二府二十余年,以司空致仕,兼享福寿而终,而谮者竟不见用以卒,可以为小人之戒也。"(卷一,第13页)宋庠的运气的确不错,他如果是生在雍正时代,那位小人的恶毒用心真可以置他于死地。据说他改用新名之后,与叶清臣通信时,"叶戏之曰:'清臣,宋郊榜(宋为天圣年间状元,清臣为同榜进士)第六中选,遍阅小录,无宋庠者,不知何许人。'公因寄一绝自解云:'纸尾勤勤问姓名,禁林依旧玷华缨。莫惊书录题臣向,便是当时刘更生。'"(《新编分门古今类事》第311页)刘向原名刘更生,获罪,后改名为向。

因帝王名字而讳。

过去所谓的"避讳学",主要是这方面的内容。一个帝王或与帝王有关的亲属对某一个字具有垄断权,是以汉字字形可以离合,不标音,同音字多等条件为前提的,这是帝王专制时代一种很重要的文化现象,是专制文化在汉字问题上的反映,也是汉字文化中的封建性糟粕。避讳改字有改名、改字、改音等多种情况。

改姓氏例。《能改斋漫录》卷四"喻氏姓"条引《芸阁姓苑》云:"喻氏,出汝南。……《左传》'郑公子渝弥为周司徒。'(按,今《左传》作"俞弥")后立别族为渝氏。历秦汉至景帝,皇后讳志,字阿渝。中元二年,避讳,改'水'为'口',因为喻氏。"(第94页)有的姓氏用字因避讳而离析为两个姓。《齐东野语》卷四:"晋高祖讳敬塘(瑭),析'敬'字为文氏、苟氏(盈按:〔宋〕俞文豹《吹剑录全编》第28页:"文氏本姓敬,避石晋讳,各用一偏,或姓文,或姓苟。然《玉篇》苟字在草部(公后切,菜也),敬字在苟部(居力切,急也),苟音棘,非苟字;攵字在攴部,攵音朴,非文字"),至汉(指五代汉)乃复旧。至本朝避翼祖讳(宋太祖祖父名赵敬),复析为文、为苟。"(第57页,中华书局1983年版)《青箱杂记》卷二:"钱武肃王讳镠,至今吴越间谓石榴为金樱,刘家、留家为金家、田家。"(第19页,中华书局1985年版)

改物名例。《云麓漫钞》卷九:"《本草》有薯蓣,避唐代宗讳改云'薯药',避英宗讳又改为'山药',则与薯蓣似不相干,今当云'山蓣'可也。"(第125页)唐代宗名李豫,宋英宗名赵曙,为了讳"曙""豫","薯蓣"就变成了"山药"。同一条还记载:石榴曾经改为"金樱",因"浙人避钱氏讳"(第125页)。"钱氏"是指吴越王钱镠(liú)。据此条记载:"呼'蜜'为'蜂糖'",乃"江东人以杨行密讳"(第125页)。宋人曾敏行《独醒杂志》卷一也说:"江南呼'蜜'为'蜂糖',盖避杨行密名也。行密在时能以恩信结人,身死之日,国人皆为之流涕。"杨为五代十国之一的吴王,合肥人。《云麓漫钞》卷二还记载,蒸饼曾被改为炊饼,"以与仁宗御名同音"(第21页),宋仁宗名赵祯。《青箱杂记》卷二:"仁宗庙讳祯,语讹近'蒸',今内庭上下皆呼蒸饼为炊饼。"(19页)《水浒传》里武大郎卖的炊饼,原来就是蒸饼。五代后梁曾把"城"改名曰"墙"。《齐东野语》卷四:

"梁太祖父烈祖名诚,遂改'城'曰'墙'。"(第57页)这个朱诚,还有一些因他而避讳的鬼名堂,下面再说。

改神名例。《云麓漫钞》卷九:"朱雀、元(玄)武、青龙、白虎,为四方之神。祥符间避圣祖讳,始改'元武'为'真武'。……后兴醴泉观得龟蛇,道士以为真武现,绘其像为北方之神。"(第121页)王权高于神权,神名也不得不避讳。

改字形例。《游宦纪闻》卷九:"'世'字因唐太宗讳世民,故今'牒'、'葉'、'棄'皆去'世'而从'云'。漏'泄'、缧'绁',又去'世'而从'曳'。'世'之与'云'形相近,与'曳'声相近,若皆从'云',则'泄'为'沄'矣,故又从'云'而变为'曳'也。'民'则易而从'氏','昬'、'慜'、'泯'之类,至今犹或从'氏'也。"(第77页)"昏"从氏的问题,段注《说文》"昏"字有驳议,他认为"昏"字"绝非从民声为形声也,盖隶书淆乱,乃有从民作昬者,俗皆遵用。"(第305页)参之殷墟卜辞,段氏的意见是对的。但因避讳而改字形的例子是很多的。

改字音例。记载中常举的例子有"秦始皇讳正,故正月音征。"(《云谷杂记》第30页)这个例子是不可靠的,我在《古无去声补证》一文中已有辩说。《云谷杂记》举的例子还有"晋文帝讳昭,故昭穆音韶,……至今不易。"(第30页)宋仁宗名祯,"当时欲改正月作端月,或曰一月;有以'政'音为言者,'正'遂作'政'音,……凡平声呼者悉改焉。今人作'征'音呼,非是,奏对尤不可。"(《云麓漫钞》卷二,第21页)还有一个例子是研究汉语语音史的人都会注意到的,就是"戊"字的读音问题与避讳改字有关。王力《汉语史稿》指出:

第一章　总论

"戊"字最为特殊，它本来属侯韵去声，和"茂"字同音，现在不但北方话，连各地方言也都读如其所读的"务"字。"谋""牟"属三等尤韵，尚且不随着"妇""富"等字变为轻唇，转入虞韵，"戊"属一等侯韵，更没有理由变为轻唇，转入虞韵了。据《五代史》所载，梁开平元年（907），由于避讳，改日辰"戊"字为"武"（原注：梁太祖的曾祖名茂琳，故讳）。这一件事实可以说明：许多例外都是有特殊的原因的。

（《王力文集》卷九，第233页，山东教育出版社1988年版）

"戊"与"茂"同音因避讳而改读，这是确凿无疑的，而具体缘由宋人笔记有不同的说法。

周密《齐东野语》卷四："朱温之父名诚，以其类'戊'字，司天监上言，请改戊己之'戊'为'武'字，此全无义理。"（第62页）依周说，因避朱诚讳而改"戊"读。

张淏《云谷杂记》卷四："开平元年，司天监上言，日辰内'戊'字，请改为'武'。乃知有所自也。朱温父名诚，以'戊'字类'诚'字，故谄之耳。予按温曾祖名茂琳，'戊'正其讳耳。今绍兴府城隍庙有梁开平二年所刻庙记，称'城隍'曰'墙隍'，岁次曰'武辰'，'城''戊'皆以朱氏正讳而易。容斋谓'戊'类'成'字，故司天谄之，非也。"（第58页）张氏此说，与王先生所引《五代史》材料同。

赵彦卫《云麓漫钞》卷九："古之圣王讳，世皆不知避。有一时暴起与僭伪之主，至今讳而下改者，如'昭穆'本作'招穆'

读，以晋文帝讳改呼'韶'；'城'避朱梁讳（按，因朱诚而讳）改曰'州'，如东都州、南州、北州是也；'戊'字本作'茂'读，亦以李唐讳改云'武'，或曰'务'。"（第125页）因"李唐"而改"戊"音之说，不可信。陈师道《后山丛谈》卷二说："盖唐人不讳嫌，梁氏（指五代梁太祖朱温）之父茂，始以'戊'为'武'，温嗜杀，人畏之，并讳其嫌耳。"（《全宋笔记》第二编第六本第85页，大象出版社2006年版）朱温之父名'诚'，不叫'茂'，之所以讳'茂'，是因为他的曾祖叫茂琳。顾炎武《金石文字记·镇东军墙隍庙记》云："《册府元龟》言：帝曾祖讳茂琳，开平元年（907）六月癸卯，司天监上言，请改日辰内'戊'字为'武'。从之。然则戊者茂之嫌名也。"（《亭林先生遗书汇辑》第三册，第2215页，凤凰出版社2011年版）据记载：当时"诏天下管属及州县官名犯庙讳者，各宜改换……茂州改为汶州……潘州茂名县改为越裳县"。（《册府元龟》卷一八九，第2290页，中华书局1960年版）

4. 自创新字。

在历史上，有的统治者为了显示自己至高无上的权威，竟然自己当仓颉，另造新字。《三国志·吴书》注引《吴录》载吴主孙休为自己的四个儿子取名字，造了八个很怪的字。（《三国志·吴书》，第1160页）王观国批评说："孙氏为四男立名字，欲其难犯易避。夫古字之难犯易避者多矣，不用古字，而乃妄意撰造，自为之音，而不言其偏旁所从之义，徒欲立异，而失先王制字之法，兹所谓好异而不为异者乎？"（《学林》卷十，第316页）又如梁武帝时，有所谓"四公子"，其姓名用字多很奇怪，"合朝无识者，惟昭明太子识之。"（《云麓漫钞》卷六，第92页。又见《学林》

卷十，第316页）他如武则天造字，以"曌"代"照"，南汉国君刘䶮为自己的名字造了一个"䶮（yǎn）"字，取《周易》"飞龙在天"之义。"曌"、"䶮"均收进了《新华字典》及《现代汉语词典》，一般人是不会使用这两个字了，而当年这两个字的神威是可以想见的。

（二）视文字为艺术品，在一切艺术之上。

钱穆说："中国文字亦可说是由中国人独特创造，而又别具风格的一种代表中国性的艺术品。我们只有把看艺术作品的眼光来看中国文字，才能了解其趣味。"（《中国文化史导论》修订本，第87页）

古人从来就是把文字当作艺术品来看待的，这主要表现在四个方面：

1. 汉字书体繁多，形同美术，各有创意，用途不同。

以线条为基础的汉字，充分发挥了线条曲直宛转的变化，表现出各色各样的人文精神、文化意图，这在世界文字史上是绝无仅有的。所谓"四体"、"六体"、"八体"乃至数十体，即各具匠意的美术体，无不展示其神妙的艺术性格。据《初学记》载：

> 萧子良《古今篆隶文体》，有藁书、楷书、蓬书、悬针书、垂露书、飞白书、填书、奠书、鸟书、虎爪书、偃波书、鹤头书、象形篆、尚方大篆、凤鸟书、科斗虫书、龙虎书、仙人书、芝英书、十二时书、倒薤书、龟书、麒麟书、金错书、蚊脚书，凡数十种，皆出于六义八体之书，而因事生变者也。
>
> （《初学记》卷二十一，第506页）

又据张彦远《法书要录》载：刘宋王愔《文字志》上卷言"古书有三十六种"。唐代韦续列举了五十六种书体，并一一为之作序。仅以汉字书体而言，其间就包罗各色物象。所谓鸟、鱼、龟、蛇、龙、虎、麒麟，取像于动物；倒薤、芝英，取像于植物；悬针、垂露、偃波，亦皆取像于物体。据挚虞《决疑要注》说，"尚书台召人，用虎爪书；告下，用偃波书"，这些书体都不容易模仿，"以防矫诈"。（《初学记》卷二十一，第506页）

古人认为"书非小道，本以助人伦，穷物理，神化不能以藏其秘，灵怪不能以遁其形。"（《宣和书谱·张彦远》第159—160页）汉字与大自然融为一体，书法家出神入化，以高超的技艺，巧夺天工，与造化争奇斗妍。我们读一段卫恒的文字，看那是怎样的一种艺术效果：

大晋开元，弘道敷训，天垂其象，地耀其文。其文乃耀，粲矣其章，因声会意，类物有方。"日"处君而盈其度，"月"象臣而亏其旁，"云"委蛇而上布，"星"离离以舒光，"禾"苯䔿（当为"䔿"之误。苯䔿（běn zǔn），丛生貌）以垂颖，"山"嵯峨而连冈，"虫"跂跂其若动，"鸟"飞飞而未扬。

观其措笔缀墨，用心精专，势和体均，发止无间。

或守正循检，矩折规旋；

或方圆靡则，因事制权；

其曲如弓，其直如弦；

矫然突出，若龙腾于川；

渺尔下颓，若雨坠于天；

或引笔奋力，若鸿鹄高飞，邈邈翩翩；

或纵肆婀娜，若流苏悬羽，靡靡绵绵；

是故远而望之，若翔凤厉水，清波漪涟；就而察之，有若自然。信黄唐（指黄帝、唐尧）之遗迹，为六艺（指礼、乐、射、御、书、数）之范先，篆籀盖其子孙，隶草乃其曾玄。睹物象以致思，非言辞之所宣。

（《四体书势》，见《汉魏六朝书画论》第69页，湖南美术出版社1997年版。又见《晋书·卫瓘传附卫恒》1062页，中华书局1974年版。二书文字略有出入）

卫恒赞颂的是战国时代流传下来的所谓"古文"，"篆籀盖其子孙"的说法是不确的。把书体与"天象"、"地文"等自然现象联结起来，而且用一连串生动的形象描写了这种书体的艺术特点，构成了一幅美妙的图画。

2.汉字既然可以成为艺术品，必然就会产生一批一批的书法艺术制作者。

王愔《文字志》列举从秦至刘宋的书法大家就有一百多人（〔唐〕张彦远《法书要录》卷一）。张怀瓘《书断》将书法家的作品分为神、妙、能三品，每品之内又按书体不同分类。如王羲之的隶书、行书、章草、飞白、草书等五体属神品，而他的八分则入妙品，宋文帝隶书属妙品，行书及草书属能品。按书体分类计算，神品25人，妙品98人，能品107人。《宣和书谱》按篆书、隶书、正书、行书、草书、八分分类。篆书7人，隶书1人，正书46人，行书58人，草书70人，八分4人，另有历代帝王书法家12人。

一个书法艺术家要达到神品,必须是以书法为第一生命才可有此造诣。以东汉末年至曹魏时代的钟繇(?—230年)为例。张怀瓘称赞他的"真书绝世,刚柔备焉,点画之间,多有异趣,可谓幽深无际,古雅有余,秦汉以来,一人而已。"(《张怀瓘书论》139页,湖南美术出版社1997年版)梁武帝亦称赞他的书法"如云鹤游天,群鸿戏海。"(《宣和书谱》第21页)他的成就来自于他的献身精神。下面这段文字,至今读来还令人惊叹钦敬不已:

> 魏钟繇少时,随刘胜(据《书断》应为刘德升)入抱犊山学书三年,还,与太祖(曹操)、邯郸淳、韦诞、孙子荆、关枇杷等议用笔法。繇忽见蔡伯喈笔法于韦诞坐上(《宣和书谱》有"诞秘而不传"一语),自捶胸三日,其胸尽青,因呕血。太祖以五灵丹救之,乃活。繇苦求不与。及诞死,繇阴令人盗开其墓,遂得之。故知多力丰筋者,圣;无力无筋者,病。——从其消息而用之,由是更妙。
>
> 繇曰:"岂知用笔而为佳也。故用笔者天也,流美者地也,非凡庸所知。"临死,乃从囊中出以授其子会(按,就是那个必欲置嵇康于死地而后快的钟会),谕曰:"吾精思学书三十年,读他法未终尽,后学其用笔。若与人居,画地广数步,卧画被穿过表,如厕终日忘归,每见万类,皆画像之。"
>
> 繇解三色书(即三种书体:正书、八分、行书),然最妙者八分也。点如山摧陷,摘如雨骤,纤如丝毫,轻如云

雾，去若鸣凤之游云汉，来若游女之入花林，灿灿分明，遥遥远映者矣。

（《用笔法》，见《汉魏六朝书画论》第51页，
湖南美术出版社1997年版）

钟繇学书，真是到了如醉如痴的地步。汉字书法艺术能成为世界文化宝库中一大奇观，是与历代书法家的献身精神分不开的。他们用一生的精力，抱住汉字摸爬滚打，如临阵对敌，全神贯注，攻守有度，指挥若定。你看，书法家的"笔阵图"不也是堂堂正正、军容井然吗：

夫纸者，阵也；笔者，刀稍也；墨者，鍪甲也；水砚者，城池也；心意者，将军也；本领者，副将也；结构者，谋略也；飐笔者，吉凶也；出入者，号令也；屈折者，杀戮也。夫欲书者，先干研墨（不注水而研墨，实为动笔前聚精会神深入构思的一种方式），凝神静思，预想字形大小、偃仰、平直、振动，令筋脉相连，意在笔前，然后作字。若平直相似，状如算子，上下方整，前后齐平，此不是书，但得其点画尔。

（王右军：《题卫夫人〈笔阵图〉后》，《法书要录》第4页，
又见《汉魏六朝书画论》107页）

唐太宗也说："朕少时临阵料敌，以形势为主，今吾学书亦然。"（《宣和书谱》第2页）书法家的追求目标就是要将汉字的"点画"升华为有生命力的艺术品，对拼音文字而言，这是不可思议的事情。

3. 汉字既然可以成为艺术品，就必然要成为珍贵的文化遗产。"古之名书，历代帝王莫不珍贵。"（张怀瓘《二王等书录》，《法书要录》第70页，辽宁教育出版社）但这些名书的命运也往往随帝王权贵的没落而没落。以二王（羲之、献之）的作品为例。张怀瓘说：

> 二王之书，当世见贵。献之尝与简文帝（晋元帝少子司马昱）十许纸，题最后云："下官此书甚合作（合乎法度），愿聊存之。"此书为桓玄所宝。玄爱重二王，不能释手，乃撰（选）缣素及纸书之正行之尤美者，各为一帙，常置左右。及南奔，虽甚狼狈，犹以自随。将败，并投于江。
> （《张怀瓘书论·二王书录》第1页，又见《法书要录》卷四，69页）

刘宋时，明帝（在位时间465—472年）也喜欢二王之书，派人到三吴地区"鸠集散逸"，编为数百卷。"梁武帝（在位时间502—549年）尤好图书，搜访天下，大有所获。"当时收集的"二王书大凡七十八帙七百六十七卷"，可是，到梁元帝承圣（在位时间552—555年）末年，西魏攻陷江陵，元帝请质求和，"其夜，乃集古今图书十四万卷，并大小二王遗迹"，付之一炬。乃叹曰："文武之道，今夜穷乎；历代秘宝，并为煨烬矣！"或问：为何焚书？他说："读书万卷，犹有今日，故焚之。"这个愚蠢而又残忍的皇帝，其焚书罪恶，比之秦始皇有过之而无不及。他所焚之"二王书凡一万五千纸"，真是罪孽深重。

唐太宗李世民（在位时间627—649年）对王羲之书法推崇备至。

> 所以详察古今，研精篆素，尽善尽美，其惟王逸少乎！……玩之不觉为倦，览之莫识其端。心摹手追，此人而已。其余区区之类，何足论哉！
>
> （《王羲之传论》，见《初唐书论》第 95 页，湖南美术出版社 1997 年版，又见《晋书·王羲之传赞》408 页）

贞观十三年（639 年），在全国范围内，"敕购求右军书，并贵价酬之，四方妙迹，靡不毕至。"（《张怀瓘书论·二王书录》第 7 页）唯有梦寐以求的《兰亭》不知所在。后访知在越中辩才和尚处，多次追问，辩才矢口否认，乃用房玄龄计，派监察御史萧翼（梁元帝之曾孙）诱骗辩才，从辩才处将《兰亭》偷了出来。太宗大悦，可老和尚因此送了性命。贞观二十三年（649 年），太宗临崩，对高宗说："吾所欲得《兰亭》可与我将去。"从此，稀世珍品之《兰亭》，"随仙驾入玄宫矣。"（唐何延之《兰亭记》，见《法书要录》第 58 页。又，关于《兰亭》的流传情况，南宋赵彦卫《云麓漫钞》卷六搜集了多种说法。赵氏以为"野史之言"不足信）

乾隆皇帝也以爱好书法著称，他的"三希堂"就是因得晋王羲之《快雪时晴帖》、王献之《中秋帖》、王珣（王导之孙）《伯远帖》三种稀世墨宝而命名。其实《快雪时晴帖》为唐摹，《中秋帖》是宋人临仿，只有《伯远帖》为晋迹。

据载，"我国留存至今的一件时代最早的墨宝"为西晋陆机的《平复帖》，30 年代末，张伯驹以四万元购得此帖，"欣喜若狂，庆幸此宝未被商贾转手流出国外。"1956 年，张氏将此件无偿捐赠给国家，现藏于北京故宫博物院。

古代书法珍品流传于人间的（不包括地下出土的文字材料）还有摩崖刻石。现存最早的刻石文字为石鼓文，其书体为秦始皇统一文字之前的大篆，十个石鼓现藏北京故宫博物院，文字大多模糊，其中一石的文字已全部风化。秦始皇的纪功刻石，多已不存，仅存者为《泰山刻石》、《琅玡台刻石》之残石，据传为李斯手书。

陕西汉中石门有古代摩崖石刻达百余种之多，60年代可辨认的尚有61种，以"石门十三品"最为闻名。十三品有汉刻八：

《鄐君开通褒斜道摩崖》（汉明帝永平九年）、《故司隶校尉楗（犍）为杨君颂》（汉桓帝建和二年，简称为《石门颂》）、《右扶风丞李君通阁道摩崖》（汉桓帝永寿元年）、《杨淮、杨弼表记摩崖》（汉灵帝熹平二年）、另有汉隶大字摩崖四种："石虎"（相传为西汉隐士郑子真所书）、"石门"、"玉盆"、"衮雪"（相传为曹操所书）。

曹魏与北魏各一种：《李苞通阁道题名》（魏元帝景元四年）、《石门铭》（北魏永平二年）。

宋代三种：晏袤《鄐君开通褒斜道摩崖释文》、《释潘宗伯韩仲元李苞通阁道题名》、《山河堰落成记》。

被誉为"书中之仙品"的《石门铭》和《石门颂》、《石鼓文》被书家称之为"三石"。与"石门十三品"齐名的还有"龙门二十品"，这是北魏龙门造像记中的典范之作，为研究北魏书法艺术者所推重。（可参阅《石门摩崖刻石研究》，郭荣章著，陕西人民美术出版社1985年版）

古人的优秀书法作品,既是文化遗产,是人们学习研究的对象,又是书法理论得以产生的基础。世界上没有一种文字有如此完备的书写理论,这是研究汉字文化的人不可忽视的理论天地。

4.汉字书法理论的产生发展,是把汉字由实用书体提高为艺术书体必不可少的条件;同时也强化了汉字在整个民族文化中的独特地位;也使得古老的汉字光景常新,生命旺盛,长生不老。

一般认为,汉字书法理论,起源于东汉,奠基于魏晋南北朝,到唐代达到高峰,宋元明清更为系统化。

汉字书法理论的基本内容为母体论、书体论、书品论、技法论、风格论等。

汉字是书法的母体,没有汉字的点画、线条结构,谈什么汉字书法艺术呢!母体论就是论述汉字是书法之母,书法与汉字的关系。同一个汉字可以用各种不同的书体、各种不同的技法、各种不同的风格来表现它,但万变不能离其宗,它必须还是这个字。古代书法理论著作,从崔瑗的《草书势》到蔡邕的《笔势》、成公绥的《隶书体》、卫恒的《四体书势》、索靖的《草书状》、江式的《论书表》、虞世南的《书旨述》、张怀瓘的《书断》、窦臮的《述书赋》、韦续的《五十六种书并序》等,都从仓颉造字讲起,就因为书学的根本在字学。

书体论是建立在字体的基础之上的,研究字体的源流、特点、用途,以及各种字体的善作名家,这些内容文字学史也必然有所涉及,而书学理论却是从审美角度、从艺术角度来研究字体问题的,意义就大不一样了。

书体论的根基是法自然,法物象。

蔡邕《九势》说："夫书肇于自然，自然既立，阴阳生矣；阴阳既生，形势出矣。"又《笔论》说："为书之体，须入其形。若坐若行，若飞若动，若往若来，若卧若起，若愁若喜，若虫食木叶，若利剑长戈，若强弓硬矢，若水火，若云雾，若日月。纵横有可象者，方得谓之书矣。"（《汉魏六朝书画论》第45页，湖南美术出版社1997年版）张怀瓘《六体书论》说："臣闻形见曰象，书者法象也。"（《张怀瓘书论》第237页）所谓"法象"，也就是法自然。法自然是一个创造过程，是艺术灵感的来源，并不是机械地临摹自然。汉字虽有象形的特点，但毕竟是一种文字。它源于物象，又超乎物象，脱离了物象；肇于自然，并不就是自然。韩愈说："张旭善草书，……观于物，见山水崖谷，鸟兽虫鱼，草木之花实，日月列星，风雨水火，雷霆霹雳，歌舞战斗，天地万物之变，可喜可愕，一寓于书。故旭之书，变动犹鬼神，不可端倪，以此终其身而名后世。"（《送高闲上人序》，《韩昌黎集》第五册第二十一卷，28页，商务印书馆1933年版）张旭的艺术经验，是对"法象"的最好说明。

书品论，品的是美感经验，属于艺术批评范畴，由于批评者的标准不同，就有见仁见智的问题，但书法艺术批评有一共同标准，就是一个"力"字。唐代林蕴《拨镫序》说："子学吾书，但求其力尔。殊不知用笔之力不在于力，用于力，笔死矣。"（《中晚唐五代书论》第246页，湖南美术出版社1997年版）用死力是不行的，要善于用力。晋代卫铄（272—349年）说："下笔点画波撇屈曲，皆须尽一身之力而送之。……善笔力者多骨，不善笔力者多肉；多骨微肉者谓之筋书，多肉微骨者谓之墨猪。多力丰筋者圣，无力无筋者病。"(《笔阵图》，见《汉魏六朝书画论》95页。卫铄为汝阴太守李钜之妻，世称卫夫人）唐太宗谈自己学书的经验，也重在"骨力"："今吾临古人之书，殊不学其形势，惟在求其骨力，而形势自生耳。"(《论书》，见《初唐书论》90页，湖南美术出版社1997年版）

书品对书学发展起着导向作用，如王羲之在中国书法史上的崇高地位，固然有其自身内在的魅力，但跟唐太宗的极力推崇有直接关系。

古代书法理论，研究书法技巧的论著相当多。如王羲之的《题卫夫人〈笔阵图〉后》、梁武帝萧衍《观钟繇书法十二意》、欧阳询的《八诀》《三十六法》《传授诀》、虞世南的《笔髓论》、张怀瓘的《论用笔十法》、颜真卿的《述张长史笔法十二意》、李煜的《书述》等。技法所追求的终极目标是点画、线条、结构的无限美。

美的事物不可能千篇一律，它总有自己的个性，独特的风格。以书法而言，一个时代，一种书体，一个书家，一个字，都以不同的风格表现出不同的艺术倾向，艺术趣味。"晋人用理，唐人用法，宋人用意。"（冯班：《钝吟书要》，见《清前期书论》100页，湖南美术出版社2003年版）或说："晋尚韵，唐尚法，宋尚意，元明尚态。""晋书神韵潇洒，而流弊则轻散；唐贤矫之以法，整齐严谨，而流弊则拘苦；宋人思脱唐习，造意运笔，纵横有余，而韵不及晋，法不逮唐；元明厌宋之放轶，尚慕晋轨，然世代既降，风骨少弱。"（梁巘：《评书帖》，见《清前期书论》176、193页）这是时代风格的不同。

由于汉字一直处于稳定的状态中，所以汉字理论并不发达，而汉字的艺术理论却积累丰厚，超过画论，不亚于诗论，就因为艺术的书写高于实用的书写，它不断创新，大大难于实用的书写。它的理论骨架又是艺术化的，不是逻辑推理的。它运行于诗情画意之中，包裹在模糊、华美、空灵、喻象的外衣之下。诗、书、画，三者关系密切，构成了汉文化中那种纯情高雅超凡脱俗的无穷魅力。

谈汉字文化若忘记了书法艺术，那就太不了解汉字、太对不起汉字了，也太对不起我们的古人对书法艺术所做出的杰出贡献了。

（三）视文字为"经艺之本，王政之始"。

魏晋南北朝，那是一个唯美主义的时代，是一个艺术觉醒的时代，汉字书法艺术奠定于这一时期，反映了当时的时代精神。东汉是经学极盛的时代，许慎提出文字为"经艺之本，王政之始"，这是东汉的时代精神。

视汉字为有灵之物；视汉字为"经艺"、"王政"的根本；视汉字为艺术品；形成了古代汉字文化研究的三大传统。第一个传统后来向大众文化方面发展，第二、三大传统则偏向于精英文化方面发展。第一个传统以图腾崇拜、文字崇拜、神道设教为思想基础，第二个传统以儒学为基础，第三个传统以崇尚自然、个性解放的道家哲学为基础。当然，这都不是绝对的，只不过大体上如此。而且，三大传统，并行不悖。

现在谈第二大传统，许慎为什么说文字是"经艺之本"呢？经艺与文字有什么关系？在此不能不回到一个古老的话题上来：今古文之争。周予同说得很彻底：

没有经学史的古文学，就不会有文字学。而不懂文字学，就不配研究经学。

<blockquote>
（《中国经学史讲义》，见《学术集林》卷八，第57页，上海远东出版社1996年版。又见朱维铮编校《周予同经学史论》612页，上海人民出版社2010年版）
</blockquote>

"古文学"是对"今文学"而言的。古文学是指用汉以前的古文字写的经文，今文学是指用汉世通行的隶书转写的经文。文字形体不同，解释和内容亦有所不同，争端由此而生，加之争立官学与置博士弟子的问题，学术史上一桩公案就这样发生了，为研究古文经学服务的《说文解字》也就问世了，周予同说的"没有经学史的古文学，就不会有文字学"，其意义就在于此，此话听起来有点过于绝对，"而不懂文字学，就不配研究经学"，则完全符合事实。汉以后所谓的"朴学"、"实学"、"汉学"、"实事求是之学"，基本上都是文字问题，而又不单是文字问题，因为"经学"、"文字学"都是文化问题，是汉字文化与传统文化的关系问题。汉字的神圣地位受惠于经学的神圣地位，经学的传承不绝又受益于汉字的传承不绝。

经艺、文字，又都与"王政"相联结。经艺与王政的关系，不必多说。中国两千多年的专制王朝，不论骨子里是什么货色，在旗号上没有不写着仁义道德的。尊孔读经是统治思想的根本原则，一切社会伦理规范、做人标准、国法、家规都可以从经学中找到依据。孔曰"成仁"，孟曰"取义"，"三年无改于父之道"，"不孝有三，无后为大"，"君君、臣臣、父父、子子"，谁能不按这些教条行事呢!

文字与王政的关系是双向的。文字产生伊始,要靠王朝的权威来规范统一,要靠王朝的力量向各地推行;文字制度确立之后,要靠王朝的法令维护其点画结构,即使是一个最不重视文化的王朝,它对文字也不可能漠不关心。"王朝"对汉字的稳定作用不可低估。"王朝"对文字表现出极大关注,是因为文字作为一种"文治"工具是绝对不可缺少的。许慎说,仓颉造字之后,"百工以乂(yì),万品以察,盖取诸夬。夬扬于王庭。言文者宣教明化于王者朝廷,君子所以施禄及下,居德则忌也。"(《说文解字·叙》)还有,超越时空的信息传递,经验传承,都得依靠文字,"前人所以垂后,后人所以识古"。这是许慎对汉字与文化关系所做出的很正确的价值判断。

二、现代的汉字文化研究

这里说的"现代"仅指 20 世纪上半期,由于有了中西文字的比较,西方学理的输入,这一时期对汉字文化的研究已与古代大不相同。首先是理论认识上的提高,研究者已明确认识到,汉字形体保存了丰富的文化资料,可以补古书记载之不足,也可以补出土文物之不足,也可以与文献、文物互证。在研究方法上已注意系统性,设定专题,收集有关字形资料,做系统考察。对资料的使用比古人严谨,一般不是为了某种需要,借字发挥,所以研究成果颇为可观。另外,也提出了一些值得进一步研究的重大问题。

(一)对汉字是研究中国文化史的绝好资料的论述。

姜亮夫(1902—1995 年)在《中国文字的特色及其在学术

上的地位》强调了汉字文化研究的重要性。他说:

  他(指汉字)不仅是中国的东西,他也是世界全文化的一角,……并且他在全人类文化中,还显现了他的特色。他又是一个古国所依以为命脉的东西,更不可忽视。
  中国文字,是全人类文化里的一种文化,他在学术上当然有他的地位。
  (一)是古代的史料 中国文字,是象形的,这里面含了许多造字时的"社会意识""社会现象"。我们根据他,可以考见许多古史的情形。譬如朱希祖据之以考古代的民族,郭沫若据甲文以考殷代社会,静安先生据之以考殷代史,成《古史新证》《殷周制度论》,日人林泰辅据之以考殷代地理,友人刘盼遂据之以考殷礼,友人徐中舒据之以考古代农器及服象的事,我也曾据之以考殷夏民族的情形,太炎先生据之以考中华的种性等等,……都各有些重要的发现。自从这些东西渐渐考明以后,五经有许多不可信的地方证实了,太史公的伪误证实了,古代的许多传说,或得到了解说,知道了作用,古代社会的情形,推阐了许多。中国民族种族的问题,中国文化的情形,也得到许多新意识。
  (二)是古代民族意识的写真 从文字的组织上,可以看出许多民族意识的真像,譬如以侧形表能高飞速走的动物,画人一定侧形,女子是屈膝而跪的,母亲是奶子长大的女子,妾是有罪的女子,……比外族于犬(如狄)虫(如闽蛮蜀)等等(盈按,以"犬"、"虫"比外族,可能与图腾崇拜有关),……都莫不显现出民族意识的真形态与真体系,这真是一种最妙最好的古代民族写真画啊!这是在世界一切文字中,寻不出来的好材料……我们借此可以考见我们的文化,我们的种种,实在是学术上的绝好材料。

(《青年界》第4卷第4号,1933年,收入
《姜亮夫文录》,云南人民出版社1999年版)

张世禄(1902—1991年)于1923年发表《文字上之古代社会观》,该文开头第一段就阐述汉字对研究古代社会的重要价值:

居今日而欲知茫昧之古代社会,史策既无征考,则惟有求诸古来之余形遗迹,俾可想见其一斑而已。例如考化石而知生物之递嬗,察地层而识地壳之胎成,皆其类也。世界言象形文字者,必推吾国,则此文字者,诚有史以前,先民遗迹之所留,曷借之以窥其政俗之梗概,以补史策所未及者乎。

(《国学丛刊》,东南大学,第1卷第2期,
又见《张世禄语言学论文集》)

陈钟凡(1888—1982年)对利用汉字"演形"的特点研究中国古文化,有非常明确的认识。他说:

中国文字泰半演形,稽其名动诸词,莫不毕肖古初事物。故凡古代社会之迹象,及其文化嬗变之历程,往往可于其中考见,学者类能言之。至初民之旧俗及其心习,亦可于

此中参验而得其大凡。

(《从文字学上所见初民之习性》,《国学丛刊》
1923年第1卷第2期)

钱穆的《中国文化史导论》专门有一章谈《古代学术与古代文字》,其中很有些精彩的意见:

> 在中国史上,文字和语言的统一性,大有裨于民族和文化之统一,这已是尽人共晓,而仍应该特别注意(按,着重点为引者所加)的一件事。
>
> 要明白中国文化之所以能扩大在广大的地面上,维持至悠久的时间,中国文字之特性与其功能,亦是很重要的一个因素。

(《中国文化史导论》第89—91页,
商务印书馆1998年版)

我在《汉字文化学的思考》(案:此文未正式发表)中已经引用过一次,在此还要再引用一次陈寅恪的一句话:

> 依照今日训诂学之标准,凡解释一字即是作一部文化史。
> (《沈兼士学术论文集·鬼字原始意义之试探·附录:陈寅恪先生来函》202页,中华书局1986年版。又,《陈寅恪集·书信集》172页,三联书店2001年版)

对上述引文,请不要等闲视之。那年月,改革汉字、废除汉字的呼声很高，不乏赶时髦、追浪头的"识时务者"。却也有人不信那一套，他们从中国文化的根本利益出发，肯定了汉字的历史价值。既然"解释一字即是作一部文化史"，那么，如果将整个汉字废除，中国的文化史又从何谈起呢！饶宗颐在最近一部著作中也强调指出：

> 汉字已是中国文化的肌里骨干，可以说是整个汉文化构成的因子，我人必需对汉文字有充分的理解然后方可探骊得珠地掌握到汉文化深层结构的认识。
>
> （《符号·初文与字母——汉字树》"引言"1页，
> 商务印书馆（香港）有限公司1998年版）

钱穆说"应该特别注意"，饶宗颐说"必需对汉文字有充分的理解"，这都是他们自己的深切体会。那些"一切欲尽变其国种之故常，以谓凡吾国种之所有，皆不足以复存于天地之间者，复因此而对其国种转生不甚爱惜之念，又转而为深恶痛疾之意，而惟求一变故常以为快者。"（钱穆：《国学概论》第354页，商务印书馆1997年版）他们对汉字也就是对汉文化当然不可能"探骊得珠"，也不可能"掌握到汉文化的深层结构"。"夫至对于国种生不甚爱惜之念与深恶痛疾之意，而惟求一变以为快，则其救国保种之热忱既失，而所以为变者，亦不可问矣。"（《国学概论》第356页）钱穆这些话很深刻，今天读起来仍然可以触摸到一颗火热的中国心。

（二）利用汉字研究中国古代社会。

利用汉字考察古代社会，成绩最著者当推王国维、郭沫若等人，这是众所周知的。这里提到的一些单篇论文，学术价值虽不甚高，影响虽不大，但可以看出一时的研究风气和对此一问题的关注程度。

1922年《东北文化月报》发表杨成能的《由文字学上推得之先民文化遗迹》。作者说："文字者为一种民族精神之结晶，而吾族演形文字对于文化遗迹之价值，尤超过欧人演声文字万万，……一文一字之构成，其形其义，皆于当时之事务有密切之关系。换言之，即一个文若字之构造，无非代表构造此一个文若字之当时之一事或一物，而为之肖像也。"该文作者分"道德观念"、"国家组织"、"伦理习惯"、"生活经济"、"制造技能"、"学术思想"等十二个项目，选取有关字形，分类讨论。作者还认为，从《说文解字》中"见从某部字之多少，即可见某物于先民文化之关系密切与否。观从土之字一百三十，从金之字一百九十五，则可推知金属与先民文化之关系视土为繁。又观从马之字凡百十有五，从牛之字凡四十有五，则可见马属与先民文化之关系，较牛为重。又观水火二字，从水之字四百六十有四，统观各部之数，无有能出其上者，而从火之字只百十二，民非水火皆不生，然洪荒之世，水之为祸，视火为普，故先民特加之意，而文字亦多。"他的这种比较，当然有一定的道理，但事物之间往往缺乏可比性，水多于火，故河流名称就数量很大，似与水灾多于火灾无必然关系。

张世禄的《文字上之古代社会观》，其主旨是要用文字证明"人类社会之演进，大都由渔猎而畜牧，由畜牧而耕稼"。

他根据"西戎之戎，从十从戈，十即甲也。狄者，身旁携一犬也。貊，亦在北方，身衣毛裘，如猛兽形，故从豸"。从而推断"吾国民族来自西方。夫西北多山，宜于猎牧，故特有尚武精神"。"知吾先祖必为狩猎之野人也"。"物从牛，'牛为大物'也。件从牛，其时社会盖以牛为易中（？），今蒙古青海犹有然者，至印非黑人，则以牛为易妻之俪皮，此即条件之所由起欤？牵，从牛，'天地之数，起于牵牛'，其重视牛如此者，畜牧社会之特色也。而牛又为耕稼所需，则亦已进为农业欤。"张世禄写此文时，中国学术界正是疑古之风盛行之时，所以张文结尾感慨说："世之言上古文化者，或且欲吐弃一切，并文字之不知谓何，吾又乌睹其可哉？"（原载东南大学《国学丛刊》第1卷第2期，1923年。收入《张世禄语言学论文集》，学林出版社1984年版）

与张世禄同时，陈钟凡发表了《从文字学上所见初民之习性》、《中国文字学上之原始宗教考》、《文字学上之中国人种起源考》（均见《国学丛刊》1923年第1卷，第2期）后一篇文章是针对中国人种起源之争而写的。历史上的中国人从来没有对自己人种的起源问题产生什么怀疑，我们是"土生土长"，这还有问题吗？19世纪中叶国门大开之后，这个不成问题的问题成了大问题。

日本人说，华胥是海中岛，少昊国在东海外，中国人种当起源于东方。

英国人说，中国人与美洲的印第安人很相似，中国人种起源于美洲，由美迁亚（按，据美国专家研究，美洲印第安人以及某些太平洋岛屿上的人是从亚洲穿过白令海峡迁移来的）。

欧洲人说，中国人种来自西方。其说不一，有说来自印度半岛的，有说来自中央亚细亚的，有说来自巴比伦的，有说来自西域的（参阅陈钟凡:《文字学上之中国人种起源考》）。

第一章 总论

中国学者如章太炎、刘师培、黄节、丁谦、章鸿钊等人"并主西来之说"。章太炎《排满平议》云:"汉族自西方来非有历史成证,徒以考索比拟而得之。独《山海经》言'身毒为轩辕所居'又异今说……。大地初就,陂陀四隤,淫水浸其边幅,是故人类所宅,独在中央高原。汉族自波迷罗(自注:此《大唐西域记》所译字,今则作帕米尔)来,虽无史籍根据,其理不诬。"(《章太炎全集·太炎文录初编》269页,上海人民出版社2014年版)又《序种姓》篇云:"黄帝之起,宜在印度、大夏、西域三十六国间。"(《检论·序种姓(上)》,见《中国现代学术经典·章太炎卷》149页,河北教育出版社1996年版)1923年章太炎的学生朱希祖(1879—1944年)发表《文字学上之中国人种观察》(《社会科学季刊》(北大)1923年第1卷,第2号),对章氏的西来说提出驳议。他说:魏近言汉族西来者,大都取证于汉魏以来伪造之纬书神话。一二欧洲人士,亦都接近此辈,不学无术,妄相附会。驯至积学之士,亦震其新奇,从而附和之,章先生亦其一也。"朱希祖抓住一个"夏"字作为驳斥西来说的主要论据。(盈按:朱氏此文,收入周文玖选编的《朱希祖文存》201—211页,上海古籍出版社2006年版)

夏之为字,有首有手有足,乃纯象人形。此为中国人种特造之字。

夏既为中国人种,中国二字,其界域究以何处为限?历史上颇无明文可求。……荀子以中国对四海,孟子以中国对四夷,其义一也。然则九州以内,谓之中国;四夷四居,谓之四海，可得而知矣。

夏为中国人种之专名，其字专为中国人种特造，为最初之本义，前已言之矣。然中国人种称夏之外，其后或称为华，或称为汉。华为夏之假借字，汉为国名。盖因汉代兵威，振于域外。……故当时外族称中国人为汉人，犹日本人称中国人为唐人，亦因唐代而来也。

朱氏由"夏"字证知中国人种发生于本部，陈钟凡不以为然。说朱氏"此文断中国人种非来自西域，则未尝于文字或古物中有大验确证可凭"。他要"验之古代语言文字，知中国人种自西北东迁之确证"。今天看来，所谓"确证"也是既不确又难证的，举两个他认为是"确证"的字为例：

《说文》："丘，土之高也，非人所为也。从北，从一，一，地也。人居在丘南，故从北。中邦之居在昆仑东南。"又："虚，大丘也。昆仑丘谓之昆仑虚。"……此东南之中邦，与西北之昆仑，古语何以连类并称，考《尚书·尧典》"命和叔宅朔方"，郑玄注："朔方，北方。"伏生《大传》："朔，始也。"是故北方古称朔方，明其为中邦人类始居之地矣。《说文》又曰："京，人所为绝高丘也。"此人为之绝高丘，当即昉非人为之昆仑丘所筑，故《山海经》言"帝尧台，帝喾台，帝丹朱台，帝舜台，各二台，台四方，在昆仑东北"，明诸帝之台，与昆仑东西辉映。盖人类初移平原，多所不适，仍筑台观以居也。

第一章 总论

《说文》僊字下曰："长生僊去，从人罨，罨亦声。"眞字下曰："僊人变形登天也。从匕，目，乚，八所以乘载之。"按登天而用乘载，则其所登者非苍莽之天矣。故僊字从罨，罨训升高。字又作仙，登山则为仙人，此岂指寻常之山言之哉？……自古骚人之涉遐想，思登仙者，莫不神游默想于昆仑瑶圃焉，岂非以先民传说，胜道其故国之神圣庄严，因有不死仙乡之目欤？黄帝西游，史家传其乘龙仙去，当亦以此。

这个问题的讨论仅以字形为据是不会有什么结果的，字形于解释人种起源问题可以说无能为力。而且讨论者都把人种起源与夏族（汉族）起源问题混为一谈。西方近来的研究表明，人类起源于非洲，中国人也来自非洲，这不是文字所能证明的（1998年9月30日《参考消息》载：路透社华盛顿9月28日电：研究人员今天说，基因学研究表明，现代中国人是非洲人的后裔，尽管有化石证据显示早期人类始祖曾在中国生活过。这项研究支持了所谓的"走出非洲"理论，即今天世界上所有人种都是一群从非洲移居出来的祖先的后代，而不是同一时间在世界几个不同地方各自单独进化成人类的。休斯敦得克萨斯大学人类基因学中心的L.金（音。盈按：即金力。参阅［美］史蒂夫·奥尔森著、霍达文译《人类基因的历史地图》116、117页）等人在《全国科学院学报》上撰文称，他们对中国各地28个民族居民的基因做了分析，所发现的基因多样化数量，与10—20万年前迁出非洲人群的估计基因多样化数量完全相同。他们得出结论称："基因证据并不支持中国的智人有独立起源的说法。"又据《北京青年报》1998年

10月2日报道:"科学家们把中国族群的30个'卫星细胞'标识与世界各地11个族群的细胞进行了对比。对比发现的结果让科学家们大吃了一惊:来自华北、华南族群的遗传基因与非洲人类族群的遗传基因有着共同的特性!这说明,中国人类的族群是在人类学会打造金属工具和使用书面的字母前就从非洲迁到了中国南部。……大约在100万年前,人类的祖先——原始人走出了非洲,然后占领了欧洲、中东和亚洲。又过了几万、几十万年后,第二拨会使用工具的更高级的原始人开始从非洲移民出来,并且很快就超过了他们的祖先。根据这一设想,那么现代的人类只能源于一脉。"这一设想,对于研究文化的起源、语言的起源、文字的起源均有相当的参考意义。又,王元化主编《学术集林》(卷14)载有徐文堪《一个重大的科学前沿问题——〈人类基因的历史与地理〉读后》,亦可参阅)。

陈钟凡对人种起源的研究没有取得满意的成绩,而利用字形研究"初民之习性",颇有创意。他研究了九种"习性"。"一曰注意之习性。……观于象形文中人类及兽类诸字,多扩大其头部,则初民视察动物,其注意之所在,可以见矣。"如人形诸字扩大其头部者有"兒"、"子"、"儿";动物之字扩大其头部者有"牛"、"羊"、"马"等。"二曰类推之习性。……凡此左右对称之形,无待全体毕具,故尝举偏以概全,或图左以见右,使人由类推而认知其全体焉。"如"目"、"耳"、"臣"为举左以推右,"隹"、"雀"、"鹿"为举右以见左,"羽"、"廾"为举偏以概全。"三曰想象之习性",分为"有实体可推"的"假设图案",如"畺"、"郭"、"邑"等在甲金文中的写法,还有无体可验"凭臆所作之图",如"雲"、"電"、"雷"的古写。"四曰象征之习性。事物之形不易显,或无迹可求,先民乃制种种符号标以为象征,六书中指事之例,于以生焉。""五曰爱美之习性","植物华实之美以点表之",如"禾"、"黍"、"果"在甲金文中的写法;"动物羽毛之美以曲线表之",如"佳"、"鸟"、"凤"、"龙"等在甲文中的写法;"建筑器械之美以体表之",如"禀"、"豊"、"鼎"等在甲文中的写法。"六曰分析之习性",如"囟"、"胃"、"包"等在《说文》中的写法,"凡此皆非目验无由测知,……盖诸夏医术,发明独早,凡所推知,必准实际,故析解骸体,事所优为"。"七曰实用之习性",如数目字的产生"皆由应用贯习所制定之文字也"。"八曰竞争之习性",如各类兵器字的产生。"九曰政治习性",如"帝"、"民"二字之产生。但他以"民"象草木萌芽,当即萌之本字",殊不可信。

30年代,丁兴瀁发表《文字学上中国古代社会钩沉》,文章批评顾颉刚、钱玄同等疑古派,"有破坏之功,无建设之效"。对郭沫若以文字考古也颇有微词:

> 郭氏知从社会着眼,搜据材料,较陶氏(指陶希圣)谨严,又得出土铜器甲骨,互相佐证,唯物精神,可谓充满。然其据甲骨以说古史,每就文辞推求,非从字意构造探讨。其甲骨文研究一书,固知从文字构造着眼矣,复零碎无组织,未能得整个社会模型,所谓引其端未终其绪也。

"文辞"是语言问题,"文字构造"才是文字问题,这个区分很重要，但拿此来批评郭沫若则不合理，因为郭氏研究的范围并不限于汉字文化。丁氏"究心许书，上溯钟鼎，旁及甲骨，以字形之构造，证社会之遗迹"。全文计分六类："一曰榛莽，二曰石器与铜器，三曰氏族，四曰渔猎，五曰牧畜，六曰农耕。""榛莽"类以"禁"、"莫"、"林"、"历"四字为证，"石器时代与铜器时代"类以"鱻"、"楙"、"枱"、"槃"（盤）、"枾"、"櫑"、"䇞"、"磻"、"钮"、"鑣"等字为证，"氏族"类以"氏"、"族"、"后"三字为证。文中的具体结论不无可议之处，但其规模、方法均应肯定。作者还发表过《文字学上中国古代货币钩沉》，从"币"、"玉"、"龟"、"贝"、"牛"、"布"、"钱"等字的构形或使用情况，说明古代货币演进的历史。其论"牛"为交易媒介物，较之张世禄的说法更为详细：

  牛之训释虽歧，而暗寓交易之事迹则一。今世所谓条件之件，导源以牛作值，事固非诬。盖游牧之世，牧业日繁，交易日殷，上古以物易物之风，既感不便，势必另设一物以为交易媒介。是时牛为牧业重心，人所珍视，悬以作币，供交易之需，其事固便。又是时，种界分歧，争斗甚力，互相俘虏，已成风气，凡所获之俘，供役供食，各随其俗。因是以俘虏作货币，供交易媒介，亦甚普遍。此件字构造，所以从人从牛，殆表明人牛二物，均可作交易之条件也。牛字训件者，所以表明是时社会，凡谈条件者，除人而外，牛为必备之物也。故曰牛者，件也。件训事理者(《说文》:"牛,大牲也。牛,件也。件,事理也。")所以明交易之事,出于以人牛作值也。准此,牛为牧畜时代之币制本位,信有征矣。

(《学风》第 5 卷第 2 期,1935 年)

40 年代,汉字文化研究的文章,在数量上有所增多,论题也走向专一化。如胡朴安(1878—1947 年)的《从文字学上考见之中国古代妇女》、《从文字学上考见古代辨色本能与染色技术》(二文分别见《学林》1940 年第 1 辑,1941 年第 3 辑),柏寒的《汉字与家族制度》(《国文杂志》1944 年第 3 卷第 2 期)、蒋大沂的《从古文字中观察古代家宅演进之情形》(《学术》1940 年第 3 辑)、王宜昌《古文字中所见中国古代的部族》(《理想与文化》1944 年第 7 期)、马叙伦的《从中国文字上看社会和邦国家族的意义》(《大学》1947 年第 6 卷第 1 期)、《从文字上看官吏的由来》(《大学》1947 年第 6 卷第 3、4 期合刊)、《研究中国古代史的必须了解中国文字》(《中国建设》1947 年第 4 卷第 4 期)。

这些文章多以《说文》的文字资料为依据,也参以甲金文。如胡朴安以"《说文解字》中女部诸字不啻为上古妇女历史之缩景","更参之群籍,从事于妇女之研究,考见上古之情形"。又说:"以文字之发生可以推测事物之发生。本此理由,《说文》上之文字皆有事物发生之背景,所以古代辨色的本能与染色的技术,皆可于文字学中考之。"

汉字是研究古代社会的宝贵财富,在学术界早已成为共识,现在某些人却不以为然,这正是十年动乱的一大恶果。

（三）对汉字进行心理学的研究。

上半世纪由于西方心理学的输入，一批受过西方文化训练的心理学家带头对汉字做心理学上的研究。研究的重点在认知、应用、改革。

刘廷芳、蔡乐生与美国的亚伯奈蒂（Abernethy）女士、艾伟、杜佐周、沈有乾等人都从不同的角度发表过汉字心理研究的成果。1940年左任侠在《最近中国科学测验之发展及其趋势》一文中专门有一段文字介绍汉字心理研究的情况。其中有的文章发表于国外的有关刊物上，详细情况不得而知。

1928年，艾伟发表《汉字之心理研究》，此文分绪论，字形之比较研究，实验之计划，字形观察之实验，观察历程之研究，统计结果之讨论，形、声、义互相绾结之研究，讲室情形下之学习历程，结论等九个题目。在"绪论"中作者提出了三个问题："其一为注音字母是否绝对注音，同时能否通行全国？""其二为中国文字业有数千年之历史，行用注音字母后，此种社会遗传（social inheritance）宜如何保存？……就科学立论，此种国粹，亦有整理之价值。数千年历史上之沿革，社会上之变迁，欲探讨之，似须取材于此以供参考；盖一国文化之精华所在，为历史学家及社会学家所不可忽视者。""其三为中国文字艰深，致多不识字之人，固也；然若用科学方法，从事教授上改良，艰深之处，可以减至何种程度？"

艾伟于1947年又在《教育杂志》发表《汉字心理研究之总检讨》（第32卷第3号），从心理学的角度讨论了"字形问题"、"常用字问题"。这些研究都关系到现代文化的发展。

第一章 总论

1935年蔡乐生发表《为"汉字的心理研究"答周先庚先生》,文中谈道:

> 鄙人对于这个问题(指汉字的心理研究)素有浓厚的兴趣,在七八年前已有整个具体的实验计划,六年前曾与美国亚伯奈蒂(Abernethy)博士共同在美国实验心理学杂志(1928年)上发表一篇实验的报告。题目为《汉字的心理学(一)字的繁简与学习之难易》。此后又曾继续研究,计现已实验告竣者有《(二)字的部首与学习之迁移》,《(三)横直写速率之比较》,及《(四)长期练习与横直写速率之关系》等篇。此外还有许多问题亦拟逐一加以实验的研究,盖现在关于汉字的重要问题,如汉字的存废问题,汉字用罗马字母拼音的代替问题,汉字从简笔改良的问题,汉字的横直排问题,个个都是实际上的效率问题。主张废除汉字用罗马字拼音的人,他们觉得汉字是视觉的文字,几千个字有几千个不同的样,学起来积年累月非常艰难,远不如用二十几个字母就能拼出一切声音的听觉文字那样便利。主张从简笔改良的人,他们以为笔画多的字难学,笔画少的字容易学。主张汉字横排的人,他们相信眼睛的构造是适于横读,手腕的动作是适于横写的。但是究竟听觉的文字是不是比视觉的文字便利,笔画的多寡是不是与学习的难易成正比例,横读横写是不是较为顺眼顺手,这些问题都是心理学的问题。我们要解决这些问题,非从心理学实验着手不可。因此主张改革汉字的人,若是没有心理学实验的根据,他们的主张不一定是对的。所以

我向来研究汉字心理学的动机是在应用心理学实验的技术，求得客观可靠的事实，来解关于中国字的效率问题。

（《测验》中国测验学会出版，1935年第2卷，第2期）

从这段叙述中，我们可以了解"汉字心理学"的研究内容与"汉字改革"的关系，这种研究可以为国家的文字政策、文化教育提供科学依据，蔡乐生的研究计划是宏伟的，可惜汉字心理学的发展没有受到应有的重视，40年代以后基本上夭折了，"文化大革命"以后才逐渐恢复。

蔡乐生与亚伯奈蒂发表的实验报告，还最先证明汉字心理与"格式态"心理学的具体关系。该文篇首说："在理论方面本问题与'格式态'心理学有关。'格式态'的学说发源于知觉界内，而关系经验之模型特质。学习的动作，照它说，乃是一个整个的经验，我们的反映，乃系对一物的全体，而非对其各不相连的分子。因此，照这学说讲，每个汉字的知觉乃是一个完整的事情，是一个'格式态'，而且不能以眼睛受多少离异的笔画所刺激的结果来解释。我们的反映乃是对各字整个的模型。"（转引自《为"汉字的心理研究"答周先庚先生》）中国人把汉字研究与"格式态"（有人译为"格式道"、"格式塔"）心理学联系起来，蔡氏算是第一人。据蔡氏此文说，1930年周先庚也写了一篇阅读汉字的"格式道"，文章对蔡氏的工作"一字不提"，使蔡氏颇感不满。

张耀翔还从心理卫生的角度探讨过读书习字问题。认为"读书习字，在中国也多半是心理卫生而发动的。……其主要动机似

不在求知，而在破寂、消愁，使被压迫的欲望得到精神的安慰。"（《中国心理学的发展史略》，见1940年《学林》第1辑）

（四）对"书同文"之功的认识。

汉字由于表音的局限性，言文不能一致，认知上不如西方标音文字方便，从清末开始就受到非议。有人主张"中国当废汉文，而用万国新语"，"以象形字为未开化人所用，合音字为既开化人所用"。为此，1908年章太炎曾作《驳中国用万国新语说》。1911年《东方杂志》主编杜亚泉（1873—1933年）对国内外非议汉字的言论，对"言文不能一致"的问题提出了自己的看法。他认为"此说倡于欧美人之学习中国文字者，日本醉心欧美之人，乃附和之，遂有废止汉字节减汉字之论，至吾国之人，亦有主张用标音文字以期言文一致的"。杜亚泉也承认："言文不能一致"，的确"不便于通俗"，可是也有好处，"因文字与语言离异之故，其文字不至随语言而改变，于学术上及社会之便利殊多"。

所谓社会上的便利，是指汉字超越方言，全社会"书同文"，有利于社会统一。"欧洲各国，区域较小，而各国之文字不同，若我国亦用标音文字，使文言一致，则一国之中，将有数十种文字出现。今全国之内，方音虽异，而文字可通，即日本、朝鲜、安南（今越南）诸国，亦得通行同一之文字，使东亚各国，性情风俗，不至绝然悬者，未始非同义之赐，此其便利一也。"

学术上的便利是指汉字有超越时间的作用，古今文献资料，同用一种汉字，索解容易。他又以西方的文字做比较。"欧美现今之文字，与希腊拉丁之文字不同，于是研究古代之文字，为一专门之学术。盖标音之文字，不能不随语言而变，而语言之传述，不能不因时代而殊。若我国亦用标音文字，则不但春秋战国之文，将无从索解，即汉唐宋明之文，亦将不能卒读矣。四千年之中，至少有三四种专门之文学，承学之士，虽白首而不能尽通。今则历朝著述，藏之名山，传之后世，沧桑屡易，而文字则亘古如新，其便利二也。"

这两种便利，非同小可，是国家存亡、文化存亡的大事。"汉字革命"之所以革不了，之所以革不得，就因为谁也没有本领超越这两种"便利"。

杜亚泉的汉字观影响相当大，不仅后来有许多文章重复他的意见，而且1923年有一个名叫严慧文的人，在《国学丛刊》第1卷第2期上发表了一篇题为《文字与语言之关系》的文章，几乎一字不差的抄袭杜文。

1940年，傅东华发表《书同文考》，认为秦王朝"同文之举，正所以继往开来，而奠定我中华民族二千年来文化政治统一之基础，其功不在禹下"。傅文从纵横两个方面加以论述，与杜亚泉的认识大体上一致。"自其效之纵面而言，假令秦世未尝有同文之事，则今人不但于殷周古文不复得而识，即秦汉时书亦将十九不能读，如是，则我人之文化遗产且四失其三。盖我国文字本于六书，凡字之合六书者，虽历时久远，形体屡易，亦仍可得而识，否则虽并世之文，越境而无识者矣。""再自横面而言，当时同文之效虽未至消灭方言，而已于方言之上建起一种书面之国语，即文言是也。文言既行，方言之势力即不复能妨碍我国语言之统一（原注：此处"语言"谓彼此传情达意之language，可兼书面语（written language）而言），自是地无间于秦越，语无分

第一章　总论

于齐楚，为国者一纸令行，即可家喻而户晓，是则二千年政治之统一，皆受秦世同文之赐矣。且自秦同文以来，非但口语不足以影响文言，文言反足以影响口语，故如楚语与齐语，战国时本如异域也，今则同属官话系，可以晤谈一室而无隔矣，又如黔滇诸省，汉时犹属西南夷，今则其语亦属官话系，东至辽海西至陕甘尽可通行矣。凡此，谓非口语受文字之影响不可也，即谓非远受秦世同文之影响不可也。且此文言之势力，不特深入于蛮荒，且亦广及于异域，故日本、朝鲜、安南，其文字皆用我文言，然且秦世同文之效且遍及于东亚矣。此愚所以谓其功不在禹下。"秦王朝统一文字之功诚如傅氏所言，但至少从甲骨文开始中国文字就是统一的，就是中华民族统一的重要原因。

1941年刘节（1901—1977年）在《研究中国语言文字的新路径》一文中也谈到"书同文"对国家统一的积极作用："如果是真的中国人很早就发明音标字母，那么到今天，必定有许多同语系的语言。而中国一大片土地上，早已分成欧洲一样的许多国家，这也不是一件好的事情。"（原载民国三十年《说文月刊》第3卷第1期。收入《刘节文集》，中山大学出版社2004年版）

真理是不怕重复的。前人已讲过的道理，后人未必都知道。到了90年代饶宗颐又一次提起这个话题："我们看欧洲的文艺复兴，不同国族的人们以方音的缘故，各自发展自己的文字，造成一种双语混杂的杂种语言，终于使拉丁文架空而死亡。文字语言化的后果，其害有如此者；汉字不走语言化道路，所以至今屹立于世界，成为一大奇迹。"（《符号·初文与字母——汉字树》第2页）

日本的安藤彦太郎在《中国语与近代日本语》中也强调了这

一点:"因为仅就中国来看,汉字的作用也是极其巨大的。中国国土之广阔,大体相当于除去意大利半岛的整个欧洲。这样的中国为什么没有像欧洲那样分成若干国家,而且保持了文化上的统一?解答这个问题的关键之一,恐怕就在于汉字。如果中国一开始就是表音文字,肯定会像欧洲那样派生出许多民族语而不能统一。"(第137页,卞立强译,北京大学出版社1991年版)

(五)汉字文化研究中的三种通病。

总体来看,上半世纪的汉字文化研究视野还不够开阔,研究者太多缺少人类学、民族学的知识,且思维也欠严密。如马叙伦,他对汉字文化的研究不可谓不用功,可惜主观随意性相当大,可信的结论不多。胡朴安对《说文》材料的运用,很见功力,但缺少理论修养,创造性也不足。另外,对田野考古材料普遍不重视,目光只盯住有限的几种经书、字书。

1. 字形考证上的牵强附会。

顾实(惕生)于1923年作《华夏考原》,从文字上论证中华民族为什么称为"华夏"。他认为"华夏"二字是"连语",乃自然语音,"即 wa ya 之对音,……黄帝明自然,而史臣苍颉造字本之,是'华夏'二字,即造自黄苍之世与。或曰,《庄子·胠箧篇》有赫胥氏,'赫胥''华胥'一语之转,胥从疋声,是'胥'、'疋'、'雅'、'夏'古字通,'华胥'转为'华夏',遂为吾种族之名,如是,则其来益远矣。'华夏'二字既出于自然之呼声,亦即人类所以战胜万物之呼声也。"

"胥"、"疋"、"雅"、"夏"古音可通这是没有问题的,但以为"华夏"就是"人生堕地之第一呼声""即 wa ya 之对音",这就毫无根据。怪论还在下面呢，顾先生作为20世纪初叶接受过西方文化洗礼的学者，已经懂得猴子变人的进化论，因此他要进一步从"夏"字的形体中分析出其与猴子的关系来。

> 试即夏之造字而论之，《说文·夂部》曰："夏，中国之人也。从夂，从頁，从臼。臼，两手，夂，两足也。"凡治经者莫善于以经证经，治文字者亦莫善于以文字证文字。夏既作𦣻，与夒作夒，极相似。所异者夏从臼，臼掬古今字，拮据勤劳之意，人之所以异于禽兽而能进化者，此也。夒从止从巳。止，举止也。巳似古今字，谓举止甚似也。夒又增为夔，是必造字之初，依类象形，"夏"与"夒"、"夔"，盖同居而有别。《说文》曰"夒，贪兽也。一曰母猴。""夔，神魖也，如龙，一足。"案夒字亦作猱，《诗·角弓》曰"毋教猱升木"，毛《传》曰猿属，《正义》曰弥猴也，楚人谓之沐猴。……汉初人骂项羽"楚人沐猴而冠"，此盖楚夏之别，而又夒夏相近之证也。且禺作禺，母猴属，一名爲，头从鬼，鬼作鬼，故头相似。鬼者人所化，而母猴属之禺，头与鬼相似。世言人从"类人猿"进化，而吾古造字，区别人猿甚严，故"夏夒""鬼禺"之相似，辨之入微，然惟其辨之严而入微也，不愈可见吾民族当年正与猿类为伍，遂不觉流露于字形之间乎。

顾实先生没有引证甲骨金文的材料，在那些材料中"夒""夔"与"夏"并无形体上的联系，从音而言也无法证明二者之间有同源关系。可是顾先生"欲罢不能",一路推论下去,由猴子想到山,由从臼而想到农业生产("盖与晨農从臼同意"),由从夊而想到与"麦""从夊同意",于是一项重要结论做出来了:

> 是"夏"之从臼从夊,足表示吾族尚在山农种麦时代也。且凡从夊之字,……皆有足用力进行之意,而"麥"从"夬"即古文"陸"字,从夊,尤足见其登高而上陆之意。是"夏""夒""夔"三字从夊,皆足表其捷足登山之意也。……山莫高于昆仑,则吾族原始种麦于山之最高处,当尚在昆仑无疑也。……近世他国学者谓吾族为昆仑人种,洵有卓见,而吾人或反忽之过矣。

二三十年代,以汉族起源于昆仑,大概在文化界成了许多人的共识。丁兴潢在分析"歸"字的结构时,也得出类似顾实的结论:

> 歸字构造,从𠂤,从止,从帚。𠂤,山也。止,足也。以足登,即谓之歸。

话说到这里,本来可以打住了。但丁氏要从文化层面做更深入的引申,牵强附会就来了:

> 是先民发迹山岳之遗痕。则所从之𠂤,盖即暗指昆仑。昆仑为汉族故土,徙入神州,偶还故乡,亦事理之常。史言黄帝西游不返,殆其暮年,惓怀故土,湍返昆仑耳。据以上

第一章 总论

所征，汉族发源地，远在昆仑，殆无疑义。故徙入神州以后，犹望祭昆仑，怀念旧土，示不忘本也。

（《文字学上中国古代社会钩沉》，见《学风》1933年第3卷第6期，安徽图书馆编印）

"所从之目"，为什么一定是"暗指昆仑"呢？何以见得就是黄帝返回昆仑时而造出了一个"歸"字呢？这都是先入为主的想象。不客气地说，这样的"考原"、"钩沉"，实属东拉西扯，制造混乱。

2.语音通转上的主观随意。

利用文字进行考证工作，不能不谈语音通转，因为汉字有同源、有假借、有方音、有古今音变等问题，通过音转的论证足以突破字形上的束缚，变文字上的障碍为有力的佳证。可是不少作者对音韵学的知识缺少必要的基础，以为只要知道36个字母和上古若干个韵部，就可以轻易言通转了，所以滥用音训、音转的现象相当普遍。陈钟凡为了证明华夏族来自西方，就说"夏"字的"音训则与西方仍有关系"，"西夏双声，又有中高四下之大屋之训，则夏之含义实包蕴西方，此考之文字，知中国人种来自西域之证四也。"（《文字学上之中国人种起原考》。《国学丛刊》第1卷第2期，1923年）西属心母，夏属匣母，二字怎么构成双声呢？显然，他是用现代汉语的声母x来谈古代"西""夏"的声母了。

马叙伦是最喜欢用音转来沟通字义的文字学家了。他的那篇《研究中国古代史的必须了解中国文字》大谈音转，几乎没有一条是可信的。他为了要证明"友"字原本是做买卖的意思，通过音"转"将"友"与"付"、"易"转到了一起。他说：

至于朋友的友应该写作㕚，《说文解字》里写作㝳，说他的意义是"物落，上下相付也"；说他的声音是"读若《诗》摽有梅"（原注：读作标），其实他是付的两样写法（或者付是他的转注字），付字的发音在唇齿摩擦清音的非纽，转到唇齿摩擦次浊音奉纽，便为"平小切"（原注：摽字的反切），由奉纽转到舌前摩擦次浊音的喻纽三等，便和友字的声音一样；古代读喻纽三等和喻纽四等都在舌尖前的破裂浊音定纽，后来分出一部分为喻纽四等，一部分为喻纽三等。在喻纽四等里，就变作易字的声音；所以现在贸易多用易字来代他了；我们看他的写法，晓得他的构造，是从甲人的左手（㇇）乙人的右手（㇇），就会甲人左手拿的东西付给乙人右手里的意思。这样，证明了朋友是做买卖的意思。

（《中国建设》1947年第4卷第4期）

　　这段话中有许多常识性的错误。在声母方面，马先生既不了解"古无轻唇音"，也不了解上古"喻三归匣"，所谓非纽转奉纽，奉纽转喻三，喻三、喻四都在定纽，都不得要领。在韵部方面，"友"属之部，"受""摽"属宵部，"付"属侯部，"易"属入声锡部，马先生像变戏法一样，在缺少任何论证的情况下就把它们"变"到一起了。至于字形上将"友"与"受"混而为一，这里就不必费笔墨来评说了。

　　文中还有这样一些说法，也都是不可信的。诸如"玉字的古音，大概像现在套字的声音，《说文解字》里的珏字，就是一套一套的套本字,但是,他和玉是一个字,不过音变作古岳切。""从声音方面来说,家是舍的转注字,也是室的转注字。""后、石是一个字,……石字的发音在禅纽,后字的发音在匣纽,都是摩擦次浊音,这是时间、空间的关系转变的。"

3.字形分析上的粗疏失据。

字形分析是探索字中文化含义最基础的一环,这一环错了,结论自然难以取信于人。

马叙伦说:"国家两个字的原始字只写作囗亞,囗亞两个字《说文解字》上都有,可是他的原始意义都失了。……亞字在金文有三种写法,一是囝,二是✚,三是✪,第三种是最具体的像现在北方一所四合院子。我们从文字构造上来看国的形成,是保护私有财产;因为囗固然是国的原始字,可也是公私的私的本字(原注:私是禾的转注字从囗得声音的,所以现在都借他做公私的私了),因为公私的私,在象形文字的构造方法上是不能造出一个字来的,只有'假借'的一法;囗也本是墙垣的垣的原始字,墙垣是为保护自己的生命财产的,明明就含着一个私的意义,所以就借他做公私的私了;我们看园圃一类的字,都是从囗得义的,大概都为生产物私有的关系。"(《从中国文字上看社会和邦国家族的意义》,见《大学》月刊1947年第6卷,第1期)

说某字是某字的"原始字"、"本字"、"假借",不是只凭意义上的推论、想当然,一定要有语言上的,最好还要有文献上的资料来做证明。马先生说囗是国的原始字,又是垣的原始字,都没有语音上的论证,又说囗是私的本字,又说"私是禾的转注字","从囗得音",这些字的关系只凭极脆弱的意义上的牵合就都扯到一个根子上来了，私怎么会是从□得音呢？更是不知所云。

至于亞字是否就是"四合院"，马先生的意见当然可备一说，即使是"四合院"也不能说它就是"家"字。家与亞在形体上、语音上都相差很远，以亞为家的原始字，毫无根据。马先生在《从文字上看官吏的由来》一文中，对"吏"、"史"、"聿"、"書"等字的关系的分析，我以为也是粗疏失据的。他说：

> 吏字依金文是从史得义，从旗字的初文得声。
>
> 至于史字，……最近，王国维说他"从又持中"，中是周礼"升中于天府"的中，是像筒的样子；其实史和聿是一个字，是書的初文：書就是写字，所以他的构造方式是属于六书的会意，从又持笔；原本笔的象形文是写作丨或♦的，篆文变作𣥂，倒过来便像中了。……由于时间空间的关系，声音转变了：但是，史字和書字的发音都在审纽，聿字的发音在喻纽四等，他们都是摩擦次清音，所以聿史变作两个声音，还"转注"，另造一个書字。
>
> （《大学》月刊，1947年第6卷，第3、4期）

说"吏"从"史"得义，这当然是对的，而从"旗"的初文得声，就缺少证明。"聿"和"書"在意义上有联系，这也不错，但这两个字和"史"的关系，恐怕不会像马先生说的那样直接，所谓审纽、喻四都根本不能算作证据。

我们在这里谈前人汉字文化研究中的问题，毫无指责之意，揭示这些问题的唯一目的是要从中汲取教益，否则就没有什么意义了。

三、国外的汉字文化研究

外国学人对汉字和汉文化的关系、对汉字在世界文字中的独特地位，也有完全持肯定态度的，他们往往用西方文字和汉字做比较，从中发现汉字的优点。由于资料有限，不能详细论述，仅从欧美、日本举几位典型，以备参考。

第一位是美国学者恩斯特·芬诺罗萨（又译为芬耐罗莎，芬诺洛萨、费内罗萨、范尼诺萨 Ernest Francisco Fenollosa, 1853—1908年），他在20世纪初发表《论用中国文字作诗之工具》，后来张荫麟译为《芬诺罗萨论中国文字之优点》，登载在吴宓主持的《学衡》第56期（1926年）上，1927年的《东北文化月刊》第6卷第2号全部转载。据译者说，柴思义（Lewis Chase）编的《英文散文选》中亦收此文，何道宽译《麦克卢汉精粹》中有一个"麦克卢汉阅读书目"，其中第51种就是恩斯特·费内罗萨《作为诗歌媒介的汉字》，可见其影响之深远。

芬诺罗萨侨居日本，长期亲近东方文化，他对中国文化的见解与一般西方人大不相同。他说："最不幸者，东方文化中稍深奥之问题，久已遭吾侪英美人之忽略或误解，吾侪误以为中国人为崇拜物质之人民，为退步而衰敝之种族，吾侪憭然臆断，谓中国历史中，无社会进化之现象可睹，无精神道德剧变之时代可稽。""夫吾侪今日所负之责任，不在摧彼等之城垒，不在辟彼等之市场，而在研究其特具之'人德'，其高尚之愿望，而予以深厚之同情。彼诸民族，其教化之准式极高，其经验之储于载籍者，倍于吾侪。若中国人者，于人生至理之缔构中，实理想家而兼实验家也。"这是他对中国文化的基本立场。关于中国汉字，作者盛赞其"带有影戏性质"，比之绘画与照相更能"用图达意"，反映时间顺序（"自然之连续"）。

设吾探首牖外，注视一人，此人猝然回首，凝睇一物，吾再审视，而知其目光所集者为一马。若是，则吾之所见，第一为此人在未动之前，第二为此人在方动之顷，第三为其动作所抵之物。此动作及此动作之影像，本在一刹那间连续无间，而吾人宣之于言，则裂之为三部、或三节，而依其原序排列，故曰 man sees horse（人见马）。此三节、或三字，不过为三个音符，代表自然历程之三项目而已。然此思想上之三段落，又可用他种符号指示之。此符号，其随意假设与前同，惟不以声音为基础，如中国文"人见马"三字是也。苟吾人皆知此三个记号中，若者代表此幅心影之某部分，则吾人直可用图达意，其简易当不减于口语，吾人日常作手势示意，即师此法也。然中国文字固不仅随意假设之符号而已也，盖基于自然界运施之速记图，而栩栩欲活之图也。在代数之公式及口头之言辞中，记号与实物间，无自然之关络也，纯依习惯而已。惟中国造字之法，实随自然之暗示。试即上文所举三字观之，（一）人字，像此人张二腿而立，（二）见字，像此人眼在空中移动，示眼下有腿奔走之形，此眼、此奔走之腿，固为变真之图画，然亦足使人一见不能忘，（三）马字，即此马挺四蹄立。此等记号，不独能唤起思想之影像，与音符字有同等之效力，且其唤起之影像，实更实在，更生动。之三字也，皆有腿者也，皆栩栩欲活者也。吾尝谓此等

第一章 总论

字之集合，实带有影戏性质，岂妄言哉！夫绘画及照相，虽具体而明，而其所以失真者，以丧失自然之连续也。

作者认为，与西方诗歌相比，汉字的图画性特点使中国诗歌独具"影像"的优点，"至若能摹拟时间之实在，而兼得具体之影像者，惟中国诗而已。彼中国诗，既具图画之栩栩，复有音声之琅琅，……吾侪读中国文，恍如目击事物之实现，而非将若干心中之号码，左搬右弄也。"此种"速记图画"式的文字，不只是能表达"目所能睹者"，"至于目所不能睹者"，"中国文字并该之，且其表达之也极美丽而有势力焉"。因为汉字有"隐喻"功能：

> 或问曰：彼中国文，曷能以图像之字，构成智识之经纬欤？此自多数西方人观之，诚不可能，盖彼辈信逻辑范畴为思想之基础，而蔑视直接想象之能力也。然中国文字，虽其质料奇异，而其超出人目可见之境，而进于不可见之境，所经历程，与古代各国各族所经者，如出一辙焉。此历程为何？隐喻 metaphor 是已，以有形之影像喻无形之关系是已。……
>
> 中国文字不独能摄取自然界之诗的实质，另造一隐喻之世界，且以其象形之昭显，用能保持其原来富于创造力之诗素，其气魄之富，栩栩欲活，远非一切音标文字所能及焉……
>
> 欲知近世文字衰败之遗迹，请一阅字典，惟学者与诗人，始殚力回溯文字变迁之蛛丝马迹，极其所能，抱残守

缺，零星凑合，以成文辞耳，此近代语言之血亏症，而以声音符号搏结力之薄弱，故此症乃深入膏肓。盖凡用音标之文字，其蜕变之迹，自身无从表见，则以其文字中之隐喻无从窥察，不如象形文字之隐喻一望而知，故其曩时之真意义恒致遗忘，惟在中国文字，则不容尔尔。

亚里士多德在《诗学》和《修辞学》中都谈到"隐喻"。"隐喻字是属于别的事物的字，借来作隐喻，或借'属'作'种'，或借'种'作'属'，或借'种'作'种'，或借用类同字。"（罗念生注："类同字"或可译为"对应字"。借用有相似关系的类同字作隐喻，可产生新的意义。《诗学》第73页）"每个字都有一定的意思，所有能使我们有所领悟的字都能给我们以极大的愉快。奇字不好懂，普通字的意思又太明白，所以只有隐喻字最能产生这种效果。"（《修辞学》第176页）亚里士多德说的"隐喻"是语言问题，是语言的修辞技巧问题。芬诺罗萨强调的是汉字形体本身，其"隐喻一望而知"，而音标文字的隐喻作用，"无从窥察"。安子介说："汉字能使人起联想"，这是有道理的。正因为可以"起联想"，才可以发挥其"隐喻"作用。

芬诺罗萨还认识到，汉字的图形性并非死板没有生气的，它的内涵始终与外形相联结，愈变愈丰富。每一个字都有自己的源流史。

中国每一字之源流，观此字即知之，虽隔数千载，而其隐喻进展之迹，犹显而易见，且或即存于其字之意义中焉。

是故中国字，非若欧字之愈变而愈瘠，乃愈积而愈丰，与年并进，用能光芒璀璨，昭映眉宇。凡诸词字，一经其古昔之哲学家、历史家及诗人所用，顿益新义。词字譬诸一星，其新益之义，犹光轮之环于其外，而此新义常为人所记忆，而实行使用。彼中国人生活之神髓，一若梦然与其文字之根蒂相纠结，前型古范，充塞载籍，潮流奇变，纷纭奔赴，德性操行，纲维伦纪，凡此种种，莫不瞬息间电烁于吾心，使所读文字，于其层累之意义外，更增生力，此非音标之文字所能梦见者也。彼意标文字（ideography）之于诗人文士，譬犹血渍之战旗之于百战余生之老将焉，其在西方，此等足以表现民族特点之文字所积存之宝藏，惟诗人始知之，始能利用之耳。诗化之文字，有若繁音协奏，叠响震曳，有若铜山东崩而洛钟西应，众力辏聚，不期而自然。惟在中文，此诗化之美质，乃臻于极，所以然者，其隐喻昭然可睹也。

从诗的眼光尤其从中国古代诗歌的眼光来看汉字的确是"诗化之文字"，其"诗化之美质"，来源于"隐喻昭然可睹"，也来源于汉字结构本身的二元性或多元性。

中国诗歌中他动词极富，盖较之英文中莎士比亚所用者为广焉。所以然者，中国文能将若干图画之部分并为一字也。二物同功，譬日与月，而合为一动词（明），此英文中所无也。

西方人对汉字结构"能将若干图画之部分并为一字"有极为强烈的感受。并由此而受到启发引发出新的创意。据叶维廉说:"中国文字的这种结构(按,即会意字,利用两个视觉物像的并置而构成一个具体的意念)影响了大导演艾山斯坦而在电影中发明了'蒙太奇'的技巧,这是电影史上一件大事。"又说:"蒙太奇的技巧的发明,是根据中国字而来的。艾山斯坦从中国字两个形象元素并置而产生一个新的意念而发明了利用两个不同时空经验的重叠或并置(蒙太奇)而产生强烈的感受。中国古典诗中蒙太奇的手法甚多。"(叶维廉:《比较诗学》第53页、241页)艾山斯坦,一般译作爱森斯坦(Eisenstein,Sergey,1898—1948年),苏联电影导演和电影艺术理论家,以1925年导演的《战舰波将金号》而闻名于世。在20世纪初,芬诺罗萨所阐述的中文"诗化之美"实质上也就是"蒙太奇手法"。

芬诺罗萨也研究过汉字与思维的关系。从总体而言,"在修辞上及文法格律上,科学与逻辑势不两立。先民所造之语言,实合于科学而不合于逻辑,先民误以语言付诸逻辑之手,竟为逻辑败坏之矣。诗者尤合乎科学而不合乎逻辑者也。""诗人之思想,藉暗示而传,区区一词,义蕴充塞,有如饱孕,有如满载,其光彩富于中而溢于外云。其在中文,几于每一字皆积贮此种暗示之能力。是故研究中国诗,必须慎防逻辑之陷阱。""藉隐喻之用,中国文所成就,实能较西方文字为大也。稀薄(译者原注:谓抽象)之观念,中国文字未有不能表达之者也。且中文之表达之也,更活动,更永久,而迥超乎吾人之所能望于音标语根者焉。此种用象形方法孳演之文字,实为理想之世界文字,姑不论中国文字之能合此资格否也。"

汉字的图形性功能、隐喻性功能，能激发人的灵感、潜意识、想象力，这些均属直觉思维，非逻辑思维。弦外之音，字外之意，都是逻辑所达不到的。对于诗歌而言，象形字的确是"理想之世界义字"。但芬诺罗萨并未肯定汉字就是世界理想之文字，如做更多的引申，以为中国将成为世界语言文字研究之中心，那就想入非非了。

还有，洋人对汉字形体的分析，也会犯王安石那样的毛病，不足为怪。如芬诺罗萨对"我"、"吾"、"私"、"己"、"自"的分析：

> 中文与 I（人之自称）同义者乃有五字。一曰我，手操戈为我，语势极强；二曰吾，五下口为吾，有以言退众之意，语势较弱；三曰私，有匿义，言私我也；四曰己，己字从口，下象茧形，有以自言为乐之意；五曰自，如自言自语之自是也。

五个字的分析"皆穿凿无稽，读者自明"（译者按语）。大抵他们长于比较分析，长于理论推导，扬其长弃其短可也。

第二位是日本的山木宪，1910年在日本《近畿评论》上发表《息邪》一文，1911年《东方杂志》主编杜亚泉将此文译出登在该刊第八卷第一号上，将原题改为《中国文字之将来》，我在前文引用杜氏的话即此文的"译者"按语。山木宪的"结论"是："汉字废止论与汉字节减论，皆妄也。中国文字，至便至利；

欧美文字，至不便至不利者也。中国文字，他日必遍布于宇内。"一百年前，中国正处在极端衰败的形势下，"废除汉字"的主张在国内外已有相当的影响，一个日本人为什么公然提出"中国文字，他日必遍布于宇内"的观点呢？就文化背景而言，"在明治时期，日文中确实有许多汉语，这意味着当时还没有完全摆脱中国文化的影响。"（〔日〕安藤彦太郎：《中国语与近代日本》中译本，第129页）山木宪何许人也，我丝毫也不了解，从此文来看，他受"中国文化的影响"是很深的，至少在汉字问题上，他是一位极其坚定的汉字优越论者。他的观点当然不是凭空臆想，而是拿汉字与欧美文字进行比较之后得出的结论，正如杜亚泉在按语中指出过的："其持论未免过当，而理由充足之处颇多。"杜亚泉还提醒读者，此论"与数年来怀抱之意见，殊多符合。……至其论文中极言欧美文字之不便不利，固自有所见，但读者不可因此而鄙夷欧美文字，以为不足学。今我国中学程度以上之学堂，多习欧美文字，将以通知各国之事情，研究各国之学术，非以其便利于吾国而学之也。至现今欧美文字，流行日广，乃其国家及社会势力之关系。此论仅就文字之便利与否而言，非就现在流行之势力而言。"杜亚泉的这些看法比之那些乱吵乱嚷的肤浅短见，实在高明得多。"方便与否"跟"流行之势力"本是两个不同的问题，前者属于文字本身的问题，后者属于国力强弱的较量。杜亚泉指出不要"鄙夷欧美文字"，恐怕也是有所为而发。1912年，李尧勋在四川《国学杂志》第三册、第四册分别发表《中国文字问题》、《中国文字问题三十论题解》，赞扬山木的文章"卓哉，其深通字学识孔子'同文'之制也。"他的文字理想竟然是："将来四海统一，折衷一是，于地球中择善而从，必仍仿秦始皇尽焚字母各书，独尊孔氏文。"到了20世纪还要学秦始皇焚书，以这样的文化心态来谈汉字，与山木宪、杜亚泉的初衷大大不合。

现在回到山木宪的论题上来，听听他的"中国文字，他日必遍布于宇内"的具体理由是什么：

> 盖中国文字之美善，为宇内通用各种文字之冠。世有汉字废（止）论及汉字节减论者，欲废汉字而代以罗马字，或减少通用汉字之数，是殆类于狂者之所为，皆心醉西风之弊也。此论之发生，非文字之关系，乃国势消长之关系耳。好奇趋新之徒，雷同附和，将酿成不可救治之毒害。不知文字之极则，在于通达意思，明确无误，简洁而不冗漫，传之千百年之后，仍使读者易于理会。凡此数事，求其无遗憾者，惟中国文字足以当之，他日之遍布于宇内，可断言也。

山木列举了欧美文字有十大不便："数之不便"（指单数复数之别）、"性之不便"、"冠词之不便"、"时之不便"、"字形变化之不便"、"研究文典之不便"、"古今讹音之不便"（按，所谓"讹音"指语音随时代而变化。山木说："音之传讹，如水之就下，不能御也，而文字乃蒙其祸，故依音制字之法，虽似易于通俗，实亦未必尽然，况音讹字变，使人不可复读乎！日本若不幸而采用罗马字，则亦必同蒙此祸。"）"字画冗长之不便"、"字画长短错综之不便"、"字音冗长之不便"。

这十大不便，有的是语言本身的问题，不能怪文字。山木列举的汉字诸种便利,有的也是语言问题,如汉字没有数、性、时、字形变化,原因是汉语语法不同于印欧语法。有几条是文字制度的问题。如:

"中国文字,虽其音屡讹而其形不变,即千百年之后,无不可复读之忧。凡同文之国,不论其语音如何悬异,皆可藉文字以通意思,毫无障碍,较之欧美文字,孰为便利,不待智者而知矣。"这一"便利"是符合事实的。我们并不要依孔夫子时代的语音来读《论语》,也不要依唐代的语音来读唐诗,"毫无障碍"。朱德熙先生说:"要是孔夫子当时用的是拼音文字,那么我们今天读他的《论语》,恐怕连一句也不懂。"(《关于汉字的优点和缺点》,《汉字文化》创刊号,1989年1—2期)

"欧美文字,虽以轻细之笔画写之,往往至二三寸之长。中国文字,其笔画虽亦有繁密者,然排置结构,使其面积相等,一目得认五六至七八字,欧美字画之冗长者,较之中国繁密之字画,尤为繁密,且其字由反切联缀而成,冗长之一字,尚不能一目了然,况六七字乎!"

这段话谈了两个问题,一是汉字为方块形,一字一格,所占面积相等;一是"一目了然",阅读速度快。"据有关专家测算,在相同的时间内,阅读中文的人将比阅读英文的人多获得60%的信息。"(朱曼华:《再谈"汉语是智慧的语言"》,《汉字文化》创刊号,1989年)赵元任也指出:"汉字有很强的个性,你要在一页上找什么字,眼睛扫到近处,它就直盯着你,呼之欲出。如果是字母文字,找起来就费事了。"(《谈谈汉语这个符号系统》,《赵元任语言学论文选》第94页)

山木还认为:"中国文字,每页几行,每行几字,易于计算,其文字占若干之篇幅,可以预定。欧美文字,每字长短不一,于抄录及印刷时,殊多不便。"

山木还论及汉字在远距离视觉上优于英文:"试观汽车中之揭示,以日本文与英文并列,日本文之字,大于英文之字三倍以上,而其所占之地位,则日本文仅占三分之一,英文则占三分之二,是日本文与英文之繁简,为一与六之比例。在稍远之处视之,日本文尚明了可读,英文则矇眬不辨矣。日本文之简洁者,乃交用中国字之效,若中国文则比日本文更为简洁,欧美文字,直无比较之价值矣。"

山木还认为汉字之便利"尚有更大者","仅认其字态",可以用各种不同的语言来训读,"虽以英人之音读之,或以德人之音读之,或以法人、俄人之音读之,均无不可"。他是根据日本人借用汉字的经验来谈此问题的。"现在日本人以日本音读之,如松读マツ,杉读スギ,花读ハナ,草读クサ是也。……现在中国文字,既统一语言纷杂之东亚大陆人民,而为同文之国,更进一步,即为宇内通用之文字矣。"根据日本人的经验,"英人可读'日'曰sun,读'月'曰moon,读'花'曰flower,读'木'曰wood,作为文章,即为宇内通用之文"。他的这个想法,颇为天真,人们有什么理由要求英国人放弃自己的文字来采用中国之文字呢!他标榜的"公平之见",在欧美人眼中却是非常不公平的。

对汉字最普遍的诟病为"言文不一致"。对此,山木非常不以为然。人们赞扬"欧美诸国为言文一致之国",他说"是皆无稽之说也"。欧美诸国也有文盲,一般人对于高深的学术专著也不能一听即懂,是既无言文一致之实,又无言文一致之效。且语言自语言，文字自文字，"语言必较文字为冗漫，……必不能如文字之简净劲练善通意思，故言语决不及文字之优，而言文一致，为不可期之事。果其言文一致也，则文章之不进步可知，进步之文章，必不能与语言一致。彼持言文一致之说，盖未知所谓文之意义也耳。"山木所谓的"进步"是指"文章之气运益进，则文章之格法愈奇，规律愈整，口舌笔翰之间，遂生悬隔，此亦自然之势，可喜而非可忧。"

山木的观点无论在理论上还是在事实上都值得高度重视。语言所给出的信息和文字所给出的信息，即使是同一件事，同一个问题，在实际效果上是很不一样的。人人都会说话，不等于人人都会作文；就算人人都会作文，有人辞不达意，有人却妙笔生花，下笔如有神。文字的运作不同于语言的运作，各自的结构性质不同，符号系统不同，功能不同。所以，言文一致的问题，颇为复杂。这里，既要承认二者之间的对立统一关系（山木只谈了对立，而未谈统一），又要充分认识到"言"与"文"都有层次上的不同。文字与文章关系极为密切，文字也不等于文章。这些是研究文学语言和书面语言的人要研究的课题。

第三位是瑞典汉学家高本汉（1889—1978年），这是我们所熟知的一个名字。就在钱玄同高喊"汉字革命"的1923年，高氏发表了《中国语与中国文》（张世禄译），对汉字与汉文化的关系有很中肯的评说。为了中国的文化，他很不赞成"把中国文字变成西洋字母"。关于这种改革的利弊是什么？请听他说：

利益所在是中国的学童将因此而减少一两年的识字工夫。为了减少这点工夫，中国人要付出什么样的代价呢？

"第一点中国人要采用字母的文字,就不得不废弃了中国四千年来的文学,又因此而废弃了中国全部文化的骨干,所以致此的原因,是因为中国的文书一经译成了音标文字,就变为绝对不能了解了;……第二点,这个大国里,各处地方都能彼此结合,是由于中国的文言,一种书写上的世界语,做了维系工具,假使采取音标文字,这种维系的能力就要摧破了。例如,北京人用音标文字根据北京的方言写成了一件公文,对于广东人或其他中国各地方的居民,都是不明了的……历代以来,中国所以能保存在政治上的统一,大部分也不得不归功于这种文言的统一势力。"(第48—50页)对他这两点看法,恐怕谁都不会有异议吧!

第四位是英国的李约瑟(1900—1995年),他在《中国之科学与文明》(即《中国科学技术史》)第13章中有一节专讲"重要科学性文字的语源"(第二册,第360页),选取了80个与科学术语有关的例字,从形体结构考察语源。他说:

> 在做进一步的研究之前,我们应该对中国文字的造字过程做一番探讨,因为没有这些文字,科学观点无法传达交换。……我们研究这些文字的目的,在观念上,并不是因为它们的起源,在把这些字使用于表达科学思想的过程中,会给予思想的本身有多大的影响。要紧的是因为这种特殊由"象意字"所表现出来的科学字汇,它们的起源对于中国的原始科学史的某一方面,一般地具有相当的意义。

李约瑟也充分肯定了汉字的文化功能,而印欧语字母文字却有相当的局限性,"因为研究印欧语,从字的本身看,不过是应用数目有限的字母,以排列组合的方式构成字形,来代表古代当时的语音。但是研究中国字的情形便不是这样了。中国字的字音,虽然也只有用猜测的办法得之,然而因为字的形制是以图画象形为主,所以我们还可以从联想上寻绎它们的意义与相互的关系。""印欧语群中藉以形成基本字词的那种思想过程,是难藉任何拼音字语根的研究来获得的。……我们或者可以敢说,象意字却保存了一些这类的造字思想过程,以便于我们察阅。""当我们把表十一(盈按:表11的题目为《与科学思想有重要关系的象意字之字源》,见第366—384页,台湾译本第二册,陈立夫主译,1985年,商务印书馆)所列出的字加以研究之后,就会发现那些在科学肇始阶段所需用的基本字词的构造,按象意字的造字原材,是一如我们所料的。"表中例字字形的分析,多采用吴世昌、唐兰等古文字学家的说法,当然也有他自己的意见。我们举两个例字,可以了解这种研究的意义。

例9 元 这是一幅人的侧面图像,特别着重于表现头部,所以有"第一"、"开始"的意思,头部又是人体的最重要部位。因为古人无疑地知道,头部是脊椎动物在胚胎时期生长得最快速的部位,而且从体积的比率上看也比后期的发展要快。所以,这无非表示了,造字的人,对于初级的生物学,已经有些知识了(第370页)。

"元"字像人的头,这是人所共知的,而由此探索造字的人的生物学知识，在内涵上又深了一层。

> **例80　算（筭）**　此字不见于甲骨文与金文之中。虽然有些字体中的写法，像是一个算盘的样子，不过这可能是汉代的书体了。时代比较早的一个写法，是从王的。"王"的形状并不是（如许慎所想的那样）一块玉石。我们几乎可以肯定它所表示的是一个竹制的"计算杆"。所以这个字从"竹"（第384页）。

最后一位是日本学人笠原仲二（1908—？年），他的《古代中国人的美意识》出版于1979年，1987年北京大学出版社出版了魏常海的中译本。笠原先生以古文字材料为据，研究了中国古人美意识的起源和发展过程。如"美"字为什么从羊从大，最原初的意识是什么，笠原的分析颇有意思：

> 第一，视觉的，对于羊的肥胖强壮的姿态的感受；第二，味觉的，对于羊肉肥厚多油的官能性的感受；第三，触觉的，期待羊毛羊皮作为防寒必需品，从而产生一种舒适感；第四，从经济的角度，预想那种羊具有高度的经济价值即交换价值，从而产生一种喜悦感。这些感受归根到底来源于生活的吉祥，包含着心理的爱好、喜悦、愉快等等，可以叫作幸福感吧。
>
> （《古代中国人的美意识》第3页）

笠原的分析已经相当全面、深入。不过日本人是很重实惠的，对

"羊大为美"的原始思维基础有所忽视。《说文》为什么说"羊，祥也"？"神农居姜水"以姜为姓，姜字为何从羊（《说文》说羊是声符。应该也是意符）？"告朔"为什么要杀一头"饩羊"（《论语·八佾》）？这三条材料都可以证明，在原始社会曾经有过羊图腾崇拜，所以羊才是吉祥物，神农氏才以"姜"为姓。至于杀羊祭庙，这是涉及天时、地利、岁月，乃至整个社会机器运行的头等大事。为何要宰羊呢？也因为羊是吉祥物。既然是吉祥物，怎么可以杀之为祭品呢？如此发问乃是现代人的思维。对神话思维而言，够格作祭品的正是神物。对此，弗雷泽做过广泛研究：

> 我们谈到在许多已经发展到主要以农业为生的社会里都有杀谷神吃谷神的风习，或是以谷神原本的形式如玉米、大米等等，或是假借动物和人的形体而杀掉吃掉。我们还要说明狩猎或游牧的部落，和农业民族一样，也有杀他们崇拜物的风习。
>
> （《金枝》中译本第712页，大众文艺出版社1998年版）

中国古代是否有以羊为谷神的风习，还要研究。但在西方，"我们已经说过民间风俗常用山羊代表谷精。"（《金枝》第668页）弗雷泽还提供了这样的例子："底比斯人和所有其他供奉底比斯的神阿蒙的古埃及人，都奉公羊为神兽，不杀公羊。但是一年一度的阿蒙节上，他们都要杀一只公羊，剥掉它的皮，把皮披在神阿蒙像上。"（《金枝》第714页）子贡时代杀羊告朔，已是例行古礼，而此古礼就来自神话思维。

以上我们列举了芬诺罗萨、山木宪、高本汉、李约瑟、笠原仲二等五位外国学人对汉字的看法。他们谈汉字时都是与汉文化联系在一起的。芬诺罗萨与山木宪的文章都写于本世纪初，他们对西方文字都有很尖锐的批评，他们都推崇汉字为理想的"世界文字"。我想，最主要的原因是他们对汉字有很深刻的认识，有很深厚的情感，也有比较公正的立场。尤其是芬诺罗萨对盛行于西方的中国"无社会进化之现象可睹"的论点，斥之为"懵然臆断"，他的目光是比较深远的。对此，我们也不宜过分飘飘然，1908年的中国，即光绪三十四年的中国，的确已腐朽没落，也连累了汉字。汉字的倒霉，与大清政府、与民国政府的腐朽没落密切相关。

第六节　汉字文化学的理论背景

美籍德裔的库尔特·考夫卡说："一门科学之所以获得价值和意义，并不在于它所收集到的个别事实之数量，而在于它的理论所具有的普遍性和力量，……然而，这种观点并不轻视事实，因为理论是事实的理论，而且只能由事实来检验，它们并不是对事物可能是什么的呆板推测，而是对事物的调查（surveys）和直觉（intuitions）。"（黎炜译：《格式塔心理学原理》上册，第8页，浙江教育出版社）我们在本节开头引这么一段话，意在说明理论的意义及理论与事实的关系。这也不是什么新鲜的特别值得推荐的见解，但无论在认识上和行为上，中国传统语言文字学对理论问题并不热心。20世纪汉字问题上的种种失误，莫不牵涉到理论背景。当年通行的文字理论多是从西方进口的，是西方语言文字事实的理论,而不是中国的汉语汉字事实的理论。根据西方语言文字事实总结出来的理论并不是都不好,其中有许多成分有重大的普遍的意义,我们借用过来,大大促进了中国语言文字学的发展,对此,我在《中国现代语言学史》中有高度的评价。在语言文字问题上,西方也提出了一些不符合事实的理论,照搬这些理论,就给汉字带来了不幸和灾难。

文字性质发展三阶段论曾是西方占主导地位的文字观。所谓三阶段就是由图画文字发展到表意文字,最后发展到表音文字。

图画文字也叫原始文字;表意文字也叫表词文字,发展为词素文字;表音文字又分为音节表音阶段和"文字最后的完备阶段"字母表音法。普遍的看法是"汉字,仍然停留在这种过程的中途","没有一种表意文字是永远停留不变的。这无疑是因为这种文字有许多缺点,这些缺点确实是太明显了。"([法]房德里耶斯:《语言》中译本第354页、358页)房德里耶斯这样的观点一直被当作真理,不断重复。尽管有的中国学者起来批评这种观点,但由于社会原因和西化思想的强大影响,这类观点至今仍有市场。唐兰在1949年3月出版的《中国文字学》中就批评了这种错误观点:

> 有些人把文字进化分作四个阶段,一、图画字;二、义符字;三、声符字;四、字母。他们以为中国人跟埃及人、苏马利亚人、巴比伦人一样,只改良到第三个阶段就停止了。他们说中国人没有用字母,所以在原始时期上停留了二千年,文字的繁难,形成了中国文化进步的阻碍。
>
> 这种错误的观察者,他们不知道文化不会停留在那一点

上的。远在纪元以前，中国人就懂得合音，后来发明反语，把声和韵分开，这种发明，将有一千八百年。在这时期内，中国曾经有过璀璨的文化，使她的邻邦高丽、日本、安南等都采用了她的文字。可见中国文字足够适应那时的需要，它能一直应用到现在，一定有它本身的价值。

（《中国文字学》第10页，上海古籍出版社）

汉字并没有阻碍中国文化进步，"中国曾经有过璀璨的文化"，而有的人还是要坚持他们的文字发展规律，视唐兰的意见为保守、落后，直到60年代的苏联学者还在预言："从长远看，所有各种不同类型文字中，大概汉字（词素文字）有消失的可能，因为中国制订了过渡到字母——表音文字的方案，从朝鲜文和日本文中排除了汉字。"（[苏]B.A.伊斯特林：《文字的产生和发展》第571页）拼音方案的制订，这是汉语研究中一件了不起的大事，而拼音方案并不能取代方块汉字，即使"从长远看"，也没有这个可能。当然，我们不知道伊斯特林说的"长远"究竟有多"长"，有多"远"，五百年以后、一万年以后的情形如何，现在的确难以预料。至于日本，并没有排除汉字，朝鲜文变了，而韩国对汉字兴趣仍然很高。即使日韩都废除了汉字，也不意味着中国也要废除汉字，汉语跟日语、韩语性质不同，这是人所共知的。我在《简论汉字文化学》中已经谈到："过去有人认为汉字是低等文字，发展为音素文字是必然规律。这条规律对汉字是否有效呢？汉字有无自身演变的特殊规律呢？这都需要从理论上加以说明。"（《北京大学学报》1990年第6期）

我们现在可以肯定地说，这条规律对说明苏美尔（Sumer）人的"钉头字"、埃及人的"圣书字"的演变历史是正确的，而将汉字发展的方向纳入这一规律，历史早已证明是不恰当的。根本原因有二。一是汉字的结构与汉语的结构基本上是吻合的，这两套符号系统的结合已有数千年的历史，尽管它们是处于独立状态的两条平行线，各有自己的历史、发展轨迹、制约系统，却从未出现过重大的排斥现象。早在1923年，任教于国立东南大学的顾实先生就断言：

中国之语言不变，其文字难变也。中国之语言而变也，文字不难变也。

（转引自严慧文《文字与语言之关系》，《国学丛刊》第1卷第2期）

脱离汉语而孤立地谈汉字，九十多年前的顾实就已经认识到，那是不对的。

原因之二是汉字与汉文化的关系已达到血肉相连难舍难分的地步，汉字一直活跃于文房四宝之中，现在又与电子文化结合在信息高速公路上发挥其强大的传媒作用，早已消亡的"钉头字"、"圣书字"已无法与汉字相提并论了。至于汉字阻碍文化发展的谬论已不值一驳。

对文字性质发展三阶段论的重新认识，使我们得以重新确立汉字的生存地位，这是汉字文化学得以面世的第一个理论背景。也可以这样说，当文字"进化论"的理论已显得苍白无力灰暗无

第一章 总论

光的时候，汉字文化学才有可能被提出。

理论背景之二是对文字与语言关系的重新认识，对文字学与语言学关系的重新认识。

这种关系似乎是很清楚的，而事实上是不大清楚的。不是把二者对立起来，就是把二者混为一谈。

在古代中国有语言研究之实，而无西方意义上的"语言学"之名，统名之曰"文字学"，直到20年代，高等学校虽然已有"语言学"课程，论者还是常常用"文字学"代替"语言学"。到了40年代，情形又反过来了。一批受过西方语言学训练的语言学家，又把文字学装进了语言学这个框架之中，似乎文字学是语言学的附庸。在二者之间要明确划出一条界线来的是唐兰：

> 西方的语言学，中国的文字学，是两个不同的学科，充分表现出两种倾向不同的文字里所造成的极明显的差别。
>
> 有些学者把 philology 叫作语言文字学或语文学，这是很错误的。文字学固然不能包括语言学，同样，语言学也不能包括文字学。……
>
> 中国的语言学刚在开始，我们相信它会有很大的发展，但千万不要以为这一套新兴的科学是万能的，忘记了中国文字的特殊情形，把语言和文字的界限混淆了，而抹煞中国两千年来固有的文字学。

（《中国文字学》第4页）

语言学能从文字学中顺利地独立出来而且已成确不可移之势，是因为与西方语言学接上了轨。在国际学术范围内,语言学的地位是非常明确的。而中国的文字学(严格来说应是"汉字学",在提法上宽容一点,好照顾传统)由于"中国文字的特殊情形",西方并无相应的学科,所以在现代人的头脑中,它的现代学术地位往往被"混淆"。

从80年代开始,随着汉字法定地位的重新肯定,国际地位的提高,"中国文字的特殊情形"进一步引起研究者的关注,汉字与文化关系的研究又一次受到学术界的青睐,于是,"汉字文化学"这样的课题就被提了出来。可是,在90年代谈汉字文化的著作中,仍然有人认为,汉字文化研究是中国文化语言学的一个分支学科。这是极不妥当的。既然"语言学也不能包括文字学",中国文化语言学怎么能包括中国汉字文化研究呢?这还是把语言和文字混为一谈。现在一些讲普通语言学和中国语言学之类的著作,多设有"文字"专门章节,说实在的,这也是照顾传统,不能拿来作为学科分类的理论依据。

汉字文化学只能是汉字学的分支。那么,对汉字进行文化性质的研究,就一定要建立汉字文化学吗?尽管我们提出了"汉字文化学",给"汉字文化"研究加上了"学"字,但对这个问题的回答并不是绝对的。因为当初这样提出课题,只是为了扩大汉字学的研究领域,加强汉字学与其他有关学科的联系。从理论背景而言,它的意义也不可轻视。道理很简单,学科并不是一成不变的。学科的发展源于知识的发展,知识的发展源于知识结构的裂变、分化。当一种知识已不再是个别事物的知识,需要进行系统化、专门化、学理化的时候,它的内部裂变、分化,就是必不可免的。所以，学科的进步，在一定意义上来说是通过对基本科学概念的重新考察而发生的。把"汉字文化学"作为一个基本概念而从"汉字学"中分离出来，把它加以"特殊化"、"独立化"，既是有意义的，也是必要的。这是我要说的第三个理论背景。

同时，也应看到，在目前，"汉字文化学"还不是一种已经完成了的体系，而是一种正在建构的具有草创特色的体系，是一种处于萌芽状态、生长状态的体系，故此，我并不特别坚持，非要叫"汉字文化学"不可。

如果，我们采取宽容的态度，扶持的态度，注意到它的大方向并没有错，不仅没有错，而且有利于汉文化的发展、提高，那么这样的提法还是可以当作新鲜事物来对待的。

理论总有一个发展过程，从模糊到清晰，从粗糙到精微，从零散到系统，从少数人探索到多数人赞成，要经过漫长的道路。它会遇到种种障碍、干扰。从汉字复兴到汉字文化研究的复兴到"汉字文化学"的正式提出，是一个观念上的理论上的飞跃，不管你是否承认，这已经是不可抹杀的事实。如果说提出一个课题比解决一个课题意义更为重大，那么"汉字文化学"的提出，其意义是不可低估的。但汉字文化研究的理论背景不是单一的，它面对着来自不同方向的干扰。同样是提倡从事"汉字文化"研究，而理论背景、理论方向都可以大不一样。如夸大汉字在世界文字中的地位和作用，有意无意贬低国内外的拼音文字，不能历史地评价前辈学者为追求汉语拼音文字而做出的种种建设性的贡献，不能现实地正确地对待持不同汉字观的意见。又如夸大文化语言学的地位和作用，似乎中国有了"文化语言学"，过去的研究可以推倒，未来的发展唯此为正途。这两个"夸大"都有损于"汉字文化"研究的健康发展。正确的有生命力的理论永远是强劲的，具有生龙活虎的气质，而又是开放的，谦虚的。

汉字文化学的提出，还受益于外源理论背景的改变。认识这一点至关重要。20世纪的学术领头人如章太炎、梁启超、王国维、陈寅恪、钱穆等人，都有从宏观上认清学术形势、文化走向的本领。这些曾经被时髦文人视为"落伍"、"保守"、"反动"的学术巨匠，对本土文化与世界文化的关系多有颇为深刻的认识，他们虽各有自己的局限性，而对中国文化忠贞不贰并为保存、转换和发展这种文化做出了不懈的努力，却是共同的。可是，为什么在不同时期他们分别受到了不公正的批评呢？除了政治原因不论，最主要的是意识形态即一定时期的主流文化意识有偏差。到了20世纪80年代，人们认识到：政治意识形态必须与人文知识分流，这是汉字文化学的外源理论背景。在特定历史时期之内，所谓的主流文化意识，事实上就是垄断的一元文化意识，而汉字与汉字文化跟当年的占垄断地位的意识形态是不合拍的。汉字的命运已成了问题，谁还敢谈汉字文化呢！某种意识形态一进入垄断地位，必然会形成一种极其强大的干预权力，不习惯于思考的人也很愿意接受或者说很习惯于接受这种权力干预，甚至化为自己的行动指南。作为个体生命，如果一生或大半生都是在垄断意识形态中生存，其思维定势、心理结构、文化视野，如不及时调整，而今迈步从头越，他就会对学术形势、文化走向的方向性转变，由看不惯到抵触，乃至反对。

意识形态和人文知识的分流，学术研究多元化理论的提出，这是具有深远意义的重大变革，也是"改革开放"这一国策在文化领域的直接体现。也就是在这样的文化氛围中、这样的理论背景下,"汉字文化学"这棵小树生长出来了。这棵小树的生长正是适应了时代的要求。

第七节　汉字文化学的方法论

"汉字文化学"这个命题本身就已经包含了方法论的内容,即用文化学的方法研究汉字。

同一对象可以用多种不同的方法去研究,哪种方法的理论效益更佳,这取决于它对研究对象在整体上的解释能力如何。事实上,各门学科的方法都不是一成不变的。譬如历史研究,最初的方法是编年体,按照年代顺序把历史事件像流水账一样记录下来,人物行动在事件之中。随着个人在历史活动中作用的加强,权力日益集中,又产生了以人物为中心的纪传体史学,凸现帝王和杰出人物的作用,事件顺着主要人物的登场和退场而展开而结局。再到后来又有纪事本末体,以个案为研究中心。所有这些方法都是有效的,但视野都局限于一个民族一个国家之内,是封闭的自给自足的研究。20世纪历史研究的重大变革,是"国际性智者"汤因比(1889—1975年)开辟了一条崭新的研究道路,他从历史研究的思维原点出发,找到了以文明作为研究单位的方法。这样,"历史研究的可以自行说明问题的单位既不是一个民族国家,也不是另一极端上的人类全体,而是我们称之为社会的某一群人类。"(《历史研究》上,中译本第14页,上海人民出版社1997年新1版)他研究了人类有史以来26个文明单位的历史命运。他的结论是否可以奉为经典,另当别论,但这种方法的理论效益值得肯定。其意义是确立了历史研究者的世界眼光。

我们把"汉字文化学"的提出,看作是方法论的革新。所谓"革新",不是要把别的方法革除掉,不是否定传统的研究方法。相反,我们非常重视汉字的传统研究方法。同时,我们又注意到,传统方法已不能满足时代的需要。从19世纪末以来,汉字面临着一次又一次的严重挑战。传统方法的应战能力却非常之低,它没有找到一种有效的武器来抵挡挑战者的凌厉攻势。到了20世纪的最后十年,我们才迟迟地做出回应,我们终于找到了一种方法,汉字研究的文化学方法。至此,20世纪的汉字研究已经进行了三次方法论的革新。

以章太炎为代表的汉字研究方法论。

1906年,章太炎发表《论语言文字之学》,第一次将古人所说的"文字学"和西方所说的"语言学"联系起来,把字形、音声、训诂三者加以贯通。三者的关系不是平列的,"治小学者实以音韵为入门"(《论语言文字之学》,见《国粹学报》第二年第12、13号,署名为章绛),"故不求声义而专讲字形,以资篆刻则可,谓通小学则不可。三者兼明,庶得谓之通小学耳。"他反对"重形体而轻声类",若只讲"本义本形","以此教儿童识字,非无近效,若守此不进,而欲发明旧籍,则沾滞而鲜通,是特王筠《释例》之畴,可称《说文》学,不可称小学也。"(《与人论朴学书》,见《章太炎全集》四,153页)他的《文始》就是形音义三者贯通且以音为纲的著作,是这次汉字研究方法论革新的代表作。作为培养国学通才的标准,章太炎的方法论即"以音韵为入门"的路子,今天看来仍然是值得肯定的，而从现代化的学科建设来说，就相当笼统了。所以他的弟子钱玄同、朱宗莱1917年在北京大学开设文字学时就分为"形义篇"和"音篇"两门课。"后来，许多学者常采用这个方法。"（唐兰语）

以唐兰为代表的汉字研究方法论。

30年代，唐兰实行了20世纪汉字研究方法论的第二次革新。如果说，章太炎的革新是把语言学和文字学结合起来，而唐兰的革新是要把语言学和文字学彻底分离开来，二者正好相反。唐兰称自己的文字学为"新的文字学"，"一部分注重构成的理论，……另一部分只注意字体的变迁。"

> 由此，我们可以知道文字学本来就是字形学，不应该包括训诂和声韵。一个字的音和义虽然和字形有关，但在本质上，它们是属于语言的。严格说起来，字义是语义的一部分，字音是语音的一部分，语义和语音是应该属于语言学的。
>
> （《中国文字学》第6页，上海古籍出版社1979年新1版）

唐兰的革新意义很大。学科范围的界定事实上就是方法论的革新，研究"字形学"只能用研究字形学的方法，既不能用音韵学的方法，也不能用训诂学的方法，这是人所共知的。

唐兰的革新对汉字的内部研究是有效的，至于汉字的外部关系却没有进入到他的思考范围之内，即使就汉字内部关系的研究来说也还需要补充。

汉字的产生和存在不是孤立的，它是汉文化的一个子系统，它既是文化的产物，又是文明社会的标志。如何评价这个文化系统，作为子文化系统与整个汉文化系统是一种什么样的关系，唐兰的方法论是远远不够用的。

谈到汉字的内部关系，形与音义虽不是同一层面的问题，音韵学、训诂学的确应该独立于文字学之外，但形既不能没有音，也不能没有义。"我们知道索绪尔是如何将文字从语言学的领域中（从语言和声音中）排除出去，并视其为一种外在表现的现象，既无用又有危害。"相反，唐兰则是要把语言从文字学的领域中排除出去。这都不符合辩证的原则。

文字是符号，而且是表示观念的符号，我们不能只研究符号的能指，而不顾及其所指。把能指和所指区别开来，这是对的，但研究能指的终极目的是要掌握这些字形的所指，弄清它们包含着什么样的文化因子。所以，即使是汉字内部关系的研究，包括具有象征特点的字形研究，同样可以引进文化学的方法。通观唐兰的实际研究成果，他也并不是只管字形学的研究，他晚年发表的《中国有六千多年的文明史》等，就进入了汉字与文化研究的领域。这些文章的价值并不亚于《殷虚文字记》。扩大视野，拓宽研究领域，对汉字存亡的问题、对汉字如何适应全球化的问题、如何走向国际的问题，一一做出回应，无论从理论层面还是从事实层面来说，都是汉字学必须严肃认真对待的问题。故此，汉字学除了保持它的原有根据地——字形学之外，还要建立一块新的根据地——汉字文化学，这是汉字研究方法论的第三次革新。这个新的根据地，不跟任何一家争地盘，它既要开发自身蕴藏着的非常丰富的文化矿藏，文化因子，又要与相邻的学科打擦

第一章　总论

边球，发展周边关系，形成一门边缘性的交叉性的新学科。如果说，20世纪70年代以前，中国的许多现代学科都受科学主义分工过于专门化的影响，那么从80年代开始，综合性的研究、宏观研究、具有文化决策意义的研究，则越来越有必要，也将越来越受到重视。微观研究，局部研究，个别字形字义字音的考订，不可忽视，不可看轻。但大视野的研究，全局性的研究，更应受到重视。21世纪的新一代文字学家，一定要有两副眼镜，一副看文字的微观世界，一副看文字的宏观世界。没有微观研究作为基础，就会流于空谈，牵强附会，尽说外行话；没有宏观研究作为导向，连汉字有无文化意义都说不清，是否要废除汉字都缺乏主见，还能守住自己的根据地吗？调整目光，把微观范畴与宏观范畴结合起来，把局部研究和整体研究结合起来，把内部研究和外部研究结合起来，这就是方法论的革新。当然，这种结合是指全学科的整体而言，至于个别研究者，由于精力有限，兴趣不同，完全可以有不同的趋向。你愿意用毕生精力从事字形字义的考证，他愿意用毕生精力从事汉字文化层面的研究，分工又合作，共同创造，共同繁荣，这不很好吗！少数研究者由于对自己的研究领域倾注了全部情感，绞尽脑汁，费尽心血，自然就会把这块狭小的天地看得过于神圣，以为舍此而外，则非学问。一旦陷进这样的自恋情结，不仅会束缚自己，还会妨碍学术的进步。汉字研究领域也要提倡多元化的研究风气。

一般来说，方法论的构建，应有两个方面的内容。作为论方法的理论范畴，应有本范畴的一般性原则，以上所论就是一般原则；从操作层面而言，还应确立具体的分析原则。

在《汉字文化学简论》中我们曾提出三种方法：

汉字文化学根据研究对象的不同，或采用经验方法，或采用历史方法，或采用结构方法。经验方法重考据，重事实；历史方法重古今联系，重发展过程；结构方法要求对汉字文化进行结构处理和分析，探索汉字文化内部及外部的结构。

在《汉字与神话》一文中，根据此文的具体研究对象我又一次谈到了方法论的问题。

我们给自己规定了这样的索解原则：文字、文化背景、神话主线三者互相求证，互相支持、印证。以考索字的形音义为前提，再与某一神话的主线相接合，并证之文化精神、背景，力图将三者互相依存的关系揭示出来。

（《中国汉字文化大观》第195页）

在《汉字文化学的思考》一文中，我提出"文字古生物学"的概念，以古文字为活化石，用考古学的方法，解读这些"活化石"所蕴藏的文化信息。"文字古生物"这个概念是受"语言古生物学"的启发提出来的。"语言古生物学"是克勒特语研究的先驱者阿·皮克特创立的。索绪尔说："皮克特想从各种印欧语所提供的证据中找出'阿利安人'文化的基本特征，相信可以确定它的各个纷繁的方面：实物（工具、武器、家畜），社会生活（它是一个游牧民族还是农业民族），家庭制度，政治形态。"（《普通语言学教程》中译本第312页，商务印书馆1985年版）索绪尔很委婉地批评了这门学科，"看来，我们不能向语言伸手索取这一类情报"，"首先是词源不确实"。索绪尔的意见很慎重。印欧语的词源是靠构拟建立起来的，语言中没有某个词，并不等于原始文化中就没有这个词所表示的事物，还有借词的问题，词义的历史演变问题，都会有干扰作用。可是，"不能向语言伸手索取这一类情报"，不等于不能向古汉字伸手索取这一类情报。利用古汉字研究古文化的基本特征（如甲骨文、金文、小篆的研究），已有辉煌的成果可证。目前要强调的是用什么样的原则、方法去证。

最根本的一条是能指与所指一致性的原则。

文字考古绝不是一件轻而易举的事情，什么"滑者水之骨，波者水之皮"之类解构没有任何意义。

我们所占有的是两三千年以前的古文字材料，造字者把自己的文化遗踪、所作所为，封存在汉字这个平面结构之中，这个平面结构（即具有能指作用的符号形式）又在苍老的岁月中改变仪容，甚至面目全非。由现代汉字上溯到隶书，再上溯到篆书、甲骨文，就可以展示其形体变迁的过程。即使在甲骨文中同一个字也有多种不同的书写形式，能指形式的确立这是一个难题。

就算能指形式确切无疑了，如何与所指之间建立起准确无误的联系又是一大难题。

先民造字的时候，能指与所指之间的关系是明确的，所以才能进行准确无误的表达。时隔两三千年，由于社会的变迁，文化制度的废兴，文化心理结构的改变，风俗习惯的改变，意义的扩大、缩小、转移，用字的假借等等原因，能指与原始的所指之间，有的已经产生了很大的距离，有的已经完全脱节。要使意义还原，重建能指与所指之间的原关系，我们自己的文化视野、文化心态就要返回到造字时代去，我们的逻辑思维也有一个向原始思维、野性思维、神话思维靠近的问题。不了解远古时代的语言结构、思维结构、神话结构、社会结构、文化结构，文字的意义还原是不可能的。这方面的问题颇多，特别是一些处于疑似之间的能指符号为"瞎子摸象"式的考释提供了可能。如"南"字，《说文》的解释当然不足信，前辈古文字学家根据甲骨文中此字的构形释为瓦制的乐器，这个说法与《诗经·小雅·鼓钟》"以雅以南"可以联系起来。也有人认为"南"即"铃"，"以雅以南"实即"以雅以铃"。白川静进一步考证"南任"为一个词，不当拆开来讲。他说："南任是乐器'南'的本名，今之苗族用为圣器的铜鼓亦叫 Nan-yen，《礼记·明堂位》：'任，南蛮之乐也。'竟把'南任'拆开来解释。许慎对'南'的解释尚有意牵附与'任'的关系，已然全不知原义为何了。"（温天河、蔡哲茂译，《甲骨文的世界——古殷王朝的缔构》第153页，1977年）所谓"把'南任'拆开来解释"，这个批评可能不妥，因为苗语和汉语虽均属汉藏语系，毕竟早已分化为两种不同语言，且南与任音近，故王梦鸥《礼记今注今译》对《明堂位》中这句话的注释是：

《诗·鼓钟》毛传云：南夷之乐曰南。南、任古音近（第423页）。

上述解释大体是可以成立的。而到了90年代，又有人提出了新的解释："从甲骨文、金文的'南'字字形上看，像南方民族居住的干栏之形，上为草盖的顶，下为层楼。'南'为'栏'、'阑'的本字。后借为表示方向的南字。中国南方民族包括贵州在内的所有山地民族自古到今居住的就是这种干栏式房屋。"(罗晓明、王良苑:《贵州古代岩画研究》,见《贵州大学学报》社会科学版1996年第1期)

用不着仔细推敲,就能发现,"南"作能指符号与干栏式建筑相似,是否就是现代汉语中的"栏"、"阑",中间缺乏必要的论证。"阑"、"栏"与"南"无论是形还是音义均"风马牛不相及","南"怎么就成了"栏"、"阑"的"本字"了呢?前者为泥母侵部,后二者为来母元部,如果"南"像上有草顶下为层楼,"栏"、"阑"并无此义呀。用上古音来谈"本字",问题已不少,用现代汉语的lán来证明nán,更于时代不合。

看来,为了遵循能指与所指一致性的原则,我们还需要有一条补充原则,即重建某一历史话语和话语场的原则。"话语"和"话语场"理论是法国哲学家米歇尔·福柯提出来的。"话语这个术语,我们在此从各种不同的意义上使用了及至滥用了它,我们现在能够理解它之所以模棱两可的理由:它以最一般和最不确定的方式表示词语性能的整体;因此我们曾把话语理解为事实上是从符号的整体产生出来的(可能是全部的)东西。"(《知识考古学》中译本第135页,三联书店1998年版)文字是无生命的符号,是无声的语言,作为一个系统,它蕴含着意义、象征、价值、观念。掌握这些符号的整体涵义,必须运用语言学的方法,必须运用考据的方法。艾尔曼说:"考据学就是一种话语。"(《从理学到朴学》中译本第2页)对文字进行文化学性质的考证,尤其不能离开话语。换句话说,即话语的重建。第一步要大致上确定远古时代的语言系统。《诗经》音系,《说文》谐声资料的利用,甲金文语言资料的利用，某些方言资料的利用，亲属语言资料的利用，汉以前古文献资料的利用，地下出土的简帛书资料的利用，都是必不可少的。远古时代汉语的声母情况，韵部情况，有无声调，有无复辅音，声母交替的情况，韵部交替的情况，都应该有相应的说法。目前，商代音系的研究已越来越引起人们的关注，尽管至今还说不上完整性系统性，但对神话时代、巫史时代、图腾崇拜时代话语的重建，有重要意义。确定一个字的话语背景、话语历史，是揭示其文化涵义的前提。有人用《广韵》音系甚至拿现代汉语语音系统来分析甲金文资料，从根本上来说，没有历史观念，这样的分析有什么学术价值呢！有的人虽然利用了上古音，但乱谈假借、转换，也是不可信的。

在重建历史话语的基础上，第二步就是要重建话语场。汉字，即使在发生期，也不会是孤立的、互相之间没有联系的。相反，远古时代的"汉字"隐藏着那个时代的信息分类编码原则，揭示这些分类编码，就可以重建各种历史话语场。如巫史话语场、祖宗话语场、婚姻话语场、工具话语场、战争话语场、生产话语场……在话语场中出现的不是一个汉字，而是若干个汉字，甚至是一批汉字，它们有共同的话语背景和文化基础，话语场为话语的深层解释提供了相关的条件，具有互相支撑的整体陈述功能，体现了微观范畴与宏观范畴的相关特点。

以"家"字为例。

从许慎以来，关于"家"的考释，真如常言所云："聚讼纷纭，莫衷一是。"能指与所指，均有问题。

作为能指符号，"家"是二元结构。上部的宀，从无异议，下部的豕就有不同的说法了。是从豕？从亥？从豭？还是如许慎所言"豭省声"呢？能指符号不确定下来，所指云何，怎能定论。

有两种考古材料的出土将"家"字的解释向前推进了一步。一是文字材料。卜辞中"家"有两种写法：从宀从豭与从宀从豕。从豭是原始的写法，从豕是省变。另一种材料是原始社会末期墓穴中往往有大量的猪腭骨作为随葬品，这是以猪腭骨作为衡量财富的标尺。目前最新的意见是：

> 家是一个会意兼形声字，从宀从豭表示房屋和猪——财富的标志，由于在农业部落惟有家猪才能象征财富，所以豭从特指家猪的豭。它的涵义是指居住在公共房屋里，有共同财产的一个血族团体。这就是家族——打破氏族公有制而产生的一种新的社会机体。
>
> （罗琨：《释家》，《古文字研究》第17辑，又见于省吾主编《甲骨文字释林》第三册，第2001页，中华书局）

这个说法的优点是肯定了"豭"是意符与声符，它的所指并不是后人所谓家庭的"家"，而是一个血族团体。可是，从豭与从豕是有区别的，将二者不加区分地混淆起来以之为"财富的标志"，这就把从豭这一最重要的信息特点抹掉了。豭是公猪，所以，关于"家"的话语必须要进入两性话语场或婚姻话语场，才有可能获得满意的解决。也就是说，"家"和"室"要联系起来考察。"家"和"室"既非同源词，也非同义词，也非反义词，却是表示两性关系转化为婚姻形式的核心词。

《左传·桓公十八年》:"女有家,男有室。"

《孟子·滕文公下》:"丈夫生而愿为之有室,女子生而愿为之有家。"

《韩非子·外储说右下》:"丈夫二十而室,妇人十五而嫁。"

《礼记·曲礼》:"三十曰壮,有室。"

这是春秋战国时候的材料。男子结婚为"有室",女子结婚为"有家"。"室家"指的就是夫妇,《诗·周南·桃夭》:"之子于归,宜其室家。"

男子有了妻为什么说是有"室"呢?

"室"字从宀从至。是女子至男子的住处呢还是男子至女子的住处呢?在父系社会一夫一妻的婚姻制度中,当然是前者,以上所引各条材料也应作如是解。但与"侄"字("侄"字原本作"姪"。《仪礼·丧服传》:"传曰:姪者,何也?谓吾姑者,吾谓之姪。"贾疏:"释曰:……名唯对姑生称,若对世叔,唯得言昆弟之子,不得姪名也。"《十三经注疏》上,1114页)、"家"字联系起来考察,其原始意义应是指后者,"室家"二字所反映的都是母系社会的情形。郭沫若主编《中国史稿》第一册27页:

古代文献关于亲属称谓制度的记载中,也保留了母系氏族婚姻关系的遗迹。《尔雅·释亲》记载:"男子谓姊妹之子为出,女子谓昆弟之子为侄。"母系氏族公社实行族外婚,一个氏族可以同其他许多氏族通婚,或在两个氏族同级的男

第一章 总论

女（即所谓结婚组）之间通婚，《尔雅》中所说的就属于后一种情况。这样，因姊妹之子必离己族出嫁到对方氏族中去结婚，故曰出。……因兄弟出嫁到对方氏族，与对方氏族女子所生之子由于"结婚组"的规定，一定要嫁到己族中来，故曰侄。侄是至的意思。

"室"、"家"所表现的两性关系，可能比"结婚组"的规定还要原始。不仅与春秋战国时期的家庭结构形式完全不同，甚至还不能称之为婚姻形式，而是类似纳西族以夜访制为基本形式的两性制度化关系。只有在这种情况下，男子才把夜访对象称之为"室"。《永宁纳西族的母系制》提供的材料很有意思：

> 由于纳西族实行走访婚（盈按：也有人认为纳西社会根本不存在婚姻制度，纳西社会中两性制度化关系，不以婚姻形态出现，而以夜访制度为基本实践形式。参阅张宁《人类学领域的重要突破——蔡华的著作〈纳人——一个无夫无父的社会〉》，见台湾《大陆杂志》第96卷第2期，1998年2月），所以婚龄男子在自己的母系亲族内没有专门的住处，晚上都住在女方。如果婚龄男子回家住宿，那就要受到耻笑。因为当地纳西族认为，连一个阿肖（按：指性伙伴）都找不到的人，是最没有本事的人。倘若他回家，也只能在草棚内居住，或者与年迈的舅舅们住在上室。
>
> （严汝娴、宋兆麟《永宁纳西族的母系制》第160页，
> 云南人民出版社1983年版）

"侄"是姑母称嫁过来的兄弟之子的称谓，这是母系氏族晚期的一种确定的婚姻形式。"室"是男子来到女子家，既指住处，也指住处的女子，而这个男子在自己的母系亲族内是没有住处意义上的"室"的，这是早期母系氏族的两性化制度。《管子·君臣》："古者未有夫妇妃匹之合，兽处群居。"所谓"兽处"既指野外交配，也指没有后来的婚礼制度；"群居"即杂交为婚；"未有夫妇妃匹之合"即没有对偶婚意义上的夫妻制度。其中的根本原则就是从外氏族寻找配偶。"纳西族认为，一个婚龄男子住在家里，是无能和懦弱的表现。为此他宁可蹲在野外或草楼上，也不住在衣杜的住室里。"所以"丈夫生而愿为之有室"，这是父母包办婚姻时代的情形，至于原始走访制时代，"室"对于一个男子来说是多么重要，他的"有室"愿望就更为强烈了。

夜访制，是夜来晨返，而且按制度只能男方到女方所居之室，双方没有任何经济上的联系。那么女子为什么称男方为"家"呢？只有女子称男方为"家"而男方并不称女方为"家"也不是双方共称为"家"这一事实本身，就已经透露出原始意义上的"家"跟后世所谓的"家"虽有联系而性质是不同的。

我以为"家"原本就是"豭"，这是一对同源字，"家"从"豭"分化而来。豭的本义是公猪，在两性制度化关系中，女子称夜晚来宿访的男子为"豭"，因为男子所充当的就是类似"豭"的角色。"男人不过是生命的'灌溉者'"，"婚姻制度不必是唯一可能的制度化的两性生活模式，没有婚姻的社会也能圆满进行。""性伴侣占有欲与多性伴侣欲，这两种原则都存在于人的本性当中。一个社会如整体选择了占有原则，也就必然选用婚姻制度，相反地，它若选择了多性伴侣原则，就只能采取走访制。此外绝不存在第三种选择。一般来说，婚姻制度必然导致家庭出现，而夜访制规定血缘亲属共居一处以维持支系繁衍，它也就无法导致一般意义上的家庭的出现。先有婚姻后有家庭，先有家庭后有婚姻的逻辑是不能成立的。"（张宁：《人类学领域的重要突破——蔡华的著作〈纳人——一个无夫无父的社会〉》，见台湾《大陆杂志》第96卷第2期，1998年2月）

由"豭"分化出"家"，这应是父系社会的事，这时对偶婚制度已确立，猪已成为财富的象征，男子已经有了自己的"家"，故在"豭"之上加上了"宀"。家的涵义是指居住在公共房屋里，有共同财产的一个血族团体。随着男子出访变为男子出嫁，再变为女子出嫁，"室"也由"女人国"的女子居所而变为"男人国"的女子居所，所以《诗经》孔颖达《正义》释"男有室"为"谓男处妻之室"。

我们说"豭"是夜访制中女性对男性伙伴的称谓，在古文献中还可以找到两条间接证据。

《左传·定公十四年》："既定尔娄猪，盍归吾艾豭？"
《史记·秦始皇本纪》："夫为寄豭，杀之无罪，男秉义程。"

例一的"娄猪"指卫灵公夫人南子，"艾豭"指宋国的公子朝。清人戴震说："艾豭，外舍之豕也……娄猪，家系之猪也。""娄，系也。娄猪，旧说求子猪也，后人遂以牝豕曰娄猪。予谓娄猪与艾豭对，艾犹外也。……艾豭指宋朝为外舍之男，则娄猪指南子为有系于内者也。"（《经雅·雅记二·豕》，《戴震全书》（修订本）第二册，638页，黄山书社2010年版）戴氏释"艾"为"外"，"娄"为

"系",这是有一定道理的,可供参考。

例二为《会稽刻石》文字,乃秦始皇婚姻法的内容之一。司马贞《索隐》:"豭,牡猪也。言夫淫他室,若寄豭之猪也。""寄豭"即暂居别人家传种的公猪。刘节说:"夫为寄豭,即是家字所从之音。"(《研究中国语言文字的新路径》,原载民国三十年《说文月刊》第三卷第一期,收入《刘节文集》126页,中山大学出版社2004年版)实则义亦由此而生。

此两例以豭喻男子均含贬义,原因有二:一是公猪的地位下降了,在母系氏族社会,豭字产生的时代,也当是以猪为图腾崇拜对象的时代,对公猪的崇拜也就是对男性生殖的崇拜,女子以豭喻男性,很想有个"豭",不只是性欲的需要也是人类得以繁衍的需要。另外,那个时代的牧猪人应该是男性,猪又发展为财富的象征,豭的地位绝不可以文明社会的眼光视之。原因之二是婚姻制度变了。夜访制中的男性原本与"寄豭"差不多,"女性也无所谓丈夫,男性也无所谓妻室"。秦国的"寄豭"习俗一定有很久的历史渊源,不可能是偶然现象,它不一定就是由"夜访制"发展而来,也可能是由其他形式发展而来,但男性的"寄豭"制在战国时早已成为破坏一夫一妻制的陋习,所以要从法律上加以禁止。

有一点可以断言:正如殷商以前汉族也曾经有过纳西族的东巴象形文字一样,在远古时代汉族也曾经有过像纳西族那样的以夜访制为基本形式的两性制度化关系。

以"家"为"豭"的分化字,以"豭"喻"夜访"中的男性,看起来其文不雅驯,而事实恐怕原本就是这样。我们还应注意:"嫁"字之所以从"家",仍然保留女姓视男子为"豭"的遗意。杨树达《释嫁》说:"家从豭省声者(盈按:"省声"之说来自《说文》),乃以猪之牡拟人之男也。说有徵乎?曰:有。"他所列举的证据,就是我在前文已列出的《左传》和《史记》中的两段文字。他接着说:"经传既恒以豭拟男子,家从豭省声,则家有夫义甚明。""嫁字所从之家正指夫言。嫁从女从家,正谓女子往适其夫耳。"(《积微居小学金石论丛》(增订本)6页,中华书局1983年版)杨氏所谓"往适"这是父亲社会产生以后的事,而"家有夫义",所言极是。

上文以"家"、"室"为例,说明重建某一历史话语和话语场,的确是汉字文化学方法论中的一个重要原则。

在本节结尾,还要谈一下在方法上应当注意的五个问题:

1. 可以大胆假设,不可以不出示任何证据。在这个领域里,完全否定假设,强调一分材料只能说一分话,就等于什么话也不要说。而说出来的话总得有一定的根据,哪怕只是理论上的推导,也得有逻辑上的或者事理上的分析论据。

2. 可以把汉字看作"第二语言",不可以完全脱离语言。离开语言做纯字形的分析,这样的分析就失去了支撑点。而所谓"语言"是指今人构建的先秦时代的语言系统,这个系统并不理想,但现在还没有出现更理想的系统。方言及亲属语言资料可作为旁证。

3. 可以用现代思维方法构建理论框架、研究原则,不可以用现代思维方法代替原始思维和神话思维的方法,也就是不可以用现代文化心理、文化视野代替古人的文化心理、文化视野。

4. 可以把字形研究作为基础，不可以局限在字形研究的狭小天地之中，发展多学科（尤其是人类学）的交叉研究至关重要。摩尔根（1818—1881年）的《古代社会》，泰勒（1832—1917年）的《原始文化》，弗雷泽（1854—1941年）的《金枝》，列维-布留尔（1857—1939年）的《原始思维》，卡西尔（1874—1945年）的《人论》，马林诺夫斯基（1884—1942年）的《文化论》、《巫术科学宗教与神话》，列维-斯特劳斯（1908—2009年）的《野性思维》、《结构人类学》等著作，对本课题的研究都有参考价值。国内有关民族学的资料更值得我们注意。

5. 可以将汉字与拼音文字进行比较，不可以无原则无条件地反对一切拼音文字。可以充分肯定汉字的优点，不可以认为汉字就没有缺点，世界上不存在没有缺点的文字。一分为二的方法，辩证的方法，必须坚持。

第二章 本体论

第八节 汉字形体的文化功能

汉字具有各种文字的共同功能，也有不同于其他文字的特殊功能。文化功能只是特殊功能中的一种。特殊功能来源于汉字的特殊结构。汉字作为被感知的对象，它的构造机制、表达系统、表达方式，对认识论上的主体所产生的作用与流线型的拼音文字大不一样。

一、结构形式的文化功能

在讨论汉字结构形式之前，有必要介绍一下"六书"说和"三书"说。

刘歆《七略·六艺略》和班固《汉书·艺文志》以及《周礼·地官·保氏》郑众注、许慎《说文·叙》都讲到了六书。许慎的排列是：指事、象形、形声、会意、转注、假借。到上世纪三四十年代，唐兰《古文字学导论》和《中国文字学》对"六书"说提出了尖锐的批评，改为象形、象意、形声"三书"说，1956年陈梦家在《殷虚卜辞综述》中又提出了另一种"三书"

说，把唐兰的象形、象意合为一类，增加"假借"一类，即：象形、假借、形声。1988年裘锡圭的《文字学概要》基本上赞同陈氏的分类，只是把"象形"改为"表意"，因为"象形"不能概括全部表意字。

陈与唐的分歧反映了分类标准的不同。唐兰讲的是结构方式，"假借"不是结构问题，当然不在考虑之列。陈梦家讲的是汉字的基本类型，不单是汉字构造方式问题，也包括用字规则，"假借"这一类就必须要考虑到。有人认为假借是"不造字的造字"，这就把假借的本质特点给抹掉了。无论是"本无其字"的假借还是"本有其字"的假借（或曰"通假"），被借字在构造上并未发生什么变化，只是表意功能发生了转换，这是用字过程中产生的问题。其实，若以结构为原则分类，假借与表意、形声根本不属于同一层面，只有以汉字类型、表达方式分类时，表意、形声、假借三者才可以相提并论。很显然，我们说的"类型"不是结构类型或创造类型，而是指表达类型，即根据汉字的表达方式所划分出来的类型。因此，我也主张把汉字分为表意、形声、假借三个类型，但理论根据和划分层面与唐兰、陈梦家都不同。

我所说的"三书"是建立在二元化的表达机制之上的。即造字表达与借字表达。造字表达又分为表意类、形声类。

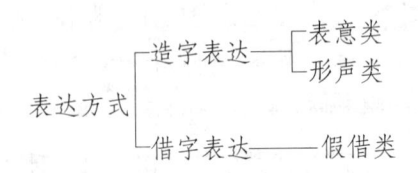

```
                  ┌─造字表达─┬─表意类
                  │          └─形声类
       表达方式──┤
                  └─借字表达───假借类
```

由二元化表达机制构成的"三书"说,既吸收了传统六书说的优点,也区别了造字表达机制与借字表达机制的不同。

造字表达属于结构机制,借字表达属于转换机制。这两种机制上的特点构成了汉字的系统性、完整性、灵活性。

假借是由音同或音近造成的,它和字形、字义不发生有机联系,所以谈不上有文化功能,正如只能表音的拼音文字一样,其形体并不表示某种文化因子。

因此,当我们探索汉字形体的文化功能时,应以造字表达即结构机制为主要对象。结构机制能对每一个汉字的系统性、整体性、灵活性做出深层解释。

系统性。

系统谈的是构造规律,即组合规律。现代汉字,除了几百个独体字外,其余多为方块形二维组合体。或左右结构,或上下结构。如"桥"的二维空间配置为左"木"右"乔","霜"的二维空间配置为上"雨"下"相"。有人对7 000个汉字的组合结构进行了统计,左右组合结构的字有4 650个,占64%;上下组合结构的字有1 395个,占19%。这两类结构加起来有6 000多字,占80%多。可见,二维方块式是汉字系统性的基本特点(张普:《汉字部件分析的方法和理论》,见《语文研究》1984年第1期),它提供的文化信息虽然弱于独体字,但比之拼音文字,其人文性意象还是显而易见的。

整体性。

任何结构体都是可以切分的,现代汉字一般可以按三个层次来切分,即笔画、部件、整字。由数十种笔画组成数百种部件,由数百种部件组成数万个汉字。如:

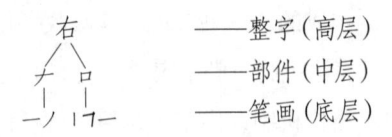

```
         右      ——整字(高层)
        ナロ     ——部件(中层)
       一ノ|一   ——笔画(底层)
```

有些字的部件，原本是意符，后来变为记号。如"祭"字，小篆由三个部件构成，均有自己的意义，以"手（又）"持"肉"，进行祭祀。楷体中"夕"、"又"均为记号。所以探寻汉字形体的文化意义原则上要以古文字作依据。

积笔画以成部件，积部件以成整字。所谓"整字"对于一个结构来说就是自己特有的整体性，具有完整与闭合倾向。整体与部件是对立关系。如皮亚杰所言："当然，一个结构是由若干个成分所组成的；但是这些成分是服从于说明体系之成为体系特点的一些规律的。这些所谓组成规律，并不能还原为一些简单相加的联合关系，这些规律把不同于各种成分所有的种种性质的整体性质赋予作为全体的全体。"（[瑞士]皮亚杰著，倪连生、王琳译《结构主义》3页，商务印书馆1996年版）"祭"，《说文》的分析是"从示，以手持肉"。示、又、肉三个部件原本是独立的象形

```
      祭            祭
    夕示ヨ         夕示又
```

字，"祭"的结构意义并不是三个象形字简单相加的总和，它的整体性质是会意，如果是象形加象形加象形，还等于象形，汉字结构就无整体性可言，而缺少整体性的结构，它的文化涵义就无

第二章 本体论

法表达。整体性观念是"格式塔"（Gestalt）心理学（完形心理学）的中心观念，对于汉字结构的研究具有一定的理论价值。

"闭合倾向"是指结构的稳定性。一个完整的结构，它的各种成分是不能随意改变的。"正因为一个场里的所有成分都一直属于整体，每一局部的变化都会引起整体的改组。"（《结构主义》39页）如：

太——犬　　　玉——玗（xiù）

士——土　　　印——归（yì）

首——𦣻（xiāo 此为古文"首"的倒写）壬（tǐng）——壬

这些例子中的笔画都是一样的，只是空间配置发生了变化，音与义就大不相同。

灵活性。

这有两层含义。一是指结构机制的开放性，一个汉字既是字，又可以作为部件进入组合场，尤其是二维方块形有极强的再生能力，是古往今来汉字系统中最基本的造字方式。古代的文人很熟悉这种方式，他们在文字游戏中就充分利用了这种方式。如北齐的徐之才为了嘲弄王昕，就用"王"字的组合关系调制笑料。"有'言'则'証'（同"诳"），近'犬'便'狂'，加颈足而'馬'，施角尾而成'羊'。"（《北齐书·艺术传·徐之才》）《鹤林玉露》丙编卷二有"大字成犬"条。说是南宋理宗宝庆年间，有一位名叫梁成大的人，秉承当国者的意旨，攻击真西山、魏鹤山二人，引起舆论界的公愤。"当时太学诸生曰，'大'字旁宜添一点，曰'梁成犬'。"（《鹤林玉露》第274页，中华书局1983年版）

另一层含义是指一个汉字能向外转换。汉字如果只有结构机制而无转换机制，它就无法适应汉语的表达需要。作为个别汉字来说，假借字不存在意象上的文化功能，而作为汉字的一种表达方式，它的文化功能主要表现在音读层面。

下面分别讨论表意类的文化功能和形声类的文化功能。

先说表意类的文化功能。

表意类，根据传统"六书"说的分类，我们把象形、指事、会意三类均作为表意类的子系统。这三类的关系也不是等同的，象形是基础，所以从古至今均有人主张称指事为象事，称会意为象意。李孝定将甲骨文中形音义均可确知的1 225个字按六书分类统计，其中象形字276个，占22.53%强，指事字20个，占1.63%强，会意字396个，占32.33%弱。以上三类加起来为692字。所象之物、之事、之意，范围很广，涉及天文、地理、草木、鸟兽、虫鱼、人体、器用、衣、食、住等方面。甲骨文时代汉字已是相当成熟的系统，但图画的意味还比较明显，当然跟图画已有性质上的不同。三类字的结构基础不完全相同足以说明这一点。象形字的结构基础为形象加语义。形象与图画类似的为全画物形的形象，如日、山、目、鱼之类，"画成其物，随体诘诎"；也有的字是突出事物的特点或以事物的部分象征全体，如牛、羊、车之类；还有增体象形，如"眉"，不只是画出眉毛，而是把眉毛画在"目"之上，有的"目"下还有个"人"字，表示人目之上有毛，如果单画眉毛，没有"增体"部分作为背景，此字的主题就显示不出来，又如"石"字，下面的"口"本来就已是石头的形象，但如果不画出山崖（厂），则主题同样不明确。

第二章 本体论

指事的结构基础比象形要复杂一些，它是用形象加符号或单用指事符号表达语义，如"亦"字中间部分为人形，左右腋下各有一指事符号，表示"亦"为人之两腋。又如"彭"，左边的形象为鼓，右边的彡表示声音，其语义为鼓声；纯指事符号如"一"、"二"、"囗"之类。

会意的结构基础为两个以上的形象或符号组合在一起表达特定的语义。如"祭"的组成为"肉"、"又"、"示"三个形象，"至"的组成为"矢"、"一"，这是形象（矢）加符号（一，指矢射中之目标），也有同一形象的重出结构，如双木为"林"，二人相随为"从"，贝之二系相联为"朋"，两手相交为"友"。

由这三类字构成的表意类，其结构基础同中有异。相同之处是以形象作为结构规律形式化的特征。

形象不等于象形。"象形"是象物、象事、象意之形，重点在"象"与不象；"形象"是指"象"的结果，可以是图画，也可以是符号，可以象也可以不象，抽象化程度更高。

表意类的字如何表意？表达什么样的语义？是一个颇为复杂的问题。复杂性来自于文字形象、被感知的客体、语义内涵、认识论上的主体，四者之间的关系并不全是一看就能明白的。

凡客体明确、单纯、不依附于背景就能画出来的事物，文字形象也容易被认知。如"星"，甲骨文作 品、品，东巴象形文作 品，均以三表多数，形状也近似。又如"人"，东巴文作 ，甲骨文作 。一作正面人形，一作侧面人形，这都容易识别。因为文字形象直接指向客体本身，认识论上的主体并未将自己的发挥、创造、取舍介入其中。从古至今，这类客体的形状也没有发生什么变化。有些抽象观念，既非来自单一的具体的形状，也不是来自某种行为方式，选择什么样的文字符号来表达这样的观念，其中往往蕴涵着文化和智慧的结晶。如"春"与"秋"，这是两个时段，如何表达？

卜辞中，"春"字有多种写法，归纳起来不外乎两种组合形式。一是有树木，有像植物破土而出的"屯"字（依《说文》为"象艸木之初生屯然而难"），此乃二合会意；另一种为三合会意，在"木"、"屯"之外，再加上"日"字。或"日"加"屯"，仍为二合会意。

造字者的构思体现了"春"的特点。植物萌芽，破土而出，林木青青，春日迟迟，这就是春，一年之计在于春，把"春"从混沌的时间之流中切分出来，意味着我们的祖先已进入了农业时代，所以他们对阳光、对种子、对树木表现了特有的关心，用这三个物象合成为一个新的意象——春。屯、春同源，二字音近义近，故无论是二合会意还是三合会意，"屯"是"春"的基础结构，是春的希望，没有"屯"，哪来的"春"呢！

《说文》对"屯"字的分析："从中贯一，一，地也。"金文"屯"字作：

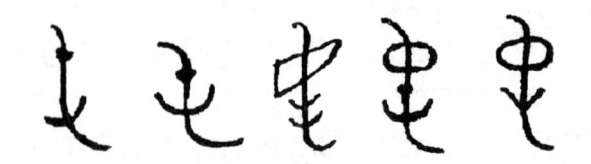

更像种子萌芽破土而出，所谓"种子"当然就已含有人工劳作的成分。将"春"与农业生产联系起来，才可以理解造字者所处的时代背景和"春"的深层含义。

现在说"秋"。从《说文·禾部》的"秋"字说起。

秋，禾谷熟也。从禾龜省声。籀文不省。

秋字从禾，不难理解，《说文》已经讲了，秋天是禾谷成熟的时节，正好与"春"字从"屯"相对，春种秋收，乃农事最为重要的两个环节，"春"、"秋"二字都是先民进入农业社会的写照。"秋"字为什么从火呢？至今无人回答这个问题。为什么从"龜"呢？甲骨文出土后，这个问题已有初步回答，尚无满意的回答。其实，籀文中的"秋"就是一篇《秋声赋》，也是一张秋色图，只是人们还没有说出其中的所以然罢了。

卜辞中有"秋"字，已成定论，其形为：

叶玉森在《殷契钩沉》中将第一字释为"蝉"，"与蝉毕肖，疑卜辞叚蝉为夏，蝉乃最著之夏虫，闻其声即知为夏矣。""古人造春夏秋冬四时之字，疑并取象于某时最著之物。"叶的说法受到唐兰的批评，尽管至今还有人认为叶的推测是可信的，但更多的人采取了唐兰的意见。

唐兰《殷虚文字记·释䰙䰙》肯定此二字"卜辞叚借为秋"，䰙字"今《说文》则讹为穐。然则凡从䰙之字，后世多误为从龟，故䰙字遂湮晦矣"（《殷虚文字记》8、9页，中华书局1981年版）。唐兰指出的这两点对于了解籀文秋字为何从龟具有关键意义，原来从龟乃形近而误。美中不足之处有二：一是他认为䰙字"本义当为龟属而具两角者"（8页），即《万象名义》25龟部之"䰙"字，音奇樛切；一是他把卜辞中的䰙字与《说文·火部》中的"𤈦"字（即消切，灼龟不兆也）混为一谈，说"𤈦即䰙之误"。对秋为何从火有误导作用。

《说文》的𤈦字有它自己的形音义，三者契合无间，不能因籀文中秋字误䰙为龟，从而推断火部的𤈦字就是卜辞中的䰙字，音义如何交待呢？唐说显然不能成立。

唐兰也还是比较谨慎的，䰙究竟为何物，他说"其物今不可知"。后来有人认为此乃"羌龟"二字合文。又有人认为此字像蝗虫，从火者像火烧蝗虫之形。此说于事理欠通，求之于古人的文化心理，更不通。不可能每年秋天都有蝗灾，蝗灾是偶然的，根本不可能成为"秋"的常规现象，也违背"年谷熟"的心理企盼。我以为诸说中还是郭沫若的意见最为可信：

> 龟属绝无有角者，且字之原形亦不像龟，其像龟甚至误为龟字者，乃隶变耳。今案字形实像昆虫之有触角者，即蟋蟀之类。以秋季鸣，其声啾啾然，故古人造字，文以象其形，声以肖其音，更借以名其鸣之节季曰秋。蟋蟀，古幽州

人谓之"趋织",今北京人谓之"趋趋"。蟋蟀,趋织,趋趋,均啾啾之转变也。而其实即龜字。

(《殷契粹编》第345页,科学出版社1965年版)

把《诗·豳风·七月》这首诗与"秋"联系起来,对解开"秋"字的深层结构会大有益处。先回答"秋"为何从火的问题。

《七月》反复吟咏"七月流火",毛《传》:"火,大火也。"卜辞中已有大火星名,上古专门设有"火正",观察大火的运行情况,"祀大火,而火纪时焉。"(《左传·襄公九年》),据庞朴考证,古代曾实行过"火历"(《火历钩沉——一个遗失已久的古历之发现》,《中国文化》创刊号,1988年)。"七月流火"就是大火开始往西沉,现在不少人引用这句诗用来形容天气炎热,以为"流火"是像火一样燃烧,与原意完全不符。陈奂《诗毛氏传疏》:"流火,火下也。火向西而下,暑退将寒之候也。"庞朴说:"在原始农业时代,大火对于生产的指示作用,却较太阳更见直接。因为大火黄昏见于东方的时候,曾是春分前后,万物复苏,农业开始之际;而大火西没,又曾是秋分左右,收获完毕,准备冬眠的时节。""秋"字从"火"的原因就在于此。

至于以龜为蟋蟀,因为蟋蟀的鸣叫标志着秋天的特色。《七月》对此有生动的描写:"七月在野,八月在宇,九月在户,十月蟋蟀入我床下。"七、八、九三个月也就是整个秋天,蟋蟀与我农人相处。陈奂说:"盖古者在野有庐,在邑有室,春夏居庐,秋冬居室,故豳人历叙其由外而内,由远而近,于蟋蟀以纪候焉尔。"(《诗毛氏传疏》三,77页,万有文库本)"纪候"二字很重要。

叶玉森虽然把蟋蟀误说成蝉，但他认为"古人造春夏秋冬四时之字，疑并取象于某时最著之物"，并不是全然没有道理。这里还有两个问题要解决。卜辞中𧒇即秋字，而我们又赞同此字本像蟋蟀之形，那么蟋蟀与秋不只在意义上有联系，在语音上也必然有联系，这是可以肯定的。"蟋蟀"为象声联绵字，《说文》只有"蟋"字，许云："悉蟋也。"段注："蟋蟀皆俗字。"章太炎提出过"一字二音"的问题。他说：

《说文·虫部》："悉蟋。"蟋，本字也。而"悉"则为借音之字，何以不兼造"蟋"字，此必"蟋"字兼有"悉蟋"二音也。……大抵古文只有一字，兼读二音，而此事既非常例，故后人于其本字之旁增注借音之字，久则遂以二字并书。

（《论语言文字之学》，见《国粹学报》第二年第12—13号，第24—25期）

依章太炎"一字二音"的说法，"蟋"即后来的"蟋蟀"，那么卜辞中的𧒇字也应该有"二音"，但联绵字究竟是复辅音声母分化而来，还是原本就有两个音节，一时难以定论。"蟋"与"秋"，依李方桂的构拟，主要元音相同。

　　蟋 srjət　　　秋 tshjəgw

二字介音和主要元音相同，声母相近，这是《诗经》时代的情况，卜辞时代二字在语音上尚未分化，至少是极为接近。"秋"的读音源于蟋蟀鸣叫声。另一个问题就是𧒇与𥤷的关系。我以为二字同源，𧒇由蟋蟀引申为秋，后来又加火旁作为秋的专有名词。

由蟋蟀引申为秋,是词义引申,不是假借。故🈳中的🈳既是声旁又是意旁。

现在可以总结一下:籀文中的秋字由三部分构成:禾,火,🈳。包括天文(火)、动物(蟋蟀)、植物(禾)。它的发展有三个阶段。第一阶段,秋与蟋蟀共一字,用蟋蟀代表秋,第二阶段,由地面上的蟋蟀加天上的大火代表秋,第三阶段才加上"禾"。

法国文化人类学家列维-斯特劳斯说:

> 神话系统和它所运用的表现方式有助于在自然条件和社会条件之间建立同态关系,或更准确些说,它使我们能够在不同平面上的诸有意义的对比关系之间确立等价法则,这些平面是:地理的、气象的、动物学的、植物学的、技术的、经济的、社会的、仪式的、宗教和哲学的等等平面。
>
> (李幼蒸译:《野性的思维》第107页,商务印书馆1987年版)

"秋"的结构和文化涵义,正是由自然名称转换为社会名称的"同态关系",大火、蟋蟀、禾稼三者之间在"秋"这个时间平面上确立了"等价法则"。

关于形声类的文化功能。

谐声字绝大部分为二元结构。一部分表音,一部分表意。它的文化功能分布在音符的层面,义符的层面。如:

《说文·言部》:"诽,谤也。从言,非声。"毁谤属于流言蜚语,属于言论范畴,义符"言"表示"诽"字的义类。从非得

声表示非诽同音（声调有别），而"非声"也还是有意义的，段《注》："诽之言非也，言非其实。"（97页）

所谓"声符"，并非音标，还是方块形汉字，它与义符共居一体，即使由于语音变化表音作用已过时，作为整字的结体还是和谐的，意象化的。请看下面这两句诗：

雞聲茅店月
人跡板橋霜

（温庭筠：《商山早行》）

十个字中有八个是形声字，而整首诗仍然是一幅形象化的早行图。"雞"从佳取意，也可从鸟取意，属家禽；"聲"从耳取意；"茅"从草取意；"店"从广（yǎn）取意；"跡"从足或从辵（chuò），表示脚印；"板"、"橋"均从木取意，橋用木板架成；"霜"字从雨，又不等于雨，而雨、霜都跟水蒸气、冷空气有关。诗中有动物、植物、住房、天文、气象、木桥和活动于其间的"人"，字的形体结构提供了模糊的意象，使语言的表现力强化、形象化。形声字既不能称之为"象形文字"，也不能称之为"象意文字"，而它塑造意象的功能仍然是拼音文字所无法代替的。

二、偏旁部首是文化功能的底子

汉字之所以既能保持形象特点又能长生不老、生生不息，其中有一个重要原因是它有一套超稳定的非常灵活的再生能力极强的基础结构。

第二章　本体论

这套基础结构就是偏旁部首。偏旁与部首本是两个不同的概念。

古人曾把合体字的左边叫作"偏",右边叫作"旁"。常居于左偏者多为义符,因此研究义符之学也称"偏旁学";常居右旁者多声符,研究右文叫作"右文说"。古人认为成千上万的字都由几百个偏旁构成,故偏旁者,字之原也。偏旁学也就成了字原学。但他们所说的偏旁是《说文》中的部首,而540个部首之中,合体字甚多,并不全具字原性质。字原意义的偏旁是指古汉字中那些有构字能力的独体字和少量的复体会意字。从这个意义来说,偏旁不等于部首。偏旁有很强的部首功能,而字典中的部首并不都是偏旁。《说文》540个部首真正具有字原性质的不过一百多。日人高田忠周《说文字原谱》分析出147个字原,胡朴安认为"亦不甚的确",他"尝本五百四十部首,析其合体之字为独体,虽为独体,而可以由彼生此者,皆置之不录,计得字原一百七文",但亦"不敢据为字原之定数"。(《中国文字学史》第483页,北京中国书店1983年版)日本岛邦男《殷虚卜辞综类》分析了甲骨文的形体结构,归纳出甲骨文的基本形式为164个,许伟建《金文部首研究》,"初步归纳出一百四十六个构成金文最小单位的部件。由于它们分别是某一部类字体的相同部分,当我们把它们分别作为统率具有同一部件的字的'首领'时,它们就成为金文的'部首'了。"(《上古汉语辞典》附录一,第5页,海天出版社1987年版)高明《中国古文字学通论》说:"汉字的字原,……实际仅有一百五十余个。汉字形体虽然千变万化,数以万计,但都是由这些偏旁字原构成的。"(60页,北京大学出版社1996年版)

从甲骨文、金文、小篆到现代汉字,汉字的字原偏旁大致上可以肯定，在一百四五十左右。它们就是汉字形体文化功能的底子。字原是客观事物的反映，是造字者对万事万物分类编码的结果。许冲进《说文》表谈到，《说文》一书于"天地、鬼神、山川、草木、鸟兽、蚰虫、杂物奇怪、王制礼仪、世间人事，莫不毕载"。"毕载"不是简单的字词总汇，不是以语言的音为纲，也不是义为纲，而是以形为纲。字形与客观事物有同一性的对应关系。"其建首也，立为一耑，方以类聚，物以群分，同条牵属，共理相贯，杂而不越，据形系联。"不论客观事物多么复杂纷繁，都可"类聚"、"群分"，纳入某"一耑"之中，几千年来，没有任何新生事物，新生词语，是汉字所不能"载"的，是汉字不能编入某一偏旁之中的。"氢"、"氧"是气体，归气部。"钕"、"钼"是金属，可以归金部。有些词语，不烦造字，起用一个旧字，赋予新义，就可以了。"钛"、"铀"、"镭"三字，古已有之，跟化学元素无关，今人很容易就借用了，有"起死回生"之效。《说文·气部》只有两个字，除部首外，还有"氛"字。《康熙字典·气部》增加到十七个，其中"氣"字《说文》归米部（与气无关）。《汉语大字典·气部》收新造字（不见于古代字书）就有23个。

偏旁部首在甲骨文时代就基本上定下来了，它所反映的是古代的文化制度，文化精神，且当时的部首偏旁均为象形字，它如何适应后代文化发展的需要呢？

由图像变为意象。

原始部首多为独体象形字，图画特色比较突出，所像均具体之物，义域单一，写实性较强，文化涵义自然也就为图像所限。由于在发展过程中，这些字不断充当部件的角色，与其他字一起构成新字，图像特点逐渐淡化，意象特点慢慢占了优势，这样，结合能力、组字能力大大提高。一个字如果总是处在图像阶段，越是像某一事物，它的发展前途就越小，只有摆脱图像，扩大意义领域，它作为部首的地位才能得到强化，它才有条件作为一部之首统率本部各字，并保持开放性的特点，不断接纳新字。如"力"字，在卜辞中像原始农具之耒，写作𠃌或𠃍，所从之字只有一个"劦"。到了《说文》中力部所收之字已有40个，意义领域大大扩展。有表示力量强劲的，如：勍、劲、勇、勢；有表示勉力的，如：勉、勖、劝、劼、勘；有表示以力成功的，如：功、勋；有表示劳累、辛苦的，如：劳、勤、勮……。许慎对"力"的解释也由具体到抽象："力，筋也，象人筋之形。治功曰力，能禦大灾。凡力之属皆从力。"段注："筋者其体，力者其用也，非有二物，引申之凡精神所胜任皆曰力。"（699页）许慎对"力"字的形体分析不确，但"治功曰力"已属于意象范围，属于"精神所胜任"范围。

又如部首"日"，其图像为圆形，像太阳。在卜辞中它已开始意象化，由空间扩展到时间。昃、昏、昱、昔、旦、朝、春、莫（暮）等时间字中都有日字。

毫无疑问，由图像变为意象，不只是偏旁如此，但偏旁的意象化是全体汉字由图像变意象的关键所在。另外，偏旁字意域的扩大从本质上看是语义问题，而汉字形体能适应这种变化，表现这种变化，这不能不说是偏旁本身具有极强极灵活的生命力。考察这种变化，可以看出汉民族思维能力的发展过程，也可以看出汉文化由低到高由简单到复杂的发展过程。

由一元变为二元。

这里说的"一元"是指只表意不表音的字,"二元"是既表意又表音的二元体形声字。在卜辞中形声字才占27.27%(李孝定:《从六书的观点看甲骨文字》,见《汉字的起源与演变论丛》第19页)而到《说文》中形声字已占到80%强。形声类如此突飞猛进地大发展,说明二元结构的造字优势强于任何其他造字方式。象形文字如果不进入到二元化阶段,这种文字就不可能克服自身的障碍达到全面表达本民族语言的理想境界。东巴文共有1 400字左右,它的形声结构比甲骨文还少(形声字约有100个左右),而它的象形程度大大高于甲骨文,所以它对语言的表达还有很大的局限性。形符的偏旁化是以声符的固定化作为依存条件的。100多个形符(部首)分别与1 000多个声符(声首,段玉裁的《古十七部谐声表》确定了1 521个声首)相结合,就可以造出语言所需要的各种单字来。

在二元化的结构中,部首与声首哪一种更重要呢?这个问题可以有两种不同的答案。从汉字构形的观点来看,应以偏旁部首为主。《说文》以部首为纲,就因为汉字的本质特征是意象化的,字形与客观事物是不通过语音层面而直接联系着的,正是有了这个特点,我们才有可能谈论汉字形体的文化功能。游顺钊称部首为"语义类目",称声首为"附加成分",语义类目是"造字的主要手段","在这样的一个书写系统里,把具有充分语义成分的类目底子充当次要角色却让只带一定限度的音值的附加成分作底子（即"被专指者"）是喧宾夺主，是不正常的。"（《视觉语言学论集》中译本第55页，语文出版社1994年版）从部首的造字功能来说，这个意见是正确的。从音韵学的观点而言，答案就不一样了，声首是主要的。"右文说"虽不完全可信，毕竟是有事实作为依据的。

部首联系的是物象和意象，声首联系的是音象，有人说汉字是意音文字，这话也有相当的道理。

由多样化到标准化。

在甲骨文中，偏旁的位置和形体尚不固定。在小篆中，偏旁总是处于领先地位，先左后右，先上后下，这是笔顺的规则。偏旁不是处于左位，就是处于上位，做偏旁的字又为一般识字者所熟知，视觉的焦点总是先集中于偏旁，易于认知，即使不知这个字读什么音，偏旁也能提示其事类、义类的大致范围。

偏旁跟整个字一样，也经历了发展变化的过程。高明研究了112种偏旁从卜辞到隶书的演变情况，发现同一偏旁有许多种不同的形体，有的多达20余种，变化少的也有五六种，一般在10种以上。如"心"字，"从甲骨、金文、战国文字及秦篆中，共搜集21种篆体心字形旁，发展到隶书时，由于它在字体中位置不同，隶定为三种形体。"（《中国古文字学通论》第82页，北京大学出版社1996年版）偏旁形体的标准化是逐步完成的，不可能今后就一成不变了，简化字的推出，使偏旁形体又有了新的变化。研究偏旁分化、混同、消失、通用的历史，对于识别、考证字形，揭示字形中所包含的文化因子，有极其重要的作用。在古文字研究中，认识一个偏旁，往往就能认识许多字，为文化研究提供新的材料。

还有一点要注意，我们所说的偏旁部首是指文字学上的偏旁部首，至于检字法的部首是建立在楷体笔画的基础之上的，这类部首已不再顾及与原形原义的关系，其文化价值不在于识古，而在于查检方便，性质有所不同。

三、书体的文化功能

"书体"问题我们在本书第五节已有所介绍，这里着重要谈的是书体的来源和功能。

中国的文字，在远古时期肯定会因部落不同、氏族不同，有过百花齐放的时代，汉字只不过是众多文字中的一种。汉字产生之后，它的形体也经历了很多不同的变化，即同一个汉字有各种不同的结体形式。从记载资料分析，这些不同书体多以摹仿自然形态为基本形式，可证汉字在脱离图画文字千百年之后，依然留恋它往昔的自然美，有着难舍难分的自然情结。

如果我们大体上相信"自三皇以前，结绳为政，至太昊氏，文字生焉"；"黄帝史仓颉写鸟迹为文，作篆书"（〔唐〕韦续：《五十六种书并序》，《中晚唐五代书论》第274、276页，湖南美术出版社1997年版），并以此作为汉字源头的话，那么，仓颉之后汉民族的各种书体，都应是以此"篆书"为基础因时因事而创造的变体。

有的书体是图腾崇拜神话思维的产物。如：

太昊庖牺氏获景龙之瑞，始作龙书。

第二章　本体论

夏后氏象钟鼎形为篆，作钟鼎书。

周文王史史佚因骀虞作虎书。

周文王时赤雀衔书集户，武王时丹鸟入室，以二祥瑞，故作鸟书。

鱼书，周武王因素鳞跃舟所作。

麒麟书，鲁哀公十三年西狩获麟……弟子为素王纪瑞所制也。

转宿篆，宋司马以荧惑退舍所作也，象花未开形。

气候时书，汉文帝令蜀郡司马长卿采日辰会屈伸之体，升伏之状，象四时为书也。

灵芝书，汉武时有灵芝三茎植于殿前，遂歌《芝房之曲》述焉，又名英芝。

蛇书，鲁人唐综，当汉魏之际，梦蛇绕身，寤而作之。

〔唐〕韦续:《五十六种书并序》,《中晚唐五代书论》277—286页，湖南美术出版社1997年版）

据《酉阳杂俎》载，还有鼠篆、牛书、兔书、狼书、犬书、鸡书之类。(《酉阳杂俎》前集卷十一，第106页，中华书局1981年版）韦续还谈到："后汉东阳公徐安于搜诸史籍，得十二时书，皆象神形也。"（275页）十二时用为子、丑、寅、卯、辰、巳、午、未、申、酉、戌、亥，这些字"皆象神形"（即十二种动物的神化），可证汉字在早期历史上曾与图画同源而且与图腾崇拜密切相关。

也有的书体是个人创造的，其目的是为了形体美，与文字崇拜无关。如倒薤书，即薤叶篆，为殷汤时仙人务光所作。雕虫书为鲁秋胡妻浣蚕所作，又名蚕书。垂露篆、悬针篆，均为汉章时曹喜所作。飞白是蔡邕"见役人以垩帚成字"（286页），从中受到启发，"归而为飞白之书"（张怀瓘《书断》上，见《法书要录》第120页）

《酉阳杂俎》说书有百体，盖甚言其多。其中有些所谓的书体，大概不成系统，也没有社会性，故不能得到长足的发展。书体的发展取决于用途。《说文》"秦书有八体"，用途各有别。如"三曰刻符"，即刻于符信上的篆书；"四曰虫书"，大徐本注引"徐锴曰：案《汉书》注：虫书即鸟书，以书幡信，首象鸟形，即下云鸟虫是也。""五曰摹印"，《说文句读》注："萧子良以刻符摹印合为一体，徐锴以为符者，竹而中剖之，字形半分，理应别为一体。摹印屈曲填密，则秦玺文也。子良误合之。"（《说文句读》2174页，上海古籍书店1983年版）韦续五十六种书中没有"摹印"，其"刻符书"下云："鸟头云脚，李斯、赵高皆善之，用题印玺。""秦玺文"究竟是什么样子，宋人的记载可供参考。北宋蔡絛《铁围山丛谈》："元符初得汉传国玺，其文曰：'受命于天，既寿永昌。''承天福，延万亿，永无极。'是二者，祐陵又自仿为之，悉鱼虫篆也。"（8页）赵彦卫《云麓漫钞》卷十五有更为详细的记载：

> 元符元年（1098）春正月甲寅，永兴军咸阳县民段义劚地得古玉印，……色绿如蓝，温润而泽，其文曰"受命于天，既寿永昌"（见图一），臣等以历代正史考之：玺之文曰……"既寿永昌"者，秦玺可知。今得玺于咸阳，其玉乃蓝田之色，其篆与李斯小篆体合，饰以龙凤鸟鱼，其虫书鸟迹之法，

第二章　本体论

于今传古书莫可比拟,非汉以后所能作,明矣。……上择日祗受,改元曰元符,大赦天下,百寮称贺。

鱼虫篆者,始于李斯,以古帝之瑞,若所谓黄帝之大螾,有虞氏之凤皇,周之赤鸟白鱼,杂肖其形,而为之篆尔。

(《云麓漫钞》第221—222页)

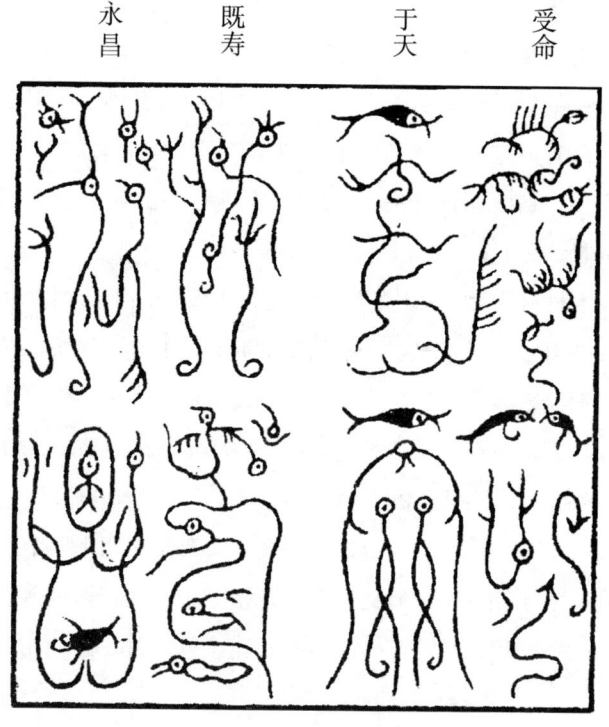

| 永昌 | 既寿 | 于天 | 受命 |

图一　元符所得玺

(从《云麓漫钞》212页复印)

这类记载的真实性如何,是否蔡京等人为了迎合宋哲宗的"天命"思想,伪造秦玺,未加考据,不敢妄言,亦不敢轻信(关于秦玺的流传情况，可参阅《史记·秦始皇本纪》第228页注七。《三国志·吴书·孙破虏讨逆传》第1099页注九，以及赵明诚《金石录》卷十三"玉玺文"、赵翼《陔馀丛考》卷二十"杨桓《传国玺考》之误"，今人傅振伦《七十年所见所闻》卷六"传国玺"等文），至少，所谓鱼虫篆始于李斯是不可信的。从地下出土文物看，李斯之前早已有鸟虫书了。不过，赵彦卫以"鱼虫篆"的文化背景来自"古帝之瑞"，这是非常有说服力的，集古瑞物于一玺，正是"受命于天"思想的反映。某种书体用于某种事物，总有一定的目的和作用。如"召奏用虎爪书，为不可学，以防诈伪。诰下用偃波书。""蚊脚书，尚书诏版用之。""殳书，伯氏所职。文记笏，武记殳。"

以上材料均为古书上的记载，我们再举一个出土文物的例子。1968年在河北满城县中山靖王刘胜和他的妻子窦绾墓中出土了一对铜壶，壶盖壶身均用变形云气或用鱼纹、凤鸟作装饰，极似花纹图案（见图二）。经专家考释（肖蕴：《满城汉墓出土的错金银鸟虫书铜壶》，见《考古》1972年第5期）才知道这是鸟篆文字。其中有一段三十二字的铭文。盈按：铜壶甲实有铭文四十四个字。下文只列出了颈铭八字，肩铭八字，腹铭十六个字，另有盖铭十二个字，三字一句，共四句："有言三；甫金鯀，为𥁕盇，错书之。"

  盖圜四符 隓尊成壶（颈铭）

  盛兄盛味 於心佳都（肩铭）

  陓於口味 交闰血肤（腹铭）

  延寿去病 万年有余

第二章 本体论

张振林对铭文的内容有如下评说:"壶铭八句三十二字,是一首十分整齐的四言诗;从壶的外表到壶的用途,从眼前禁不住的乐滋滋心情到长生不老的幻想,层层推进,其思想内容之空虚,则同两汉铜镜诗相仿佛。"(张振林:《中山靖王鸟篆壶铭之韵读》,见《古文字研究》第1辑,1979年)这是今人的看法。中山靖王们是怎么想的呢?他们为什么要用鸟篆文字装饰铜壶呢?

研究气功的人,从"读字的方向,是顺时针左旋,是河图气旋的方向",从中领略了"左旋气功"。那三十二字铭文,"一般可理解为中山靖王国宴上的祝酒词。但在中国符号学者眼里,则是配合鸟篆符的不折不扣的'咒语'了。""综上所述,帝王的鸟篆药壶上有符又有咒,而且用于祛病延年。这是中医祝由科在宫廷里的升华,它已超出了一般文物的装饰作用,是一种罕见的帝王祝由疗法。"(《中国风水应用学》第177—178页,人民中国出版社1993年版)周策纵《一对最古的药酒壶之发现——满城汉墓出土错金银鸟虫书铜壶铭文考释》,对铭文的释读很有见地。如释"盇"为"榼","铭文'为盇盇(榼)'的意思应该直截了当解释成:制造个盛黄荃(芩)药酒的盒子。"(397页)"刘胜所制的这两个壶,装盛药酒,目的固然在强身去病;但如果说与性及生育或有关联,恐亦不无可能。"(405页)又说:"过去我们所见古代的'鸟虫书'……都只一鳞半爪,从来没有像这样繁缛富丽的。这在中国美术书法史上,以及古代文字学上,都有其特殊的意义。"(《周策纵自选集》407页,山东教育出版社2005年版)

今人的各种分析不一定符合中山靖王们的原意,但有一点可以肯定,这些鸟篆绝不只是美学上的装饰作用。云气,鱼纹,凤鸟,都蕴涵着图腾崇拜的遗风。

铭　颈　壶　甲

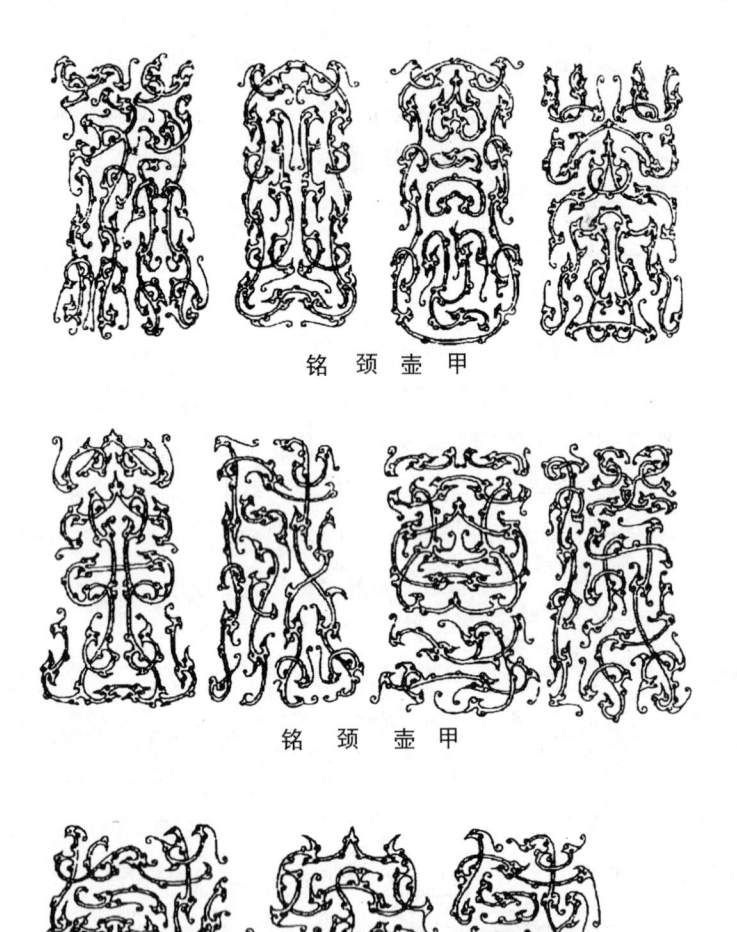

铭　颈　壶　甲

铭　肩　壶　甲

第二章 本体论

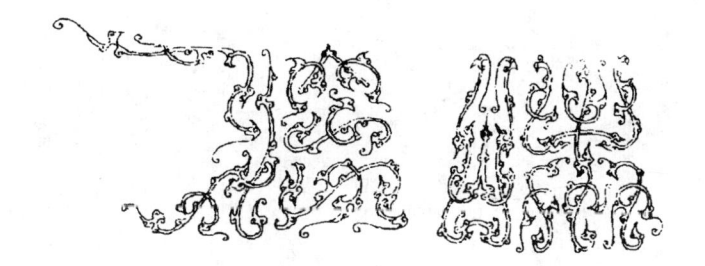

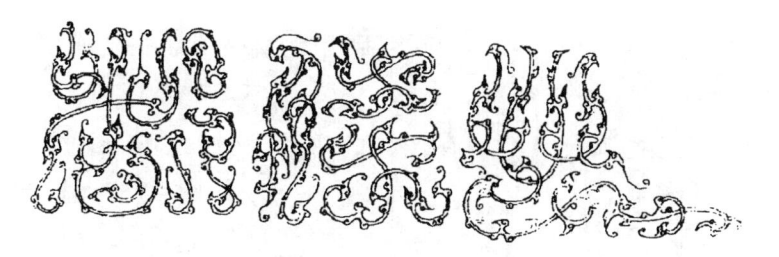

铭肩壶甲

铭肩壶甲

铭肩壶甲

铭　腹　壶　甲

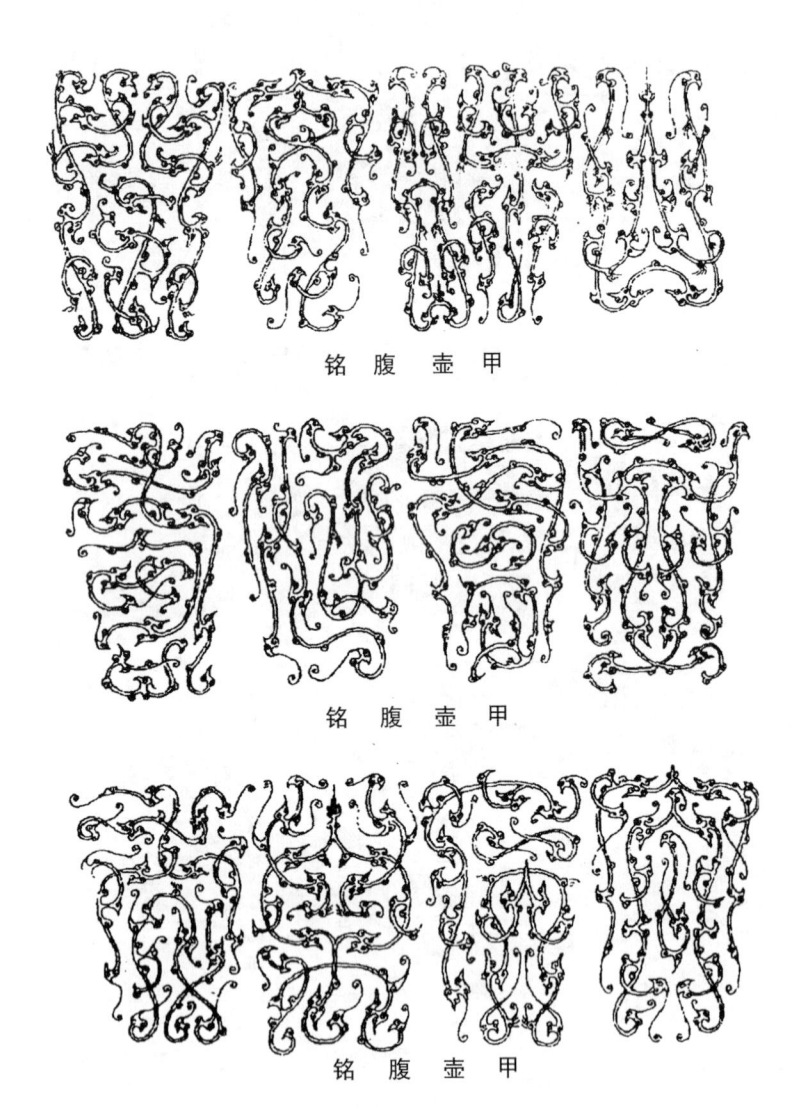

铭　腹　壶　甲

铭　腹　壶　甲

右为甲壶腹铭

图二　中山靖王鸟篆壶铭文

（从《古文字研究》第 1 辑第 168—171 页复印。见张振林：《中山靖王鸟篆壶铭之韵读——兼与肖蕴同志商榷》，中华书局 1979 年版）

四、异体字的文化功能

据刘又辛估计，"在六万左右的汉字字库中，至少有三万多异体字。"（《汉语汉字答问》，商务印书馆 1997 年版）这个数字是否确实，因为异体字的界定标准不同，可能会有些出入，但也不会相差太远。《汉语大字典·异体字表》"共收约 11 900 组异体字"（5333 页）也只是"初步整理"。

关于异体字的研究一向为文字学家所注意，而对异体字究竟有什么样的文化功能似乎还缺乏研究。

异体字内部情况颇为复杂。如果结构一样，只是形体位置有变易，当然就说不上因异体而产生文化功能问题。我们不能说"鹅""䳘""鵞""䳘"有什么文化上的差异。异体字的文化功能主要有五种情况。

图画与写意之别。

这类异体字主要存在于甲骨文、金文中。如"虎"在甲骨文中有多种异体，大体上是由图画变为写意，即从全形变为突出特点。早期的"虎"字形体繁复，头身爪尾力求酷似，后期的"虎"字也还是象形，但只勾勒其大意，形体靠近线条，整字大大简化。从越写越不像这一点来说，是退步了；从越写越符号化这一点来说，乃是巨大进步。这类后起的异体字，先是个别字形的变革，是个人的创作行为，然后引起整个字形的变异，为社会所公认。由画字到写字，由随体诘诎到似"体"非"体"，异体字充当了重要角色。

构字背景有别。

某些异体字的产生是由于构字的背景不同。有的是文化制度不同，有的是物质器具发生了变革，异体字是研究这些"不同"和"变异"的最好证据。

如"社"的异体有"祏"。卜辞中用"土"字表达"社"的意思，也就是"社"尚未从"土"字分化出来。社神就是土地之神，所以从土。社字为何从木，《说文》"社"字："周礼二十五家为社，各树其土所宜之木。"《论语·八佾》："哀公问社于宰我。宰我对曰：'夏后氏以松，殷人以柏，周人以栗。'"邢昺《疏》："谓用其木以为社主。"把某种树木人格化，神化，当作崇拜对象。崇拜社树，在古代农业社会中一直保持这种习俗。

又如"炮"的异体字有"礮"、"砲"、"軳"。最早的炮是以机发石。李善《文选·闲居赋》注："礮石，今之抛石也。……范蠡《兵法》：飞石，重二十斤，为机发行三百步。""砲"是俗体字，与正字声符不同，性质一样，都是以机发石攻击敌人。"軳"

第二章 本体论

字见于《集韵·效韵》，此字从车从𠆢（lì）。《正字通·车部》："軳，旧注音砲，飞石车。按，軳车，本作抛车，或作礮，俗省作砲。"（1133页，中国工人出版社1996年版）由于火药的发明，后来产生了火礮。《宋史·兵志十一》："火箭火砲不能侵，砲石虽百钧无所施矣。"（4924页）赵翼《陔馀丛稿·火砲火枪》："火砲实起于南宋金元之间……魏胜创砲车，施火石可二百步，其火药用硝石、硫磺、柳炭为之，此近代用火具之始。"在这些例子中仍写作"砲"。火砲的物质材料已与石砲完全不同，再用"石"旁则名实不符，于是改"砲"为"炮"。"炮"字已见于《说文》，其本义为烧烤的一种方法。《诗·小雅·瓠叶》"炮之燔之"。音薄交切，páo。火炮的"炮"与此无关，应看作同形字。现在字典均以"炮"、"砲"、"礮"为异体关系，这是对的。

构字基点不同。

构字背景不同的异体字，往往是一种历时关系；构字基点不同，往往是共时的关系。"灾"字的异体很多，强调的重点不同。以水灾为重点，则有𡿩、𡿨、巛；以火灾为重点，则有宀（灾）、灰（从火才声）、𤆎（此字见《改并四声篇海·火部》，《左传·宣公十六年》："凡火，人火曰火，天火曰灾。"此字从人从火，乃人火为灾）；以兵灾为重点有𢦏。其余的异体则为两种灾情的结合，如災、灾、烖等。古代农业社会很少有环境污染，最常见最严重的天灾人祸莫过于水火和兵灾了。

灵字的异体有霝、靈、𩅦（见金文《庚壶》）、霛、𩆜、𩇕等，也是构字基点不同造成的。靈与巫在特定条件下同义，巫又为女性，故从巫、或从女、或从巫言；巫以玉事神，故从玉；巫为人神之媒介，既能通神，自身也很神，故从示，或从神。灵的不同形体是研究巫文化的绝好资料（《说文·玉部》："靈，从玉霝声。"按，靈为用巫术求雨之祭祀活动，故由雨·吅·玉（巫）组成。吅为祝告之器，依次陈列）。

构字的思维原点不同。

一般来说，客观对象单一、明确、固定，如"日"、"月"、"人"等字的造形，主体思维不会有很大的分歧，而某些图腾形象的塑造，由于塑造者的思维原点不同，字形当然就不一样了。如龙、凤二字。

"龙"在卜辞中"像蜥蜴类戴角的形状"。（唐兰：《古文字学导论》下编，第 269 页）

《说文》作龖："从肉，㐱、肉飞之形，童省声。"（段注 582 页）许慎的分析不可信，但"肉飞之形"的思维原点已与卜辞有别，其特点是龙能"登天"。《汉语大字典》还收了五个异体：

竜。《集韵·钟韵》："龙，古作竜。"（见立部 2708 页）

龛。《集韵·钟韵》："龙，古作龛。"（见人部 156 页）

𡿪。《字汇补·巛部》："𡿪，同龙。"（见巛部 1098 页）

萉。《玉篇·艸部》："萉，音龙，古文。"（见艸部 3235 页）

苖。《字汇补·艸部》："苖，与萉同。"（见艸部 3235 页）

这五个异体有一共同的思维原点，即以天上的闪电为龙。甩、

第二章 本体论

甴、甶，即"申"字，也就是"电"字，上半部分的"立"、"从"、"巛"、"屮"皆龙头的讹变。赵诚说：

> 龍字的头部也有几种变体，如囟、丫、▽、干、丅等，很显然，囟是比较早期的写法，丫、▽是简化写法，干、丅是线条化写法，看来也并非完全任意，而是可以论证的。

（《甲骨文字学纲要》第172页，商务印书馆1993年版）

他的分析是对的。但这只是古文字中的情况，在楷体中，龙头已不是简化的问题，而是有了较大的讹误。如果我们知道，在神话思维中，龙是一种神灵动物，是有头的，是"戴角"的，则可以断言，"立"、"从"、"巛""屮"都是角形之讹变。至于以闪电为龙，民间不少地方至今还是这样认为的。但"龙"是由不同历史时期不同地区积累起来的复合体，既是天空的闪电，又是地面上的某种动物，所以造字者要根据传说给"电"字（"申"字）头上"戴角"。在东巴象形文字中，龙也是有角的。

凤是神鸟，"凤"的构形在卜辞中已有象形、形声之别。鸟类中原本无凤，象什么形？于是夸张其形体，丰其羽，长其尾，在古文中就产生了𥻗字，楷体讹变为䳨（《集韵·送韵》收此字），又讹变为𢍅（《字汇补·弓部》收此字）。还有一个会意凤字，见于《五音集韵·送韵》，写作"鵀"。"天鸟"也就是神鸟。这个字的产生，既无客观根据，也没有逻辑根据，是神话思维的产物。

上两例均属神话中的动物用字，关于人事神话的例子可以举"仙"为例。

《说文·人部》有两个"仙"字，一作仚，一作僊。按许慎的解释这两个字的本义不一样，前一字为"人在山上皃"，后一字为"长生僊去"。"仚"又作"仙"。"后人移'人'于旁，以为神仙之'仙'。"（《隶辨·仙韵》）朱骏声以为"仚""当为僊之或体。"（《说文通训定声·屯部》第3253页，万有文库本）二字的思维原点有区别。仙人总是在山上修炼，故以人山会意，仙人是要升天的，故以人罨（《说文·罨部》："罨，升高也。"）会意，罨亦为声符。刘熙《释名·释长幼》："老而不死曰仙。仙，迁也，迁入山也。故其制字人傍作山也。"《庄子·天地》："千岁厌世，去而上僊，乘彼白云，至于帝乡。""仙"、"僊"二字异体，在思维原点上又是互补的。由地仙飞升为天仙，这中间有一个发展过程。关于道家与汉字文化，应专题研究，一个"仙"字就有许多文章可做。

构字理据不同。

《说文》"仁"字有两个异体，古文作"忎"，又作"尸"。"尸"和"仁"形体稍微有别，但从尸从人意思一样。另一个异体"忎"与"仁"有不同的理据。"从人二"的结构是以人际关系为基础的，《中庸》所谓"仁者，人也"，人和人尤其是亲属之间要以仁爱为本。郑玄注："人也，读如相人偶之人，以人意相存问之言。"（《十三经注疏》1629页）"忎"为古文仁，许慎说是"从千心作"，这是有问题的。"千"乃"人"之讹误，《说文》"年"字也从千声，同样乃"人"之讹误。"人心"为"仁"，会意结构。为什么要从心呢？因为"恻隐之心，仁之端也。"（《孟子·公孙丑上》）"仁，人心也。"（《孟子·告子上》）"仁义礼智根于心。"（《孟子·尽心上》）"君子所以异于人者以其存心也。君子以仁存心。"(《孟子·离娄下》)孟子这些言论与"忎"(念)的结构理据完全一致。心为仁之本,一个人如果"存心"不良,心眼坏了,还能仁爱别人吗!心术正,就是仁。

婿的异体为"壻"。一个从女,一个从士,理据不同。《说文·士部》:"壻,夫也。从士胥。……士者,夫也。"(依段注本)段玉裁注:"夫者,丈夫也。然则壻为男子之美称,因以为女夫之称。《释亲》曰:'女子之夫为壻'……胥,有才知之称。"(20页)夫婿是男的,当然应该从士。可是,为什么《说文》中就有了或体"婿"至今只用"婿"不用"壻"呢?所取结构理据不同。段玉裁是这样解释的:"以女配有才知者,为会意。"(20页)依段解:"壻",专指丈夫,着重点在男方;"婿"为女配男,涉及双方,着重点在女方。

异体字的文化功能当然不止这些,以上所言也不一定很精确,但异体字是汉字文化研究的重要资源,这不应该有问题吧。

五、字形误解的文化功能

美籍德裔格式塔心理学的代表人物之一"考夫卡(kurt koffka,1886—1941年)认为,世界是心物的,经验世界与物理世界不一样。观察者知觉现实的观念称作心理场(psychological field),被知觉的现实称作物理场(physical field)。……心理场与物理场之间并不存在一一对应的关系,但是人类的心理活动却是两者结合而成的心物场,同样一把老式椅子,年迈的母亲视作珍品,它蕴含着一段历史,一个故事,而在时髦的儿子眼里,如同一堆破烂,它蕴含着在女友面前处于尴尬处境的危机。"(黎炜:

《格式塔心理学原理·中文版译序》第5页,浙江教育出版社1997年版)

汉字储存信息的结构场和认知者的心理场之间同样也"不存在一一对应的关系",也会产生视错觉,产生歧解、误解。我们要研究的是,误解中也包含着特定的文化功能。尽管"错觉不会获得与非错觉同样的地位"(《格式塔心理学原理》上册101页),而"错觉"的影响有时也相当深远,其文化意义也不可低估。有一个很著名的例子,就是对"止戈为武"的误解。

公元前597年,春秋五霸之一的楚庄王取得了邲之战的重大胜利。他的臣下建议建筑显示武功的军垒以耀武扬威。楚庄王否定了这个建议,说了一段名言:"夫文,止戈为武。……夫武,禁暴、戢兵、保大、定功、安民、和众、丰财者也,故使子孙无忘其章。"(《左传·宣公十二年》)庄王的意思是,"武"字的结构由"止戈"二字组成。止戈就是制止战争。"战以止战",不是为战而战,这是"武"字的根本含义。许慎的《说文解字》就引楚庄王的话作为正解。宋仁宗皇祐年间,京师举行的一次科考"试止戈为武赋"。在漫长的封建时代,"止戈为武"的结构分析已具有经典性,直到甲骨文出土,人们见到了卜辞中的"武"字,才明确意识到楚庄王的说法不可信。"武"中的"止"乃"四之日举趾"之"趾"的本字,意为"足也",引申为行动之意。在行进中拿着武器(戈),目的是征伐示威,而不是为了制止战争。楚庄王反其意而用之,意在宣扬"战以止战",从而显示自己的武德。

当我们谈论"误解"时,有两点还得交代一下。所谓字形误解,是以我们现今所知道的这个字的早期书写形式作为区分正解或误解的标准,而不是拿后出现的隶体、楷体作为判断标准;二是以字形结构为依据,而不是以字义作为根据,字义基本上是词义问题，词义的误解属于训诂学、词义研究范围，不在讨论之列。字形误解当然是错误的，但不能说错误的东西就没有任何价值可言。学术判断与价值判断不能画等号。从价值判断而言，字形结构的误解可以传达结构以外的文化信息。如：

从误解看意识形态。

这又是众所周知的例子。《韩非子·五蠹》："古者仓颉之作书也，自环者谓之私，背私谓之公。公私之相背也，乃仓颉固已知之矣。"许慎注《说文》依此立说，引韩非的话为证。可甲骨文金文的"公"字下部均从口不从厶，到20世纪韩非"背厶为公"的误解被提了出来，很少有人再相信这一说法了。但如果把韩非的误解作为法家的意识形态来研究，性质就大不一样了，当然不应忽略。从文字学的立场看，"背厶为公"不能成立；从思想史的立场看，这是韩非立论的根据之一。他所谓的"公"自然是指政权垄断者的"公"，而不是平民百姓的"公"。在历史上，在贫富两极对立的社会中，"公"的意识从来都是不公的，什么时候有过真正的事实上的"平分"制度？我不是说"公"的观念没有意义，只是说，"公"不过是一个相对的历史概念而已。

做纯字形学、纯文字学研究，指出"背厶为公"与"公"字结构原形不符，任务即已完成；做汉字文化学研究，即应进一步追问，这样的误解说明了什么，意义是什么。也就是说，纯字形学只研究客体，汉字文化学要研究与此客体相联系的主体认识论。这也可以看出汉字学和汉字文化学的相同点与不同点。

从误解看政治意图。

古代谣谶中的字形离合，往往是有意制造"误解"以表达其政治意图。东汉献帝京师童谣以"千里草"为"董"，"十日卜"

为"卓",二字均属误解。按《说文》"蕫"字为"从艸童声",是一种"似蒲而细"(《尔雅·释草》郭注)的植物,全称为双声联绵字"鼎蕫"。"单呼曰蕫,絫呼曰鼎蕫"(朱骏声语,见《说文通训定声·丰部》33页,中华书局1984年版)。在汉代,"蕫"亦作"董","古童重通用"(段玉裁语,见段注32页)。"重"字可析分为"千里",但这不是文字学上的析分,仍可看作是"误解"。"卓"字,《说文》是"从匕早"会意,段注:"匕,同比,早比之,则高出于后比之者矣。"(385页)此说很勉强。金文"卓"上部既非"卜",亦非"匕",而是从人反身,特立之意,下面的"早"为声符。也有的古文字学家认为卜辞的 、 就是"卓", 为鸟之省形, 为有柄的网,"禽"之初文。"卓"的本义是捕捉飞鸟,当是"罩"之本字。(参阅徐中舒主编《甲骨文字典》914页,四川辞书出版社1990年版)从小篆、甲金文材料分析,均与"十日卜"不符。尽管汉印中已有"卓"的写法,在意义上也与"十日卜"无法契合。但我们不能说童谣的离合是无意义的,其意义在政治不在文字。

从误解看神话思维。

关于"来"、"麦"的误解可以为例。《说文》:"来,周所受瑞麦来麰。一来二缝,象其芒朿之形。天所来也,故为行来之来。"又:"麦,芒谷,秋种厚薶,故谓之麦。麦,金也,金王而生,火王而死。从来,有穗者,从夊(suī)。"

周受瑞麦,是一个很古老的神话。《诗·周颂·思文》:"贻我来牟。"郑《笺》:"武王渡孟津,白鱼跃入于舟,出涘以燎。后五日,火流为乌,五至,以谷俱来。"(《十三经注疏》上,第590页,中华书局)许慎所谓"天所来也,故为行来之来",就受神话思维的影响。“麦”字为何从夊，许慎未明说理由，段注做了补充：“夊，行迟曳夊夊也。从夊者，象其行来之状。”（段注《说文》第231页，上海古籍出版社）这还是依“天所来也”的神话思维作注。

“来”、“麦”二字的形音义问题，台湾学者姚荣松《从来麦的分化试论上古汉语同源词的一种类型》（收入《罗香林教授纪念论文集》第703—728页）已有详尽的很好的分析。文中引张哲的意见云，甲、金文中的來字是“丨象麦茎、个象麦叶，朩其一撇象麦穗，……來其下两乂，象麦之气根，环持其茎而露出地面者。”而麥字是“上部从来，其下为根，合而成一株连根麦的全形。”许慎所谓的“从夊”，原来是麦根之形。许慎释“来”、“麦”深受先入为主的神话观念的支配，故有此误解。而这一误解产生了深远的历史影响。

从误解看迷信思想。

《说文·鬼部》对“鬼”字的解释，部分正确，部分不可信。“人所归为鬼。从儿，甶象鬼头。从厶，鬼阴气贼害，故从厶。䰟，古文从示。”（依段注本）卜辞金文中均有鬼字，都不从厶，金文有[illegible]字，有人认为厶乃凵之讹变，也有人认为厶是声符。不论怎么说，许慎以从厶为“鬼阴气贼害”，属误解。诚如林义光《文源》所言：“鬼害人不得云私。”（卷一，2页，中华书局2012年版）许慎的误解可证汉人对“鬼”的观念已与商周时代不完全一样，对“鬼”的厌恶、恐惧有所加深，敬的成分在减少。段注附和许说：“神阳鬼阴，阳公阴私。”（434页）成语中的“鬼鬼祟祟”，“鬼头鬼脑”，“鬼蜮伎俩”都跟“阴气贼害”的迷信观念有联系。

从误解看古代习俗。

《说文·夫部》:"夫,丈夫也。从大一,一以象簪也。"从卜辞金文中的"夫"字可以证明"一以象簪"乃许氏误解,"一"乃别于"大"之区别性符号,与簪无关。许慎之所以会产生误解,是古代"丈夫"头上也留有长发,而且要有簪子来固定头发或帽子,直到唐代杜甫还说"浑欲不胜簪"(《春望》)。

又如"告"字。许慎说:"牛触人,角著横木,所以告人也。从口从牛。"此说似亦有误。有不少文章讨论了"告"字的结构性质,说法不一。许慎的误解并非全无意义,他告诉我们古代有这样一种习俗,在牛角上缚一横木作为标记,告知人们此牛会触人的,要提高警惕。

从误解看阴阳五行思想。

用阴阳五行思想来解释字形结构,其准确性就大有问题,而许慎很喜欢搞这一套。我们从中可以了解汉代的文化思想背景。下面举一些常用字为例。

四,阴数也,象四分之形。(四部)

按,卜辞表数词的"四"作亖,金文还用亖作四。亖与四实为两个不同的字,四与鼻同字,"鼻"为复辅音声母,在此不详说。四借作数词,所谓"象四分之形"属误解,至于"阴数也"这是汉人的观念。

五,五行也。从二,阴阳在天地间交午也。(五部)

第二章 本体论

段玉裁对"从二"的注释是:"像天地。"(738页)

按,"五"字在陶文、甲骨文中已经出现,"五字之演变,由╳而Ⅹ,再由Ⅹ而Ⅹ,上下均加一横画,以其与乂字之作Ⅹ形者易混也。"(于省吾《甲骨文字释林·释一至十之纪数字》98页,中华书局1979年版)"二"乃区别性符号,并非如段玉裁所言"像天地";至于作╳形,也非如许慎所言象征"阴阳交午",于省吾说:"凡记数字均可积书为之,但积至四画已觉其繁,势不得不化繁为简,于是五字以╳为之。"(同上)

事情并不这么简单,在中国人的观念中,"五"的确是一个很神秘的数字,有所谓"强五"(以"五"为吉数或神数)观念,据有人统计,《尚书》中有35个以"五"组成的缩语,《左传》中有45个以"五"组成的缩语。

20世纪90年代研究文化学的人又对"五"的构形问题做出了新的探索。认为"五"这个符号蕴含着生殖崇拜的内容。赵国华说:"'╳'符号(包括"Σ"和"⋈"),不仅由具象发展为抽象,而且是中国最先发育成熟的一个文字,它即是今日的'五'。"(99页)"⋈形。它实际由左右相对的两个着色三角形鱼头和上下两个对顶的露地三角形组成。"(《生殖崇拜文化论》第97页,中国社会科学出版社1990年版)苏北海说:"原来三角形△在初民心中是代表女性阴户的符号,因而在这里的唇形就具有五条鱼的含义。"(《新疆岩画》第410页,新疆美术摄影出版社1994年版)赵国华说:"半坡先民崇拜鱼类,从深层分析,则是他们将鱼作为女阴的象征,实行生殖崇拜,其目的是祈求人口繁盛。"(107页)"半坡先民将'五'条鱼放置在祭场或祭坛的中央,一方面说明他们有崇尚'中'的观念,一方面又说明他们崇尚'五',将'五'这个数字视为神圣。半坡崇尚'中',大约是因为阴户居于女阴中间,是生儿育女的出口。他们崇尚'五',也有其缘由。……半坡先民也曾经把'五'看作'全部',即看作最大的数,'极数',表示'很多很多'。"(《生殖崇拜文化论》第109页)

我以为从字形学的观点看,还是于省吾的分析切合实际,赵国华、苏北海的分析,当然不失为一家之言;毕竟猜测的成分居多。"五"作为一个神数、吉数,表示"极数",表示"很多很多",这都是对的。但这些含义应是来自"五"这个词语本身,而不是来自于"五"这个字形。作为字形,恐怕跟女人的阴户和鱼和生殖崇拜扯不到一块。正如许慎将×解为"阴阳在天地间交午"一样,不可靠,半坡村人是否已经产生了阴阳五行思想,现在尚无足够的资料可证。

用阴阳五行思想解释字形结构,是许慎的一个重要原则。下面还举两个例子。

⽔(水),准也,北方之行,象众水并流,中有微阳之气也。

段玉裁注:"火,外阳内阴。水,外阴内阳,中画象其阳。云'微阳'者,阳在内也。微犹隐也。水之文与☵卦略同。"(516页)

水字,小篆作⽔,与坎卦☵形近,坎属水,所以段注说"略同"。

卜辞水字⽔、⽔、⽔,构形的基本思路与小篆同,都是用点表示水滴或水波浪花之形,用⎰表示主流之形,与微阳有什么关系呢！我们只能说，许慎的误解表示了一种哲学思想。《周易·说卦》："坎者，水也，正北方之卦也。"许慎对"水"的解说，正是以此为据。古人还不能明确把字形学与哲学加以区分。我们今天认为这是"误解"，而古人认为只有这样解说才算是说到了根上。作为生活在 20 世纪的我们，就应该将字形学中的"水"与哲学中的"水"区分开来，"水"的物质含义与文化含义是有区别的，古人把这种区分混一在字形说解中，我们将这种"混一"再一次分开。这样，既可以理解许慎，又不会像段玉裁那样处处为许慎打圆场。

"禾"是整体象形字，卜辞、金文及小篆无大差异。许慎的解释：

> ※（禾），嘉谷也。二月始生，八月而熟，得时之中，故谓之禾。禾，木也。木王而生，金王而死。从木从※省。※象其穗。
> （盈按：段玉裁删去"从※省※"四字，认为乃"浅人"所"增"，"不通"。）

禾字的上部像穗与叶，中间的一直像茎，下部像气根，形象很清楚。许慎为何说"从木从※省"呢？从木，是为了要引出"木王而生，金王而死"的道理。木代表春，金代表秋，春种秋收的过程，是金克木的过程。与禾属木相反，许慎说麦属金，"金王而生，火王而死"。冬种夏收，是火克金。

许慎的"心物场"是汉代文化背景的产物，深受五行相生相克哲学的影响。他对《说文》许多字形的误解，从字形学的观点看，不仅无益，而且有害；若从文化学的观点看，从研究汉代社会风尚文化心理的观点看，那就要又当别论了。

我在这里大谈字形误解的文化功能，是否有人会疑心我是在为误解辩护甚至于是鼓励提倡"误解"呢？我想不会吧。如果要那样想，那就是"误解"中之"误解"了。

我们举的例子几乎全是许慎的。一则他名气大，影响大；再则他的误解距今差不多已有两千年，时代背景文化心理很古，"心物场"也很古，值得我们去认识，去研究，这是"汉字文化学"应该做的事。王安石以来的误解尤其是现代人的误解，根据的是楷体，其价值就差得远了，也可以说谈不上有什么价值。如有一本揭示汉字之谜的书，对"活"字的解说是：

> 活字是一个非常非常有用的汉字。它表示'舌'在'氵'（水）中。很少人知道舌头是全日浸泡在水（唾液）中，应用它说话、食物，是动得最灵活的器官之一。该字的发音 huó 也是一种不断流水的声音。

（《解开汉字之谜》上册，174页，（香港）瑞福有限公司1990年第二版）

凡是翻阅过《说文》的人都知道，"活"字并不是从"舌"。

> 活，水流声。从水昏声。浯或从甛。
>
> （《说文》卷十一上，229页）

段玉裁在《说文·口部》："昏（kuò）"字下注云："凡昏声字隶

变皆为舌,如'括''刮'之类。"(61页)误解者当然也是研究过《说文》的,所以才知道"活也是一种不断流水的声音"。但为什么置"昏声"于不顾,而要以隶变为"舌"立论,大概是有意误解吧,这也无可厚非。

汉字的好处就是有相当大的宽容性,使得误解可以通行无碍。无奈历史却不怎么宽容,一切妄解均将被淘汰,王安石的《字说》就是一证(《字说》也有可取之处)。不知今之误解者以为如何?

六、字形空间配置的文化精神

汉字形体的本质是空间性的。笔画的空间配置,字与字之间的空间配置,均能体现一定的思想原则,文化精神。

中庸精神。

一个汉字有如一个方阵,其内部结体要不偏不倚,四平八稳,均匀方正。

蔡邕《九势》:"凡落笔结字,上皆覆下,下以承上,使其形势递相映带,无使势背。"(《汉魏六朝书画论》第45页,湖南美术出版社1997年版)

欧阳询《八诀》:"分间布白,勿令偏侧。……四面停匀,八边具备,短长合度,粗细折中。……不可头轻尾重,无令左短右长,斜正如人,上称下载,东映西带,气宇融和。"(《初唐书论》第3页,湖南美术出版社1997年版)

这是书法家的书写理论,而这个理论的物质基础就因为汉字的配置是空间性的。笔画多的字与笔画少的字所占的空间相同,一字一格，上下左右，行距相等，秩序井然，所以今人把写文章称之为"爬格子"。文章一完，字数就出来了。

和而不同的精神。

拼音文字的形体，一眼望去，都是一个样，很难一眼就捉住每个书写单位的特点个性，也实在说不上有什么特点个性。千篇一律、千词一面，几十个字母反复结合在一条水平线上，空间为流线型，长短不齐，难拘一"格"。汉字的面貌则大不一样，它的基本点画也很有限，可部件较多，每个字都有自己的特点个性。对于读者来说，常常是一目十行，呼之欲出；对于写家来说，可以在有限的空间、有限的点画之中，翻出无限的新花样。著名的例子如王羲之，"随字变转。谓如《兰亭》'岁'字一笔作垂露，其上'年'字则变悬针，又其间一十八个'之'字，各别有体。"（张怀瓘：《论用笔十法》，见《张怀瓘书论》第269页，湖南美术出版社1997年版）盈按：垂露、悬针，均为竖画用笔的一种方法。垂露指竖画尾端向上收缩，形如露珠。悬针指尾端有锋如针之悬。所谓"随字变转"，"各别有体"，正是书家充分利用了汉字结构中蕴藏着的和而不同的精神。

天人合一的精神。

这一点古人已有很多论述。《说文·叙》一开篇讲的就是这个理。所谓"仰则观象于天，俯则观法于地，视鸟兽之文与地理之宜，近取诸身，远取诸物"，其中就包含着天人合一的精神。汉字形体结构的创造立足于以自然为参照系，后来的汉字理论也始终不离这一根本原则。蔡邕《九势》："夫书肇于自然，自然既立，阴阳生矣，阴阳既生，形势出矣。"（《汉魏六朝书画论》第45页）又在《笔论》中说：

> 为书之体，须入其形。若坐若行，若飞若动，若往若来，若卧若起，若虫食木叶，若利剑长戈，若强弓硬矢，若水火，若云雾，若日月。纵横有可象者，方得谓之书矣。
>
> （《汉魏六朝书画论》第43页）

一点一画一笔一字，都要有物"可象"，可证汉字形体与自然之间的关系是何等密切。主体与客体的高度结合，是汉字形体的根本精神。

第九节 汉字音读的文化功能

一种比较成熟的文字，都必须具备形音义三要素。作为一个"字"，首先要有形，不论是什么形，有形可视，才能察而见义。拼音文字的形由几十个字母组成，它的读音是由字母与字母之间按一定音值按一定规律拼出来的，字母本身有表音功能。汉字有点画，点画之间不存在拼音关系，因为点画只起构形作用，不起音读作用。点画自身往往也是有音的，一旦进入整字，它的音读就随之消失。整字中的点画与独立为字的点画，形体虽同，性质不同。如：

"丶。有所绝止，丶而识之也。"（《说文·丶部》）知庾切（zhǔ）。

"丨。上下通也。"(《说文·丨部》)古本切（gǔn）。

"丿。右戾也。象ナ引之形。"(《说文·丿部》)匹蔑切（piě）。

"亅。钩逆者谓之亅。"(《说文·亅部》衢月切（jué）。

汉字的部件，有表音的，也有不表音的。形符不表音，声符表音。如"神"，形符"示"虽有自己的读音，而在"神"字中只表意，无音读功能，表音的是"申"。作为声符的"申"，它的表音功能也不是拼出来的，而是造此字时约定俗成的。所以，一旦字音失传，这个字就会成为有形（也可能知其义）的"哑巴字"。卜辞中有一定数量的字，能识其形，有的还能判断是人名或地名或其他事物的名称，只因此字不见于《说文》或其他字书，以致音读失据，成了"哑巴字"。这类"哑巴字"谁也无法给它再造出一个音来，也无法按照音变规律或从形体内部找出某种证据来确定其音值。

作为拼音字母，形体完全符号化，数量极少，作用单一，我们不能说拼音文字的形体有特定的文化含义。汉字由于表音具有一定的复杂性，所以某些字在音读层面也往往有特定文化含义。

一、声符的文化功能

声符有二重性，既表音，又表义。有的声符原本就是象形字，由于语义分化，才加一偏旁，表示字形的分化，而音的联系还是存在的。"神"以"申"为声符。二字在现代汉语中均读 shen，只有阴平、阳平之别。这里要说明的是，当我们说"申"是"神"的声符时，根本不是以现代的读音为据，尽管二字均音 shen，声母、主元音、韵尾全同，这是语音演变的结果。结果可以作为参照，不可以作为历史根据。也不可以拿中古的读音为据，在中古"申"为失人切，属审母三等真韵字，"神"为食邻切，属床母三等真韵字，二字声母的发音部位相同，方法有别，"申"为擦音，"神"为塞擦音，如何能构成谐声关系呢？再往上推，问题就复杂了，至今还没有一套大家都认可的处理原则，因为上古无韵书可依，解决的方案就不一致了。按黄侃的十九纽，床三归定，李方桂也是这么处理的，他对"神"字的拟音为：*djin。至于审三，黄侃说："此亦透之变声。"(《音论》，见《黄侃国学文集》65页，中华书局2006年版）李方桂说："除去有些审母三等是从上古 *hnj- 来的，前面已经说过，其余大部分是跟舌尖塞音谐声的。在近代方言中往往有吐气塞擦音的又读，这类字似乎可以认为是从上古 sth + j- 来的。"故他对"申"的拟音为 *sthjin。(《上古音研究》第25页、66页，商务印书馆1980年版）周祖谟的处理意见不同。他说"陳从申声，申古读当如陳。……陳澄母字，古读定母。申又读如田，……申田亦声近字也。申古又与重通用。"(《问学集》上册，第126页）重亦定母字。如遵周说，则"申"为定母，与"神"一样，均为舌尖前不送气浊塞音，这在《诗经》时代或许是可信的。而在卜辞中，"申"与"电"同字，尚未分化；"神"字亦未产生，在金文中还有以"申"为"神"的，即金文中的"神"字有不从"示"的、有从"示"的两种。"申"、"神"均是从"电"分化出来的，"申"是"电"之初文，加雨字头的"电"也是金文时代分化出来的。"电"、"申"、"神"三字同源，字形分化，是由于语音分化。我在《商代复辅音声母》(收入《音韵丛稿》，商务印书馆2002年版）中将

"申"、"电"的声母拟为复辅音 sd-，现在看来，仍然是较为可信的一种意见。我举这个例子的本意是要说明三个道理。一是谈谐声字的声音关系时，应力求大体上确定其时代背景，不应拿中古音作为根据，更不应拿现代语音作为根据，就是拿上古音作为依据，也要尽量区分殷商时代的音与两周时代的音。音的时代问题不确定，我们怎么分析其音读的文化功能呢？二是谈主谐字与被谐字的意义关系时，必须将主谐字的原形原义搞清楚，如果不断定"申"原本像闪电之形，怎么能说清它和"神"在文化上有联系呢？闪电是神秘莫测的，电火闪烁之形，耀眼神速，古人由此而想到神灵。许慎对"神"的释义是："天神，引出万物者也。"他虽然没有明确"天神"与闪电的关系，已有那么一点意思在其中了。电闪雷鸣，春天来了，雷电使空气中产生氮化物，可以肥田，有利于植物生长，古人不明乎此，以为雷电是天神，可以"引出万物"。许慎用一"引"字，因为"引"与"申"、"神"构成声训关系，"引"属喻四真部字，喻四的一些字与定母有关。三是"申"、"神"的关系还可说明，即使是在形声字中也有神话思维的影响，当然不是全部。

以上三条说的是原则，也是方法。一言以蔽之，声符中存在文化因子。段玉裁说："声与义同原，故谐声之偏旁多与字义相近，此会意、形声两兼之字致多也。《说文》或称其会意，略其形声；或称其形声，略其会意。虽则省文，实欲互见。不知此则声与义隔，又或如宋人《字说》，只有会意，别无形声，其失均诬矣。"（《说文解字注》第 2 页，"禛"字注，上海古籍出版社 1981 年版）这条注文是段氏对形声字的一个总体看法，抓住了形声字的本质

第二章 本体论

特点，具有发凡起例的性质。从现代语言文字学观点来看，"声与义同原"是语言问题，不仅汉语中有"声义同原"的事实，别的语言中同样有"声义同原"的问题，故此研究同源词才有可能。段氏讲的第二句话就是文字问题了，谐声字的偏旁与字义相近，会意兼谐声之字致多，这是古汉字一个带有根本意义的特点。"神"字就是会意兼形声，许慎只说"从示申声"，这是"称其形声，略其会意"，若不"省文"，则应如此表述："从示从申，申亦声。"如"吏，治人者也。从一从史，史亦声。""史"、"吏"同源，音近义相关。段注："凡言亦声者，会意兼形声也。"（《说文解字注》第1页）也有"称其会意，略其形声"的，如"祫，大合祭先祖亲疏远近也。从示合。"段注："会意。不云'合亦声'者，省文，重会意也。"（《说文解字注》第6页）祫音侯夹切，合音侯阁切，均为匣母缉部，段云"合亦声"，"祫"乃"会意兼形声也"。不明白这种"互见"的体例，"则声与义隔"，这既不是语言本身的问题，也不是字形结构的问题，而是主体认识论的问题。王安石之徒根本不知"因声求义"，只用会意法解字，结果弄出一些笑话来。

我们谈"声符的文化功能"，严格局限在文字层面，即通过字形表现声音这个层面，就不会闯入语言学所说的同源词范围（"同源词"不等于"同源字"。同源字研究的是字族，受形体限制，同源词不为字形所限，二者有重合之处。"申"与"神"既是同源字，又是同源词）从而为他人作嫁衣裳了。话虽这么说，实际操作过程中，还会遇到很多困难。

声符的文化心理是什么。

《说文》心部有个"恥"字,从心耳声。"恥"与"耳"均属之部,为叠韵关系,"恥"中古为彻母,上古为透母,跟属日母的"耳"如何联系?以"妥"与"绥"的关系为例。妥为绥之本字,妥属透母,绥有"耳佳反"一音,属日母,我在《商代复辅音声母》中以妥绥同源,将其声母拟为 sn-,这个构拟也可以运用于"耳"、"恥"。这样,我们已经从音韵层面解释清了"恥"为何从耳得声,第二个问题就提出来了,耳朵跟"恥,辱也"有什么关系?也就是说,以耳为恥的声符,除了音理为据之外还有无义理为据?如果有理据,理据又是什么?

对此做过深入研究的是游顺钊,他的意见值得一提:

"耳"这个成分是否如许慎所说,只有声而没有义的作用。他把"耳"作为"恥"的声来处理,甚至连"从耳亦声"也不说,这表明他不重视甚至没有注意到"耳"和"恥"在字源上的密切关系。假如我们从态势角度去探讨这个字,我们就会发现这个"耳朵"后面隐藏着汉民族一个古老的手势。

在我国南北方都可以看到人们、特别是妇女们,对孩子(或者是孩子们间)一边用食指在脸颊上向前轻轻擦两三下,一边说取笑对方不怕羞的话。……这个手势所嘲弄的是那些给人家看穿了说谎时的那种尴尬和惭愧。同样的手势也存在于中国邻近的国家……

大概在刵刑流行的年代,"指耳朵"这个手势应是个儆诫别人不要做羞耻的行为的一个讯号,而不是个戏弄对方的等

第二章 本体论

闲比划。它表示的是"小心你的耳朵",而不是"看,你的耳朵都红了"。

(《六个古汉字背后的传统手势》,《视觉语言学论集》中译本第 154、155 页,语文出版社 1994 年版)

游顺钊举这个例子的目的"是想通过汉字来获得具有特殊意义的规约手势及体态的信息"。他的分析过分强调了这一点,但对我们很有启发。"恥"之所以从"耳",不能说与心理无关,"一点红从耳根升起",这是羞恥之心与"耳"的关系。割掉耳朵使人受辱,也是"恥"从"耳"的原因,下面举两个军战割耳的字为证。《说文·又部》:"取,捕取也,从又耳。《周礼》:'获者取左耳。'《司马法》曰:'载献聝。'聝者,耳也。"《说文·耳部》:"聝(guó),军战断耳也。《春秋传》曰:'以为俘聝'。"盈按:《左传·成公三年》作"馘"。段注引《诗·大雅》毛传曰:"馘,获也。不服者杀而献其左耳曰馘。"(592 页)战士被割掉了耳朵,意味着吃了败仗,个人、军队、国家能不感到羞恥!

在游顺钊以前,似乎无人指出"恥"中之耳为亦声,他把这个问题提了出来,有助于认识"恥"的文化内涵。"恥"后来演变为"耻",古人没有用"止"取代"耳",而是取代了"心",足见"耳"在"恥"的构成中处于很重要的地位。"止"才是单纯的声符。《集韵·止韵》"恥"的异体作"誀",用"言"取代"心",不是取代"耳"。

声符用假借字的问题。

如果声符用的是假借字,只有求出本字才能确定其真实的含义。如："禄"训"福也"。从示录声。录与禄在意义上毫无联系。有人指出，"录"应是"鹿"的假借字，禄从鹿得义，鹿在古代为吉祥物，这个说法是对的。"麖"字"从鹿省，吉礼以鹿皮为挚"（《说文·心部》，"麖"字条），也可证鹿为喜庆吉祥之物。

《说文·示部》"祼"（guàn）字从果得声，"果"与"祼"在意义上也毫无联系，原来"果"是"灌"的假借字。祼为"灌祭也"，祭祀时将鬯酒灌注于地以降神。在语音上果、灌双声，阴阳对转。

声符假借字的判断，第一步要有古音为据，或是音同（如录与鹿），或是音近（如果与灌）。第二步是判断谐声字与被谐字在意义上确有联系。这两个条件不同时具备，不可轻言假借。

亦声是否表声的问题。

古音是相当复杂的，尤其是先秦古音。现在的各种古音系统虽然韵部基础比较牢靠，声母也有大体上的规模，但面对某些复杂的疑难问题，要找到满意的答案，还是很棘手的。

《说文》"息"字从心从自，自亦声。各本均如此。但段玉裁将"自亦声"删掉了。理由是"息"在一部，"自声在十五部，非其声类。此与'思'下'囟声'，皆不知韵理者所为也。"（段注《说文》502页）"息"为何从自得声，现在还没有统一的解释，不过可以肯定地说，段玉裁将"自亦声"删去，实属过分相信自己的十七部，有些古音现象是十七部解释不了的。我在这里只提出问题，以引起注意。

声符是否会意的问题。

《说文·木部》"栅"字，大徐本作"编树木也。从木从册，册示声",为会意兼形声。小徐本作"从木册声",以册声为无义,段注亦从小徐。王筠说:"小徐只云册声,段氏亦然,盖谓'册'意不协也。不知此乃象其形而从之也。册便栅形,此正古人妙处,不得拘墟以说之。"(《说文释例》卷三,第226页,万有文库本)我赞同王说。这种现象也是研究声符文化功能时应当留心的。

省声会意的问题。

有些字的声符本来是有意义的,由于声符的形体有省略,不容易看出其意义所在,《说文》因此特意说明"×省声"。如"梳,所以理发也。从木疏省声。"(依段注本,258页)所谓"疏省声",就是以"疏"作为声符,但省去了"疏"字的左旁声符"疋"。段注:"疏,通也。形声包会意。"(258页)"疏"、"延"、"匜"、"梳"均从疋得声,均有"通也"的意思。值得注意的是《说文》中有相当数量的所谓"省声",其实不是省声,详说可参阅拙文《〈说文〉省声研究》。(《语文研究》1991年第1期,收入《语言丛稿》,商务印书馆2006年版)

并不是所有的声符都表义,大批后起的形声字往往与义无关;也不是所有能表义的声符都有文化层面上的含义。《说文·鬲部》有三个"鬲"字,作"鬲"的为象形,像鼎而空足。或体作"甋",加瓦旁以表义类,鬲属于陶质器皿,以火烧制而成。与"鬲"相比,"甋"所提供的文化信息显然有所增加,在"甋"字中,"鬲"既是义符又是声符。这个声符来自象形,怎能不表义呢。还有一个或体,"从瓦厤声",写作"甅",音义完全相同,所不同者"厤声"不表义了,厤是一个只表音的声符,与声符"鬲"性质不同。

还有少量声符在隶变过程中出现讹误，也影响后人对其音义的认识。如《说文·殺部》："殺，从殳杀声。"大徐注："《说文》无'杀'字，相传音察，未知所出。"段注引"张参曰：杀，古殺字。"沈兼士作《肴、殺、祭古语同原考》，论证"殺之语根为肴"。（《沈兼士学术论文集》第223页）《说文》殺之古文作𣪩（段注："按此盖即杀字转写讹变耳"），与甲骨文肴字同。杀声即肴声，这也是以象形为后起字之声符，故肴殺同源。

一组同源字，总有共同的文化背景。根据声符研究同源字，虽有形体的局限，却能给文化史的研究提供丰富的资料。字族研究与词族研究的区别也在于此。字族研究必须要以字形为据，词族研究是以语言为据，二者又是密切相关的。

二、声训的文化功能

声训主要是语言问题，但有些声训却必须借助文字形体的作用才能表现其音义之间的联系。

训释字与被训释字为谐声关系。

《论语·颜渊》："政者，正也。"政字从攴从正，正亦声。

《释名·释长幼》："嫂，叟也。叟，老者称也。"段玉裁《说文》"嫂"字注："嫂犹叟也。……形声中有会意也。"（615页，616页）

《说文·示部》："禛，以真受福也。从示真声。"段注："此亦当云从示从真，真亦声。"（2页）

以上三例均训释字为声符，被训释字为谐声字。也有相反的情况，训释字为谐声字，被训释字为声符。

《释名·释形体》:"皮,被也,被覆体也。"

《释名·释天》:"冬,终也。物终成也。"

《白虎通·号》:"谓之尧者何?尧犹峣峣也,至高之皃。"

训释字与被训释字音同形不同。

《礼记·中庸》:"仁者,人也。"

"人"、"仁"古今均是同音字,用拼音写出来都是 rén。"rén 者,rén 也。"就会使人误以为是同字相训,跟"彻者,彻也"(《孟子·滕文公上》)的性质一样。面对这种同音语素,拼音文字无能为力,汉字却可以起到区分作用。

训释字与被训释字同形不同音。

《礼记·祭统》:"及时将祭,君子乃齊。齊之为言齊也,齊不齊以致齊者也。"第一、二"齊"字应读 zhāi,后来写作"齋"字,意为斋戒。《说文·示部》:"齋,从示,齊省声。"段注:"谓减'齊之二画'使其字不繁重也。"(3页)在古文字中,齐原本作𠆢,不必言"省声"。斋与齐二字在形体有关,音义小别,可证佛教传入之前本土人所说的斋与佛教所说的斋内容不全同。本土所说的斋从齐取义,重在心身整齐,专一不二,"然后可以交于神明"。《实用文言词典》"斋"字条的"备考"对此有较为详细的辨析:

> 斋与戒为同义关系。《庄子·达生》:"十(应为"七"字,见拙文《〈庄子〉札记》)日戒,三日齐(斋)。"《史记·淮阴侯列传》:"择良日,斋戒。"上古所谓的斋与佛教所提倡的吃

斋不完全一样。《论语·乡党》:"斋必变食。"《周礼·天官·膳夫》:"王斋,日三举。"在平常,每天只杀一次牲作为王者的肴馔,而斋戒时,朝食、日中、夕食都要杀牲供馔,以保持肉食的新鲜。朱骏声说:"古人祭祀行礼,委曲烦重,非强有力者弗能胜,三日之先杀牲盛馔者,所以增益其精神。'致斋'内寝,'散斋'外寝者,所以专壹其意志。且凡敬其事则盛其礼,故斋之馔必加于常时也。"(《说文通训定声·履部》"斋"字注)可见上古不仅斋戒吃肉,且盛馔超过平常。

(何九盈、李学敏:《实用文言词典》第 688—689 页,
广东教育出版社 1994 年版)

同一个"斋"字,由于文化背景不同,涵义就很不一样,而"斋"以"齐"为声训,沟通了二者在形、音、义三方面的关系,其中形是主要的,义寄于形,音亦寓于形。在汉字文化研究中,谈声训的文化功能,还是要以字形为出发点,以字形为归宿,与语言学的研究方法有所区别。

三、别字对文化的影响

何谓别字?《现代汉语词典》的定义是:

①写错或读错的字,比如把'包子'写成'饱子',是写别字;把'破绽'的'绽'(zhàn)读成定,是读别字。也说白字。②别号。

我们这里只取义项①。无论"写错"还是"读错",归根结底都是音的问题。按理说,别字对文化的影响总是负面的,任何一个时代任何一个人都不会提倡写别字读别字。"别字先生"历来都是嘲讽批评的对象。把"破绽"的"绽"读成"定",古人称之为"秀才读字认半边"。这"半边"是指声符。这方面的例子不少。

酗(xù)从凶声,误读"酗酒"为 xiōng 酒。
诣(yì)从旨声,误读"造诣"为造 zhǐ。
楔(xiē)从契声,误读"楔子"为 qì 子。
偿(cháng)从赏声,误读"赔偿"为赔 shǎng。
嫔(pín)从宾声,误读"嫔妃"为 bīn 妃。
瞠(chēng)从堂声,误读"瞠目"为 táng 目。
禊(xì)从契声,误读"修禊"为修 qì。
邶(bèi)从北声,误读"邶风"为 běi 风。
愎(bì)从复声,误读"刚愎"为刚 fù。
牝(pìn)从匕声,误读"牝鸡"为 bǐ 鸡。
讦(jié)从干声,误读"告讦"为告 gān。
郐(kuài)从会声,误读"郐下"为 huì 下。
窠(kē)从果声,误读"窠臼"为 guǒ 臼。
粳(jīng)从更声,误读"粳稻"为 gèng 稻。

字形近似也是造成误读的一个重要原因。如:

读"笺(jiān)注"为"zhàn(栈)注"。

读"遏（è）制"为"jiē（揭）制"。
读"剌（là）谬"为"cì（刺）谬"。
读"膏肓（huāng）"为"膏máng（盲）"。
读"疆埸（yì）"为"疆chǎng（场）"。
读"荼（tú）苦"为"chá（茶）苦"。
读"涪（fú）陵"为"péi（陪）陵"。
读"悭（qiān）吝"为"kēng（铿）吝"。
读"草菅（jiān）"为"草guān（官）"。
读"作祟（suì）"为"作chóng（崇）"。
读"亘（gèn）古"为"yuán（垣）古"。

一字多音，是造成误读的另一个重要原因。我们随意从《新华字典》找了 H 这个声母进行调查，计有字头 400 个（重出者不计），一字两读的有 50 个，三读的有 5 个，五读的 1 个，合计 56 个，另有 5 个字注明有古读，总计一字多音的为 61 个，占 15%。

宋人编的《类篇》把又音叫作"重音"；我们抽查了几个部，"重音"的比例都很高。示部有 164 个字头（不计重文），有重音的字头有 61 个，占 37%。立部有字头 50 个，有重音的字头有 17 个，占 34%。田部有 77 个字头，有重音的字头 31 个，占 40%。估计有重音的字在全书各部占百分之三四十左右，其中有的一字两读，有的三读、四读、五读、六读。

据赵振铎研究，《广韵》的又读字如果单就字头统计，有 4 294 个，占字头总数 25 329 个的 17%。《广韵》具有正音性质，以实用为目的，所收又音材料当有所选择。《类篇》具有纂集性质，故备载重音。又音的价值当然不可一概而论，有的只有考古价值，有的存留在当时的口语或读书音中，有的至今还有生命力。

汉字又音多，造成了读者的负担，增加了误读的可能性。如"华"字《类篇》有三个反切：胡瓜切（huá），呼瓜切（huā），胡化切（huà）。这三个音都保存下来了，只不过"华"读huā，从北朝开始俗作"花"。读huà有两个义项：姓；华山。这个音常常误读为huá。另外，作为姓氏的"查"（zhā）往往误读为chá，作为姓氏的"盖"（gě）往往误读为gài。"忾"字有三个读音：许既切（xì），许讫切（qì），苦爱切（kài）。在"同仇敌忾"这个成语中只能读kài，常常误读为qì。一则是读"半边"，再则是的确有许讫切一读。

不论在什么样的情况下，读别字总有主体认识论上的原因，或者是文化修养不高，或者是记忆有误，或者是对待读音不严肃认真，漫不经心。但汉字形体有误导作用，不能不说是汉字形体自身有缺点，汉字音读的负面影响是与其正面功能相对而存在的。

应当如何看待这种负面影响，赵元任至少在两个地方谈了他自己的看法。50年代末在《语言问题》第八讲"何谓正音"中说："有时候错了，将错就错，错了几百年，没法子改了，就是错了几十年也很难改，就成了'习非成是'的局面了。你要改了反而觉得太怪了。还有一个趋向呐，就是凡是一个字虽然有几读、有几个反切，现在因为意思不同，或者文法上用处不同，应该有几读,而事实上有一个很强的趋向:凡是一个方块儿字都给它一个念法儿,不管是合是分。这两个倾向都是很强的。"(119页)同时赵元任也指出:"这个是所谓'习非成是',既成事实,你没法子不承认的。可是有时候还没到这局面,你也不必提早来鼓励错误的说法。"(124页,商务印书馆1980年版)

1961年,在另一次演说中他又一次强调了类似的观点。

> 只有闭眼不看语言演变的事实才能守住旧传统始终不变的错误观念。语言是在变的:或者通过语音规律有规则地进行,或者是通过方言间的借用不规则地进行,或者是因为有意识地立出新的规范,或者是在不知不觉之中因为错误的读法或对文献的误释。演变的最大的社会力量之一是中国人所说的'习非成是'。错两次固然变不成正确,但是次数多了,什么错误都会变成正确。
>
> (《什么是正确的汉语?》,见"清华文丛之四"《中国现代语言学的开拓和发展——赵元任语言学论文选》第134页)

赵元任讲了音读演变的四个原因,最后一个原因是文字问题,即读别字的问题,这是汉字对音读的反作用。在这次演说中,他又讲到"一字一音"的问题:

> 脱离传统标准的最重要因素是"一字一音"的趋势。……如果一个字有两种读法,其一是常常听到的,另一个只在书面

第二章 本体论

上见到,那么,中等文化程度的人,由于从来没有听到过这第二种发音,就会随便读一个音,从而走上一字一音这一趋势的轨道(135页)。

他举的例子有"滑稽"的"滑"过去认为正确的读音是 gǔ,但由于"光滑"的"滑" huá 是这个字的最常用的读音,它代替了 gǔ。现在如果有人读 gǔjī,那就真有点 huájī 了。还有,"凶暴"的"暴"念 bào,"暴露"的"暴"念 pù,现在一律读 bào 了。我们还可以举一个例子"葉公好龙"的"葉"(今简化为"叶")以及河南省的葉县,本应读 shè,现在一律读 yè 了。还有些多音字读音的合并虽未得到正式认可,但势力相当大。如"任"有 rèn 及 rén 两读,作为姓氏本应读 rén,而口语中尤其是南方方言区的人误读为 rèn 的相当多。也有的字,因形近误读,有被认可的趋势。"证券"的"券",去愿切,念 quàn,形近"书卷"的"卷",误读为 juàn,《新华字典》(1990 年重排本)"券"字以 quàn 为正音,括号中注明:"俗读 juàn"。这已经有半认可的意思。至于 juàn 是否会彻底取代 quàn,三五十年之后就可见分晓了。"券"用作"拱券"的意思读 xuàn,在这个意义上又音 quàn,显然是受去愿切的影响。这个例子颇有意思,quàn 误读作 juàn,而 xuàn 又误读为 quàn。将来有一天,恐怕"券"字只会有一音,即 juàn。由字形相近而引起字音的同化,说明字形与字音之间也存在辩证关系。从理论上来说,正确与错误也是辩证的。赵元任说:"错误积多了就变成正确,那么要积多少错误才够呢?这条线划在哪里呢?受教育不多的人的发音是否跟权威们的见解享有同样的表决权呢？"他列举"破绽（zhàn）"误读"破dìng（定）"、"别墅（shù）"误读"别yě（野）"、"斡（wò）旋"误读"gàn（幹）旋"、"针灸（jiǔ）"误读"针zhì（炙）"等例子之后说，"这些虽然都是明显的误读，但前途如何，未可预料。要是'针炙学'最后竟然压倒了正确的'针灸学'，怎么办呢？对于这种结局，科学上惟一可做的事情就是报道事实。比方可以这么说：'在二十世纪的上半世纪，由于误读的结果，"针灸学"常被误读成"针炙学"。到了后半世纪，"针灸学"的说法已经过时，这门学问叫"针炙学"了'。"至于受教育不多的人的发音，同样具有权威性。如果在他们的方言里，"破绽"一直就被读成"破定"，"这就没有探讨的余地了。因为对于事实，发音人是最后权威，关于发音人语言中的事实，你是无权跟他争辩的。"（《什么是正确的汉语？》，见《赵元任语言学论文选》第137页，清华大学出版社1992年版）

　　如果说，误读是文字误导了语言；那么，误写就是语言误导了文字。二者都是在正确与错误之间进行选择，选择的结果，往往"习非成是"，回归到"约定俗成"这条根本原则上来，没有一成不变的文化符号。

　　由错写而造成的别字古人叫通假字，字可以通假，是由音同音近造成的。一般而言，文本中的通假字，由于上下文的制约，不会改变词语的意思，比较容易识别。而某些特殊名词、专有名词的误写往往是由于先有语词的误解而引起的，由误解所产生的文化后果与语词原意完全脱节。下面讲一些常见的例子。

　　地名用字的误写。

唐代长安城东南曲江附近有一个地方叫"蝦蟆陵"。白居易《琵琶行》："自言本是京城女，家在蝦蟆陵下住。"据李肇《唐国史补》卷下记载，所谓"蝦蟆陵"原本是"下马陵"。"旧说，董仲舒墓门，人过皆下马，故谓之下马陵，后语讹为蝦蟆陵。"（《唐国史补》第59页，古典文学出版社1957年版）明朝胡震亨《唐音癸籤》卷十六也有记载："蝦蟆陵，唐人屡用入诗。……其地在长安城东南，与曲江近，为妓女及名酒所出之处。《长安志》曰：常乐坊内家东有大塚，俗呼为蝦蟆陵，曲中出美酒，长安称之，相传是董仲舒墓，门人至此下马，故名。一云：汉武幸芙蓉园，至此下马，谚讹为蝦蟆陵矣。"（《唐音癸籤》第144页，中华书局1959年版）此类情况几乎到处都有。如北京海淀镇的"老胡同"误作"老虎洞"。

也有的地名用字不是无意误写，而是有意改用。如宋代临安有个"石乌龟巷"，可能是宋以后乌龟之名不雅，于是改为"十五魁巷"。（《两般秋雨庵随笔》下，第71页，上海新文化书社，民国二十三年版）北京海淀的"中官（太监）坟"于20世纪50年代初改名为"中关村"。（《北京街巷名称史话》第330页，北京语言文化大学出版社1997年版）又如北京改狗尾巴胡同为高义伯胡同，改打劫巷为大吉巷，改罗锅巷为锣鼓巷。（《北京的胡同》第98页，北京燕山出版社1992年版）

地名文化也是汉字文化学的研究对象，内容丰富，从中可以探讨历史背景、文化心理、语言演变等多方面的信息。这个领域应有专书来进行研究。

神名用字的误写。

有些人名、地名原本与神灵无关，经过民间穿凿附会，就造出了各色各样的神。这类造神活动，都要经过文字上的转换，即把本字改为别字。清代梁绍壬《两般秋雨庵随笔》（上）"世俗诞妄"条载："温州有土地，杜十姨无夫，五髭须相公无妇，于是合而一，则杜拾遗（杜甫）、伍子胥也。……世俗诞妄，真是匪夷所思。"（13页，上海新文化书社，民国二十三年版）欧阳修《归田录》卷二："世俗传讹，惟祠庙之名为甚。今都城西崇化坊显圣寺者，本名蒲池寺，周氏显德中增广之，更名显圣，而俚俗多道其旧名，今转为菩提寺矣。江南有大、小孤山，在江水中嶷然独立，而世俗转'孤'为'姑'，江侧有一石矶谓之澎浪矶，遂转为彭郎矶。云'彭郎者，小姑壻也。'余尝过小孤山，庙像乃一妇人，而敕额为'圣母'庙，岂止俚俗之缪哉！"（《归田录》卷二，第35页，中华书局1981年版）由"蒲池"转名为"菩提"，从语音上看顺理成章，蒲菩音同，提为定母，池的古音原本也为定母，宋代支齐同部，主元音同。"菩提"本为佛教用语，以之名"寺"，同样顺理成章。至于"大姑"、"小姑"神的问题，据南宋吴曾《能改斋漫录》记载的资料称，南唐时，彭泽镇就向祠部申请"改神仪"，祠部也允许"去妇人位，立山神庙兒"，"今下民讹言，穿凿浮伪，作为淫祀，何所尚哉！"可是，虽说"南唐已尝讨论改正，至本朝因循既久，又复妇人像，而敕额至以'圣母'为称，其卤莽曾不若南唐也。"（《能改斋漫录》上，卷五，第112页，中华书局1960年版）"下民"习非成是，将错就错，如此敬重他们的"大姑"、"小姑"神，不理会政府的干预，此中必有原因，也可能是

"仁慈"的圣母比之"山神"更能替下民消灾消难吧。迷信思想,习惯势力,是没有逻辑可言的。

念别字、写别字,对文化发展当然不利。但只要汉字存在一天,别字问题就会存在一天。而且时间一久,正误之分,是非难辨。张恨水写过一篇文章《让他一生不识太行山》,说是"从前有个笑话,两个轿夫与一个商人同过大行山。商人说是太杭山,轿夫说是大行(原注:读本音)山,争论不决。商人以二百文赌输赢,请教于坐轿者。坐轿者也将大行两字读本音,于是说太杭的商人输了二百文。到了目的地,输者不服,再问坐轿人,'究竟是什么?'他说:'是太杭山'。'那么,你为什么说他对了?''你好呆,你输了二百文,让这小子一辈子不识太杭山,你看是谁合算?'于是商人笑了。"(《张恨水文集·散文》第316页,华中师范大学出版社1997年版。原载1943年8月16日重庆《新民报》)笑话归笑话,问题归问题。坐轿者认为"行"字的"本音"是háng,而不是xíng,这就有了问题。《列子·汤问》明明写着"太(本亦作"大")形王屋二山"云云,而且太行山又名"五行山",有了这两条证据,我们能说一定是轿夫错了吗?周必大《二老堂诗话》认为是方音问题。"如北方以'行'为'形',故《列子》直以太行山为太形。"(《二老堂诗话·南北声音》,见清何文焕辑《历代诗话》(下)665页,中华书局1981年版)今人岑仲勉根据"太行有八陉(xíng),随处可以陉(邢)为名",断言《列子》作太形,则太行亦即'太陉'。"(《黄河变迁史》111页,中华书局2004年版)有一本古代地理书中也讲过太行即太陉,但一时记不清出处了。清代研究别字的吴玉搢《别雅》卷二说:"太形,太行也。……今读行作杭,《列子》作'形',则知古读太行如行路之行矣。"他认为是古今音变的问题。"形"与"陉"同音,均为户经切。难道"陉"是本字?"形"是假借字?并无其他书证。当然,今人若把"太行(háng)"读成"太xíng",那肯定是错了,因为此名的标准音早已确定,个人就不能乱读了。即使于古有据,也要以今音为准。

古人认为:"天下之山,莫大于太行"(《禹贡锥指》卷十一上,350页"太行恒山"条),关于"行"字的读音,我们还可以稍作议论。从音的层面而言,此处的"行"字古代就有两读。《经典释文·尚书音义》"太行"条云:"户刚反,又如字。"这就是说,轿夫、商人都不错,均于古有据。从命名方式而言,"太行"(段玉裁《古文尚书撰异》认为"太"本作"大","唐石经以下作'太',误也。")与"太华"、"太岳"、"太原"、"大别"、"大夏"、"太湖"等是一样的。因此,这个"行"与"五行"之"行"似乎无关,尽管太行山,又名五行山。据《读史方舆纪要·河南一》太行条引杨慎曰:"泰坰即太行,太行原有此音。"(2092页)"坰"与"五行"之"行"更无关。但如果以"大行(形)"即"太陉",从结构意义和地貌特点而言是讲得通的。经初步查考,我认为"太行"或"大形"之"行"、"形",原本都是假借字,其本字为何,也就是其命名理据、文化意义是什么,现在还无法作结论,有待进一步查考。语言文字中,习焉不察或难"察"的例子,实在太多了。

第三章 关系论

第十节 汉字与汉语的关系

在汉字所面对的一切文化关系中，关系最直接最亲密的是汉语。虽然汉语是第一性的，汉字是第二性的，但几千年以来，二者已到了难舍难分的地步。互相结合又互相矛盾，互相统一又互相对立。结合与统一构成了汉字与汉语协调完美的同一性，矛盾与对立是汉字与汉语不断更新的原动力。在汉民族所创造的历史悠久光辉灿烂的文化宝库中，汉语和汉字是支撑汉文化大厦的两根支柱，废除了这两根支柱，哪怕是废除其中之一（必然牵涉其二），汉民族还能称之为汉民族吗？

一、汉字和汉语都是文化符号

汉语和汉字都是符号，这一点在理论上不会存在分歧，在"符号"之前加上定语"文化"，有人就会产生反感了。谈什么都扯上"文化"，似乎不提到文化层面就不足以显示其研究对象的重要性，该不是赶时髦吧？

语言也好，文字也好，都是人创造出来的，汉语和汉字当然也是人创造的。那么,"人是什么?"早在20世纪40年代,卡西尔(1874—1945年)就提出了一个著名理论:"我们应当把人定义为符号的动物(animal symbolicum)来取代把人定义为理性的动物。只有这样,我们才能指明人的独到之处,也才能理解对人开放的新路——通向文化之路。"所谓人是"符号的动物",是因为人能利用符号创造文化,"所有这些文化形式都是符号形式",(《人论》中译本第34页,上海译文出版社1985年版)而语言是人类最早出现的也是最基本的符号形式之一,文字的出现虽然晚得多,却是比语言更为精致、更为"文化"的文化符号。人之所以有别于其他动物,就因为"人不再生活在一个单纯的物理宇宙之中,而是生活在一个符号宇宙之中。"(《人论》第33页)语言符号、文字符号是改变、提升整个人类的两个最为重要的文化符号。列维-斯特劳斯说:"语言可以说是文化的一种条件,并且这是通过两个不同的方式表现出来的:首先,这是从历时性方面来看的文化条件,因为我们学习我们自己的文化大多是通过语言——我们受双亲教导,我们被责骂,我们被祝贺,都借助于语言。但另外,从理论性更强得多的观点来看,语言之所以可以说是文化的条件,是因为语言所赖以建立的材料同文化所赖以建立的材料是属于同一类型的:逻辑关系、对位、相关性,等等。"(《结构人类学》第72页)池上嘉彦还认为:"对于语言,首先有这样一种认识:它是文化的象征,从而它能够规定思考方式。"(《符号学入门》中译本第8页,国际文化出版公司1985年版)这些关于文化与语言关系的论述同样适应于汉语和汉文化的关系。汉语对汉民族思考方式的影响,已有不少论述,尽管意见极不统一,但有一点可以肯定,这种影响是不能抹杀的。西方重逻辑、重分析、重推理、重抽象,

第三章 关系论

中国重直觉、重综合、重判断、重具体,西方的语法范畴和思维范畴关系直接,中国的语义范畴和思维范畴关系密切,这都是无可争辩的事实,这种区别跟汉语是孤立语不同于西方的综合语当然有关系。汉语的构词方式无疑会影响到汉字的构字方式,语言制度决定文字制度,二者的同一性被结构的纽带结合起来。但汉字跟汉语的对应关系远不如拼音文字跟语言对应关系那么密切,因为汉语有众多的方言,汉字的统一有利于促进语言的统一,故汉字对汉语有一种反作用。钱穆与饶宗颐都充分肯定了在汉语和汉字的同一性中汉字方面的作用。钱穆说:

> 首要是使中国人得凭藉文字而使全国各地的语言不致分离益远,而永远形成一种亲密的相似。譬如虎,有些地方叫作"於菟"(盈按,於菟乃非汉语词),但因"虎"字通行,於菟的方言便取消了。笔有些地方呼作"不律",但因"笔"字通行,不律的方言也取消了。如此则文字控制着语言,因文字统一而使语言也常接近于统一。在中国史上,文字和语言的统一性,大有裨于民族和文化之统一,这已是尽人共晓,而仍应该特别注意的一件事。
>
> (《中国文化史导论》修订本,第89—90页,商务印书馆1998年版)

饶宗颐也有类似的看法:"由于汉地本土语言方音的复杂,且习惯施行以文字控制语言的政策,而让'语、文分离'——即所谓'书同文',使文字不随语言而变化;字母完全记音,汉字只是部分记音，文字不作言语化。"(《符号、初文与字母——汉字树》第1页)钱、饶二人都着重强调了以文字控制语言的观点，在事实上的确有充分的根据，但他们又过分看重了"语、文分离"的问题。他们的立论主要是从语音层面看汉字和汉语的关系。汉字的表音不在音素层面，一个方块形汉字，无法将声韵调切分开来，从字面上显示出来，所以人们一再责难汉字不表音，形成了"语、文分离"的局面，从而认为汉字不随语言而变化，其实这都是从拼音文字的制度来看待汉字的。汉字若果真不表音，一个汉字怎么能读得出音来呢？原来汉字的表音是在音节层面，一字一音节，声韵调在其中矣。在没有拼音字母之前，在没有注音字母之前，人们是通过反切来认识声韵调的，一个汉字既然可切分为反切上字，反切下字，在韵图中还可以展示声调、发音部位、发音方法，甚至能分出介音、主要元音、韵尾，怎么能说汉字不表音呢？还有，汉字若果真不随语言而变化，一个字的意义系统为什么古今很不一样呢？如"脚"古义为小腿，后代发展为足；"眼"古义为眼珠子，后代发展为指整个眼睛；"年"最早指收成、年景，然后才发展为时间名词。读音为什么也古今不一样呢？如"脚"的古音为见母铎部，声母是[k]，韵母有入声尾[k]；"眼"的古音为疑母文部，其声母为[ŋ]；"年"的声母韵尾未变，主要元音古今有别。字音也变了，字义也变了，这些变化的根本原因当然是语言变了。汉字是随着汉语的变化而变化的，这是同一性所在，可是为什么汉字给人的感觉是"不作语言化"，"不随语言而变化"呢？说到底还是字形问题。"脚"还是那个"脚"，"眼"还是那只"眼"，"年"还是那个"年"。由篆而隶而楷，形体有所不同，结构还是那个样嘛！从这个意义上来说，汉字是以不变应万变，是"不作语言化"，是"文字控制着语言"。那么，为什么语音变了，汉字的形体不起相应的变化呢？因为汉字的表音带有抽象性质，它表的是音类，而不直接显示音值。同一个"曰"字，孔夫子可以用孔夫子的口音去读它，孙中山可以用孙中山的口音去读它；广东人可以用粤音去读它，上海人可以用吴音去读它，弹性相当大，灵活性相当大。作为一个文化符号有了这样的优点和优势，你能轻而易举地废掉它吗！而这个优点又是以不能直接拼音、难写、难认等缺点作为代价而获得的。汉语选择了汉字作为伴侣，而始终不愿选择拼音文字，根本原因就因为它们配合得很好。表面看上去二者的关系不那么亲密，总是若即若离的，汉字还骄傲地保持自己的独立性，尤其是文言层面和现代技术层面，汉字简直要拖汉语的后腿呢，可事实上，汉字在骨子里，在演变、发展进程中，既制约汉语又紧随汉语不舍，随着时代的前进，汉语又为自己找到了第二套表达工具——汉语拼音方案，这套工具能补汉字之不足，又能帮助人们学习汉字，对于汉字来说，有利无弊，有益无害。对于汉语来说，两条腿走路不是明显优于一条腿吗！一语双文，一主一辅，传统与现代不是你死我活，而是完美结合，这种结合为汉语走向世界，为汉字适应新的科学技术，为汉文化的传播，提供了重要保证。

汉字作为文化符号不只是表现汉语，不只是储藏信息、传达信息，在客观上它还为人类文化的发展起过特殊的促进作用。我们祖先有四大发明，其中两大发明（造纸术、印刷术）跟汉字有关系，这是值得大书特书的。

二、汉字和汉语的历史关系

关于汉语的历史，我们能进行系统分析研究的只能从甲骨文开始，此前的情况只能进行大致上的推断，即使是推断也很难越出一万年，一万年以前的情况如何呢？也就是汉语起源于何时、究竟有多长历史了？至今还说不清。马学良认为"出现于四五十万年前北京周口店山洞里的'中国猿人'当然是有他们的语言的，而且这种语言已经使用一百多万年了。"（《汉藏语概论》上册，第79页，北京大学出版社1991年版）"170万年前的山西芮城西侯度人，100万年前的陕西蓝田人和芮城匼（kē）河村人，也都有自己的语言，而且从文化源流上看，匼河文化从西侯度文化和蓝田文化发展而来，而北京人的文化又跟匼河文化有密切关系；从体质上看，蓝田人下颌骨和北京人相一致，所以，他们所说的跟北京猿人所说的可能是同一种语言。"（《汉藏语概论》上册，第79页注①）

北京猿人有"语言"吗？据美国科学家研究，"今天世界上所有人种都是一群从非洲移居出来的祖先的后代，而不是同一时间在世界几个不同地方各自单独进化成人类的。"美国科学家还宣布，30万年前的古人类已具有语言能力。具备语言能力不等于已有了较为复杂的语言。理查德·利基《人类的起源》也研究了语言起源问题：

> 当前，许多人类学家赞成语言是晚近时期迅速出现的，这主要是因为看到了在旧石器时代晚期革命中人类行为的急

剧变化。纽约大学考古学家兰德尔·怀特（Randall White）在大约10年前发表的一篇引起争论的论文中提出，早于10万年前的人类各种活动的证据显示了"完全缺乏会被现代人认作语言的东西"。他承认，解剖学上的现代人这时已经出现，但是他们还没有"发明"文化涵义上的语言。语言出现要晚得多：直到35000年前，这些人群才掌握了我们现在所知道的语言和文化。

……虽然认为语言是伴随现代人出现而得到较快发展的观点得到广泛的支持，但它没有完全统治人类学的思想。我在第3章中曾提到过迪安·福尔克的人脑进化研究坚持语言在较早时期就已发展的看法。

（《人类的起源》第96—98页）

人类语言起源与汉语起源当然不是同一层次上的问题，但了解人类语言起源问题上的分歧，无疑有助于我们探讨汉语起源的问题。如果人类语言起源于35000年前，我们说"中国猿人"已经有了语言，而且认为"这种语言已经使用一百多万年了"，这在逻辑事理上是说不通的。但"中国猿人"已经有了语言，这是一个权威性的观点，已经写进了历史。（郭沫若主编：《中国史稿》第一册，第4页，人民出版社1962年版）语言无化石为证，分歧的解决不那么容易，所谓权威观点并不意味着绝对正确。

汉语起源是以汉族起源为依据的。汉语、汉字、汉族均因汉朝而得名，这三个概念的产生都比较晚。据胡双宝考证，"汉语"

一词最早记载当为南朝宋刘义庆(403—444年)《世说新语·言语》:"高坐道人不作汉语。"(《汉语·汉字·汉文化》第261页,北京大学出版社1998年版)"汉字"一名就更晚了。但这只是名称问题。"汉族"作为实体在先秦时代已是中国大地上的主体民族、"轴心民族"了,名为夏或华夏。孔子是一个坚定的民族主义者,"裔不谋夏,夷不乱华",(《左传·定公十年》)"夷狄之有君,不如诸夏之亡也。"(《论语·八佾》)这都是孔子说的话。所谓"裔指夏以外的地,夷指华以外的人,区分很明显",范文澜说:"不过中国、夏、华三个名称,最基本的涵义还是在于文化。文化高的地区即周礼地区称为夏,文化高的人或族称为华,华夏合起来称为中国。对文化低即不遵守的人或族称为蛮、夷、戎、狄。"(《中国通史简编》修订本第一编,第180页,人民出版社1965年版)汉族源于华夏族,在华夏族的基础上融合了境内的某些古代民族,不断发展壮大,这是不成问题的。问题是华夏族又来源于什么氏族呢?是一元的还是多元的?现在还无法说得非常清楚,非常肯定,大体上可以断定来源于黄帝炎帝氏族,汉族是炎黄子孙,从古到今都是这么说的。相应的判断是,汉语应起源于黄帝时代。黄帝时代,已有仓颉作书,那么汉字与汉语的发展关系当始于黄帝时代。这样讲,在历史上是站得住的。夏、商、周三代均是黄帝的后裔,《史记》有明文记载:"禹者,黄帝之玄孙而帝颛顼之孙也。"(《夏本纪》)殷的祖先曰契,"母曰简狄,有娀氏之女,为帝喾次妃。"(《殷本纪》)周的祖先后稷,"其母有邰氏女,曰姜原。姜原为帝喾元妃。"(《周本纪》)帝喾是谁?"帝喾高辛者,黄帝之曾孙也。"(《五帝本纪》)既然他们都是黄

第三章 关系论

帝的后裔，黄帝氏族的语言应该为夏商所继承。而且禹、后稷、契都在帝尧政权中共事，他们所使用的语言应该是一致的，最多只是方言之别。考古学家张光直言之有理："民族是因语言和文化特征来分类的。我们虽然不了解夏民族语言的详情，但是根据现有的关于夏代的资料，我们没有理由推测它与商、周语言有任何区别。"(《早商、夏和商的起源问题》，见《华夏文明》第一集，第421页，北京大学出版社1987年版)美国学者白保罗（Paul K. Benedict）在他的名著《汉藏语概要》(1972年)中认为，在历史上周民族属汉藏系，商民族非汉藏系（转引自《古汉语复声母论文集》第415页，北京语言文化大学出版社1998年版)，这个论断的真实性颇为可疑。

我们确定了从黄帝到夏商周三代都是"汉族"当家做主，"汉语"无疑一直都是"国语"，使用这种语言的人有多少呢？据西晋皇甫谧《帝王世纪》记载，大禹时中国已有人口"千三百五十五万三千九百二十三人"(《帝王世纪》卷十"星野 历代垦田户口数"51页，辽宁教育出版社1997年版)，这个数字是否可靠呢？袁祖亮的《中国古代人口史专题研究》做了分析：

> 有些文献记载，大禹时有万国之多，禹时的一个"国"，大概是一个氏族部落。根据民族学的材料可知，我国东北的鄂伦春族，在解放前还过着氏族部落生活，一个氏族的人口约有1000多人到2000人不等。那么禹时的"国"，即氏族部落，以文献记载的一万个计算，每个氏族部落以1300人为平均数字，那么，大禹时恰有1300多万人口，所以西晋

皇甫谧所记载的大禹时的人口数据，还是具有一定的参考价值，不能一概否定。

（《中国古代人口史专题研究》第33页，
中州古籍出版社1994年版）

中国人口到西汉时又一次出现高峰，达到五千九百多万人。从西汉以后至明代，中国人口始终在五千万上下浮动。（《中国古代人口史专题研究》第36页）汉民族长盛不衰，汉语长盛不衰，汉字长盛不衰，人多，具有决定性的意义。这么多人使用汉语、汉字，文化积累又深又厚，达五六千年之久，即使统治权数次落入少数民族之手，亡国而没有亡种。正如孟子所言："吾闻用夏变夷者，未闻变于夷者也。"（《孟子·滕文公上》）入主中原的少数民族不仅未能同化汉族，反而被汉族一一同化了。人多力量大，文化素质高，思想根基厚，文字历史悠久，文统道统深入人心，文化根基难以动摇。构成汉文化根基的根基是汉语和汉字。

汉字和汉语的结合经历了三个发展阶段：

第一阶段是原始汉字和早期汉语的结合。历史背景当在新石器时代晚期。这时期的文字基本上属于图画文字。大汶口陶文、半坡陶文都应该是汉字的源头，距今约有五六千年。这时的文字以写意为主而不是写词，数量也少，并不能完全反映语言、记录语言，一个符号可能表示一个句意，也可能是表示一个行为过程，书写形式可能也不稳定。尽管我们现在还缺乏必要的资料提供有力的证据，但根据文字发展的一般规律来看，汉字的发展必然经历了这样一个原始阶段，而这原始阶段，起码要有一两千年,才有可能出现成熟的甲骨文。

原始汉字应用的范围也有限,用于宗教祭祀、图腾徽志、传递信息、官府文书等。章学诚说:"上古结绳而治,后世圣人易之以书契,百官以治,万民以察。夫文字之用,为'治'为'察',古人未尝取以为著述也。"(《文史通义·原道下》,上海江左书林印行,民国十三年)章氏所说的"古人",基本上可以认定为五帝时代,也就是原始社会末期。

第二阶段是古汉字与古代书面语言的结合。我们说的"古汉字"大体上相当于裘锡圭所说的"古文字阶段的汉字",他把商代后期算作开端,秦代算作终端,历时约一千一百年。(《文字学概要》第40页,商务印书馆1988年版)他是以文字材料为依据完全务实的划分法,这当然是完全正确的。我们着重于探讨发展史,不妨务虚,在不违背真实的情况下,适当推测。我们把上限提前至夏代。夏代享国约为630年,商代据说为629年,夏代的630年加上商代前期300余年,共计近1000年,所以"古文字阶段的汉字"历时约两千年左右。这是汉字发展最为关键的阶段。试设想,且不说禹的时候有万国,随武王伐纣的诸侯国还有800之多。800诸侯如果各自称王独立,创制自己的方言文字,不使用汉字,汉字能有今天吗!全民族的始终保持统一状态是汉字统一的前提。试再设想,若没有"秦王扫六合","六王毕,四海一",让"田畴异亩,车涂异轨,律令异法,衣冠异制,言语异声,文字异形"的局面长久保持下去,中国能不跟欧洲一样,分裂为语言文化文字差别颇大的独立王国吗!夏商周秦四代两千年间,汉民族经历了由松散联合到全国政令统一团结对外的塑形时代,汉语形成了由方言众多到以雅言为中心的"通语"制度，汉字经历了由图画象形发展为以谐声为主的阶段。更重要的是书面汉语的建立使汉字和汉语融合为一体，书面汉语以经典的形式转化为全民族共同的思想财富，全民族共同的精神财富，所谓"五经"、"六经"、"十三经"基本上是在这一时期出现的，其间具有800多年历史的周王朝所创造的文化成绩对汉文化的影响是前无古人极其深远的，一大批思想巨人产生在这一时代。是他们，使汉语和汉字升华为一个体系精密、内容丰富、宜于表达各种思想和事物的符号工具。汉民族的思维方式、哲学原则、道德伦理规范等等通过书面汉语得以巩固，得以传承。难怪孔子这样说："周监于二代，郁郁乎文哉！吾从周。"（《论语·八佾》）"从周"的岂只是孔子，整个汉文化的古典阶段不都是在"从周"吗！多中心的欧洲，也曾经有过以希腊为中心的时代，以罗马为中心的时代，有过以拉丁语为共同书面语的时代，可是都没有延续到今天。罗杰瑞说："很可能，由于政治、宗教、文学的目的，废除了中世纪时用作共同书面语的拉丁语，改用不同的地方语言，是造成今天欧洲不同的文化实体的最主要原因。中国在过去的历史上没经过这样性质的分裂；""即使在中国不统一的时期，也没有要确立以某个地方方言为基础的地区书面语言这种企图。"（《汉语概说》中译本第2—3页，语文出版社1995年版）书面汉语的强大势力及其经久不衰的影响，在人类文明史上是绝无仅有的。

第三阶段是隶楷阶段的汉字与口语的结合。"隶楷阶段的汉字"也是采取裘锡圭的说法，"起自汉代，一直延续到现代。"（《文字学概要》第74页）隶体楷体相继产生，以古文字书写的典籍并未消失，经过隶古定的转换过程，即用今字代替古字，经典照样可以诵读，文言书面语照样占据正统地位。

众所周知，中国古代书面语有两个系统，一是文言文，一是白话文。白话文接近口语，它的产生时代跟隶体产生的时代并不是完全吻合，但大体上接近。一般认为，用汉字记录口语的白话文始于后汉（当然，文言文的最初状态也是口语，只是后来与口语脱节，成为固化的为读书人所使用的书面语），日人太田辰夫是这样认为的，方一新、王云路编著的《中古汉语读本》也是这样处理的，刘坚为该书所作序言也指出："其所以拿东汉作起点，是因为从东汉开始已经出现了在不同程度上反映当时口语的白话材料。本书选录的汉代乐府和汉译佛经就是很有力的证明。"（方一新、王云路编著:《中古汉语读本》第2页，吉林教育出版社1993年版）

我们提出一个问题：隶楷体的汉字与白话文的结合意味着什么呢？从汉字方面来说，隶体楷体比之篆体，更容易书写，也更容易普及；从语言方面来说，汉字如果只停留在表文言文的层面上，而不能表达口语，不能适应口语的发展，它的形音义完全与口语脱节，汉字就必然会像拉丁文一样，不便通行，后人一般读不懂。

汉字由于与口语有相当的结合能力，在客观上也就促进了汉字本身的发展。表现为：

汉字的使用范围不再限于"王政"、"经艺"，而是与民间大众通俗文化紧密结合起来；

俗体字大大增加，张涌泉所说的两个高峰时期（魏晋南北朝形成了俗字流行的第一个高峰，晚唐五代形成了俗字流行的又一高峰）都是隶楷阶段的汉字；

汉字的数量大为增加,"十三经"用过的单字为6 500多,《说文》9 353文,加上重文1 163,共10 516文,这是篆文的字数。晋代的《字林》收字12 824,已超出《说文》;《玉篇》收字16 917,又超出《字林》;宋代《集韵》收字53 525,又大大超过《玉篇》;20世纪80年代出版的《汉语大字典》"是汉字楷书单字的汇编,共计收列单字五万六千左右"。(《汉语大字典·前言》第1页)实际上的单字字数不止于此。但从"十三经"到现代,汉字实际使用的字数大概保持在6 000左右。据1982年1月14日《人民日报》发表的一条资料说:印现代书报刊物一共只用到6 335字,这6 000字按其出现次数可分为五级。最常用的只有560个,其中尤最常用的42个字,竟占一般书报刊物用字的1/4。这560个字加上常用字807个,次常用字1 033个,合计2 400个。就是说,一个人如果认识2 400字,一般白话书报刊物上的字,99%他都认得了。

80年代末,当时的国家语委和国家教委发布了《现代汉语常用字表》,选定常用字2 500个,次常用字1 000个。常用字的覆盖率达97.97%,次常用字覆盖率达1.51%,合计(3 500字)覆盖率达99.48%。(《现代汉语常用字频度统计·说明》,语文出版社1989年版)

一方面汉字总数量在不断增加,一方面汉字常用字数量又相当稳定,这是汉字发展过程中特别值得注意的现象。

总数量不断增加,可证汉字是有生命力的。有增长,有淘汰,有死亡,有现役服务的字,也有退役了躺在字典里休闲的字,现代人也可能偶然一见,就得到字典里去查考它的音和义,追寻它的文化根底。

所谓常用字，也是相对的。没有从古到今永远常用不衰的字。现代汉语排名前五位的常用字是：的、一、是、了、不。

就以排在第一位的"的"字为例。《说文》有"旳"无"的"。段注："旳者，白之明也，故俗字作'的'。"（《说文解字注》第303页）朱骏声也说："旳，俗字作'的'，从白。"（《说文通训定声·小部》第1321页，万有文库本）尽管"的"是俗字，而我们现在所见到的先秦古籍，"旳"一般都已作"的"。"的"在先秦时代算不上是常用字，更不用说名列榜首了。《易》《诗》各一见，而且《诗》有的本子还作"勺"，《尚书》、《春秋》三传均无"的"字，《论》、《孟》亦无"的"字。"的"在上古、中古均属入声字，收 [-k] 尾，在《中原音韵》中由入声变作上声，归齐微韵。经过虚化，变为副词。在现代汉语中，"的"字有三个读音。读 dì，如"目的"、"有的放矢"，这跟《诗》"发彼有的"相承；读 dí，如"的确"、"的当"；读 de，用作助词，音义均与 dì、dí 无关，这种用法起源于宋代，由"底""地"演变而来。在现代汉语中，"的"的使用频率排在首位，主要是这种表示语法作用的虚词用法。"的"还是那个"的"，而音、义（语法意义）却根本不是那个"的"，这是字和词的矛盾，这种矛盾反映出汉字的局限性，又说明汉字具有相当的灵活性、适应性，它有时毫无规则地以形与音与义脱节来满足语言发展的需要。在现代汉语中，字和词往往是不能画等号的，字的发展历史往往不等于词的发展历史。

三、汉字和汉语的结构关系

根据文字符号与语音结构的关系，世界上的文字可以分为音素文字、音节文字、语素文字三大类,汉字属于语素文字。

音素文字必须要有一套字母,只有通过若干数量的字母才能把语言中的音素一一表示出来。汉字在历史上也产生过三十字母,三十六字母,而用作"字母"的代表字(帮、滂、並、明等)都是有意义的整字,不是独立的单纯的符号字母,何况这些所谓的字母又都只是表示辅音,没有表示元音的字母。周有光说:"三十六字母在设计汉语表音字母的道路上只走了半步。"(《世界字母简史》第87页)严格说来连"半步"也谈不上,因为三十六字母只是声类的代表字,它们还不能像音素符号一样把辅音分离出来,也没有固定的、统一的音值。

也有一种意见认为,汉字虽不能表示音位,可是能记录音节,一个汉字代表一个音节,汉字应属于音节文字。这种意见有相当的理由,只是还欠周全。从数量上看,汉字与音节之间的关系颇为悬殊,音节数大大少于汉字数,且不说《康熙字典》、《汉语大字典》收字有好几万之多,就是1988年国家语委和新闻出版署联合发布的《现代汉语通用字表》也有7000个字,而汉语的音节数按《现代汉语词典》的"音节表"(分声调)统计,只有1300多个,平均一个音节对应5个多汉字,其中有的音节就有几十个字。如《现代汉语词典》jī这个音节就收了49个汉字。所以,从汉字的语音构成而言,一个汉字就是一个音节,而一个音节并不就是一个汉字,它可以有几个甚至几十个汉字,汉语语音音节的多义性特点决定了汉字不是表音节的表音文字。

汉语同音字的增多是语音系统简化的结果。就是说,许多同音字在古代原本是不同音的。赵元任以yi这个音节编了一段名叫

"漪姨"的故事,这个故事对说明汉字与汉语语音结构的关系颇为重要,值得深入分析。

> 漪姨倚椅,悒悒,疑异疫,宜诣医。医以宜以蚁胰医姨。医以亿弋弋亿蚁。亿蚁殪,蚁胰溢。医以亿蚁溢胰医姨,姨疫以医。姨怡怡,以夷衣贻医。医衣夷衣,亦怡怡。噫!医以蚁胰医姨疫,亦异矣;姨以夷衣贻医,亦益异已矣!

(《语言问题》第149—150页)

这个小故事以"姨"与"医"治"疫"病为内容,共用了82个字,不计重复字,共用单字27个。这27个字属阴平的4个(漪、医、噫、衣又音yì),阳平7个(宜、姨、夷、疑、胰、怡、贻),上声6个(蚁、倚、椅、以、已、矣),去声10个(殪、异、诣、亿、弋、益、疫、亦、溢、悒)。现在我们把这82个汉字转换成汉语拼音文字(所谓文字,事实上只有声调的变换),不知有谁能读得懂,恐怕是谁也读不懂。

> yīyíyǐyǐ, yìyì, yíyìyì, yíyìyī。yīyǐyíyǐyíyíyī
> yí。yīyíyìyìyìyìyì。yìyǐyì, yǐyíyì。yīyíyìyìyìyìyī
> yí, yíyìyǐyī。yíyíyí, yǐyíyīyíyī。yīyìyíyī, yìyíyí。
> yī!yīyíyǐyíyíyíyì, yìyìyǐ;yíyǐyíyíyīyíyī, yìyìyìyǐyǐ!

将这段汉语拼音文字与前面那段同样内容的汉字加以对比,我们立刻就会明白,汉字在区别同音语素方面,实在是功莫大焉。这是平面分析。如果我们再对这27个字的语音进行历史分析，就可发现，汉字的形体并不随着语音的演变而演变。一个汉字跟某一个语音形式结合之后，它的形体就具有相对的独立性，它的读音会跟着语音演变，它的形体并不发生相应的变化。音变形不变，所以人们说汉字能通古今。上面说到的27个字，在中古时期它们的书写形式与现在完全一样（指繁体字），语音结构形式却大不同。

1. 这27个字在中古分属疑（ŋ，次浊）、影（ʔ，全清）、以（j，次浊）、云（ɣ，浊）。其中疑母字4个，影母字10个，以母字12个，云母字1个，后代全变为零声母。

2. 这27个字在中古分属支韵系、之韵系以及脂、微、霁韵，另外还有职、昔、质、缉4个入声韵的字，其中来自昔韵的字又有开合之分，后来变为1个韵母。

3. 这27个字有入声字7个，韵尾分属[-k]、[-t]、[-p]，普通话早已不存在入声。中古的平、上、去、入变成了阴平、阳平、上声、去声。

"漪姨"的故事是有意编造出来的，是一个很极端的例子，而且是文言文，不足为据。但赵先生的用意非常深刻，因为在自然语音中，同音语素也是相当突出的，在整段语流中，一般是能辨别清楚的，若改成拼音文字就不好辨别了。

对于广大方言区来说，同是一个汉字，同是一个音节结构，而具体的音值却大不相同，这也是历史演变造成的，以最为常用的10个数目字为例，看它们在北京、苏州、广州、厦门方言的读音有何不同。

第三章 关系论

数字	中古音	北京音	苏州音	广州音	厦门音
一	影质三开	₋i	iɪ₋ʔ	jɐt₋	it₋, tsit₋
二	日至三开	ɚ˚	l˚(文), ȵi˚(白)	ji˚	li˚
三	心谈一开	₋san	₋sE	₋ʃam	₋sam(文), ₋sã(白)
四	心至三开	sʅ˚	sʅ˚	ʃi˚(文), ʃei˚(白)	su˚(文), si˚(白)
五	疑姥一合	˅u	₋əu ŋ˅	˅ŋ	˅ŋɔ̃(文), gɔ˚(白)
六	来屋三合	liou˚	loʔ₋	luk₋	liɔk₋(文), lak₋(白)
七	清质三开	₋tɕ'i	₋tʃ'iɪʔ	₋tʃ'ɐt	₋tʃ'it
八	帮黠二开	₋pa	poʔ₋, paʔ₋	pat₋	pat₋(文), pueʔ₋(白)
九	见有三开	˅tɕiou	˅tɕir	˅kɐu	˅kiu(文) ˅kau
十	禅缉三开	₋ʂʅ	zɤʔ₋	ʃɐp₋	sip₋(文), tʃap₋(白)

（以上例字记音据北大中文系语言学教研室编《汉语方音字汇》，文字改革出版社1962年版。此书的"第二版重排本"改由语文出版社2003年出版）

这里列举的只有10个字，已足以说明，越往南方，汉字的读音就越接近中古音。

从声母而言，"南音"某些方言有疑母，北音已消失；"南音"某些方言分尖团，北音不分；北音见母三等字已腭化，广州、厦门仍读舌根音。

从韵母而言,苏州、广州、厦门保存入声,一、六、七、八、十等字,苏州话均收 [-ʔ] 音,广州、厦门收 [-k](六)、[-t](一、七、八)、[-p](十),"三"在中古收 [-m] 尾,广州、厦门还保存这个 [-m] 尾,苏州话的这个 [-m] 已脱落,北京话变成了 [-n] 尾,苏州、广州、厦门某些字还有文白异读的问题。罗杰瑞说:"北京人能听懂的广东话,一点不比英国人对奥地利土话的理解多。尽管如此,广东人总觉得和北京人在文化传统上关系紧密,而英国人对奥地利的文化却并没有这样的感觉。这种情况,可从历史方面来解释,广东和北京在很长的历史时期内都属于同一个政体,用的是同一种文字。"(《汉语概说》第2页)各方言区的语音结构存在很大的历史差异,汉字既能表现这种差异(各方言区的人都可以用自己的方音去读它),又根本不管这种差异(因为汉字不拼音),北京人和广东人在语言交流上有障碍,汉字却克服了这种障碍。

汉语缺少外部的形态变化,不是语法型语言,而是语义型语言,它往往通过音节结构内部的某种(声或韵或调)变化来改变意义同时也改变其词性。古人所说的"音随义变"往往包含着三项变化,即语义结构、语音结构、语法结构的变化,不变的是汉字的外形。这里又有一个很著名的例子,可以拿来分析。

海水朝朝朝朝朝朝落
浮云长长长长长长长消

这是孟姜女庙的一副对联。上联用了7个"朝"字,有4个读

zhāo（陟遥切，知母宵韵），意为早晨，名词；有 3 个读 cháo（直遥切，澄母宵韵），意为涨潮，动词。按古音分析，声母有清浊之别；按今音分析，声母与声调均不同。上联有 3 个意段。"海水朝（cháo）"，主谓结构；"朝朝（zhāo）朝（cháo）"，偏正结构，"朝朝"（zhāo）两个名词叠用当状语，修饰动词"朝"（cháo）；"朝（zhāo）朝（cháo）朝（zhāo）落"，意为早晨涨潮早晨落潮。潮水的"潮"本是后起区别字（《说文·水部》有"淖"字，小徐说：今俗作"潮"）。《管子·轻重乙》："天下之朝夕可定乎？""朝夕"犹言"潮汐"，喻言起伏。（郭沫若等《集校》）下联用了七个"长"字，有四个读 cháng（直良切，澄母阳韵），意为经常，常常；有三个读 zhǎng（知丈切，知母养韵），意为生长。以声母清浊和声调不同别义。也是三个意段。

古人有所谓"学识如何观点书"的说法，宋人王谠说："书之难，不唯句度义理，兼在知字之正音、借音。若某字以朱发平声，即为某字，发上声变为某字，去入又改为某字。转平上去入易耳，知合发不发为难。"（《唐语林》第 62 页，古典文学出版社 1957 年版）张守节《史记正义·发字例》云："字或数音，观义点发，皆依平上去入。……如字初音者皆为正字，不须点发。"（《史记》十，附录第 16 页，中华书局 1962 年版）"如字"即读本音，或最习见的通常的读法，"正字"即本字，与之相对者即"破字"，也叫"破读"，即通常音之外的读音。字音改变意味着词性、意义的改变。通常的变读是变声调，也有大量改变声或韵的字。形式上的标记就是点发（圈点），以朱笔在字之一角加圈。

如"王"字正音为平声,读平声为"如字",若用作动词,如"王天下",破读为去声,依点发之例,在右上角表示去声加圈。

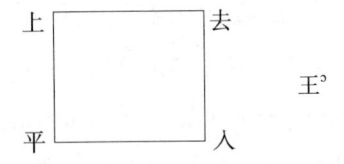

```
    上 ┌───┐ 去
       │   │              王'
    平 └───┘ 入
```

破读不同于假借。假借只是因音而借形,意义上没有什么关系。破读与如字在意义上是有联系的。同一个汉字有"如字"、"破读"之别,主要是反映了语义结构和语法结构上的变化。汉语结构的变化渗透到汉字,加强了字和词之间的密切联系,尤其在古代汉语中,字和词往往有对等关系,所以有人称汉字为"表词文字"。现代汉语中的字词关系颇为复杂,有的词只有一个语素,只有一个字,如"人","牛","羊";有的词只有一个语素却有两个字,如"葡萄"、"弥撒"、"伶仃";有的词两个语素两个字,如"国家"、"我们"、"花儿";有的词两个语素三个字,如"葡萄酒"。现代汉语合成词增多,语素和汉字的对等关系高于词,可以说现代汉字是语素文字。

四、汉字和汉语的本位立场

任何一个统一的国家必然要有统一的公共语言和文字作为思想文化交流的正式媒体,这种媒体也是发展的,但它的本位立场是不可动摇的。由于民族、国家都不是孤立地存在,总要与强于自己或弱于自己的比邻交往,这就不可避免地要进行语言和文字上的较量,在较量中求生存,求发展。

汤因比说:"我们可以看到这样的事例:某一种语言和某一种文字在统一国家成立之前已把所有可能的竞争者都排挤出去了。"(《历史研究》下,中译本第53页)汉语作为中华民族的统一语言如果从黄帝时代算起也有五千年了,有多少种竞争者的语言被排挤出去了,不得而知。可以肯定的是当时绝不只是汉语这一种占优势的语言。至于汉字的官方地位也可能是经过竞争而获胜的,山东丁公村所出龙山陶文,与汉字并非同一创制,也可能就是"被排挤出去"的一种文字。在中国大地上有多少种文字消失了,有多少种语言消失了,从来没有人做过研究,不明乎此,又如何能理解汉语汉字本位立场之可贵。

史前的竞争,已茫昧难求。20世纪初的竞争,我们是不应该忘记的。当时的庸俗进化观和文化上的激进主义大声疾呼,要砍掉汉民族统一的两根支柱——汉语和汉字。这是值得我们严肃而认真地加以检讨的大事。这些年来,中国人的民族自信心有所恢复,对这段历史也有不少反思,有一篇文章的观点颇有代表性:

> 当鸦片战争以来中国在军事、政治上的失败所聚集起来的强烈怨恨被全部发泄在以儒家为代表的中国文化身上时,文化比较作为一种似乎是不得不玩的游戏,从进入这个游戏之前就已被这种怨恨所感染。
>
> 出于对母语文化的强烈怨恨,出于"文化上失败"的心

> 态,把西方的某些概念范式化当作关键词,就成为寻求可公度性的一个基本策略……
>
> 　　文化较量首先是语言之间的较量。当被怨恨所感染的知识分子客观上成为殖民主义的共谋者,对汉语的怨恨也就被准备好了。最严重者莫过于有人竟提倡"废除汉语"。知识分子关心现实的道德情怀固然值得肯定,但恰恰是这一点有时会令人毛骨悚然。"废除汉语"才真正意味着亡国灭种!汉语占用了中华民族,就像诗占用了诗人一样;汉语是我们的天命,就像诗是诗人的天命一样。对汉语的怨恨就是对祖国的怨恨。
>
> 　　　　　　　　（唐文明:《谁的解释学处境?何种认同?》,
> 　　　　　　　　见《中华读书报》1998年12月2日）

有些话很尖锐,也不一定准确,基本精神是正确的。如果连汉语汉字都废除了,中国人还有什么本位文化可言呢！这些主张废除汉语汉字的人事实上并不了解汉语汉字。赵元任是真正了解汉语汉字的,他又通晓多种西方语言,他的《谈谈汉语这个符号系统》,对汉语汉字做了很公正很科学的评价。他认为"汉语的文字系统,即使把简化字考虑在内,当然是很不简单的,可是它在优美性尺度上的等级是高的。""汉语就其普遍性而言,跟世界各种语言相比,得分是很高的,它可以和西方古代的拉丁语的地位相比,甚至高出拉丁语。"（《谈谈汉语这个符号系统》,《中国现代语言学的开拓和发展——赵元任语言学论文选》第91页、99页）

汉语、汉字在国际上的地位越来越高，四十多年之前，中文还没有成为联合国的主要工作语文之一，现在所有联合国的文件都必须译成中文。古老的汉字正在焕发青春。中国人应高度重视自己的本位文化，不可妄自菲薄，只有立足于本位，才能为世界文化的发展做出新的贡献。

第十一节　汉字与精英文化

1997年10月23日，我应北师大汉字与中文信息处理研究所的约请，在该所举办的汉字学高级研讨班做了一次学术演讲，题目就是"汉字与精英文化"，这一节的内容就是在演讲稿的基础上改写出来的。时过一年，我读了饶宗颐的《符号·初文与字母——汉字树》，其中谈道：

> 美国吉德炜教授（D. N. Keightley）……谓虽然西方传教人士很早已将字母传入华夏，但始终无法引导汉字纳入字母化的道路。他指出汉字传承精英文化，蕴积至为深厚，不受西方影响，其说甚是。

（《符号·初文与字母——汉字树》第188页，商务印书馆1998年版）

一个美国人也注意到汉字与"精英文化"的关系，与我的见解不谋而合，而且认为这是汉字"不受西方影响"的重要原因，饶先生肯定"其说甚是"。

一、什么是精英文化

精英文化无疑属于社会命脉的主体文化。在传统文化中，由巫史、士大夫、劳心者、知识分子所创造的巫史文化、学术文化、士绅文化、经典文化，都属于精英文化。在特定意义上精英文化指的就是具有相当影响和权威的文献文化。

按照社会发展阶段的不同，精英文化可分为原始精英文化，古典精英文化，现代精英文化。不论哪个阶段的精英文化，都要以文字作为前提。

原始精英文化出现在文字发生期、成长期；古典精英文化出现在文字的系统期；现代精英文化出现在文字与现代科技的结合期。

研究精英文化是哲学家、史学家、人类学家、语言学家、文字学家的共同任务。从80年代开始，汉语言文字学的研究出现了多元化的新格局，研究汉字与精英文化的关系，是汉字文化学的重要内容之一。

精英文化是与大众文化相对而言的，二者之间并没有不可逾越的鸿沟。由于历史背景、文化制度的转换，二者也可能转换为自己的反面。大众文化具有普遍性、流行性、时俗性的特点，往往掌握群众的大多数，但并不一定都跟文字有关。精英文化由漫长的历史积聚而成为民族传统，由传统而发展为性格、思维方式，文字有参与作用、传导作用。文字基本上是精英文化的产物，又是精英文化的载体。文字的没落，往往意味着精英文化的失落，也意味着一个民族的没落。以这样的认识来看待汉字与精英文化的关系，才能对汉字在汉文化史上的地位做出恰当的评判。

二、汉字与巫史

文字起源于图画，文字起源于巫史，这是同一话题的两个侧面，可是很少有人把二者的关系点明说透。说文字起源于图画的不顾及巫史；说文字起源于巫史的不谈及图画。二者怎么能脱节呢？巫史是文字的创造者，所创造的"文字"原本就是"图画"。一是指行为的主体，一是指行为的结果，二者必须统一起来才可说清文字的起源问题。若只说一半，那是不全面的，那还是不了解文字的起源出于什么样的文化背景。陆志韦先生说："识字原先是宗教式的技术，是'巫''祝'等人的专门知识，普通人不敢尝试。造字更是了不得的惊天地、泣鬼神的事业。"（《陆志韦语言学著作集》（一）71页，中华书局1985年版）此言道出了汉字与巫史的原始关系。

根据文献记载，结合考古资料，再加上世界古文字产生的一般规律，我们可以对汉字的产生做这样的学术推断：伏羲时代已由图画记事发展到图画文字，黄帝时代已由图画文字发展到与象形文字并用的阶段（西晋卫恒《四体书势》说"自黄帝至于三代，其文不改"，唐徐坚等著《初学记》卷二一"文字第三"亦有此语，但此说不可信），尧舜禹时代的文字当与殷商时代的甲骨文有内在联系。

关于文字的名称，毫无疑问也有一个发展的过程。我们现在只知道"独体曰文，合体曰字"，古曰"名"、曰"文"，"今曰字"。"名者自其有音言之，文者自其有形言之，字者自其滋生言之。""六经未有言'字'者，秦刻石'同书文字'，此言字之始也。"（《说文解字注》第754页）难道汉字曾经只有这些名称吗？要知道，这些名称都是汉字成熟期、系统期的名称，它在发生期、原始期、生长期就没有特定的名称吗？我以为原始期的图画式文字就叫作"象"，由"象"变为"名"、为"书"、为"文"、为"字"。从伏羲到尧舜，中间大约有三四千年，经过漫长的发展，汉字才逐渐变为成熟的文字。

现在要问，这几千年间，是什么样的人才有能力有条件成为文字发展的主要力量呢？也就是说，什么样的人是当时的文化精英呢？当时的精英文化又是什么呢？

回答是：巫史是当时的文化精英，当时的文化精英是巫术。

那个时候的"文字"是巫术仪式的重要组成部分，是巫师与精灵世界、神话世界取得"联系"的一种象征。文字的产生萌芽，主要力量是巫史，当时的酋邦或酋邦联盟的头领也就是巫师头人，伏羲、黄帝、仓颉都是这样的人。弗雷泽说："在早期社会，国王通常既是祭司又是巫师。确实，他经常被人们想象为精通某种法术，并以此获得权力。因此，为了理解王权及其神性的进化——在未开化的人们看来，是因为国王具有这种神性才授予他这种职位的——就必须对巫术原理有所了解，同时对于在各个时代和所有国家里深深扎根于人们心中的古代迷信也应有一些概念。"（《金枝》中译本第18页，大众文艺出版社，1998年版）巫师也是后代知识分子的先驱，他们的知识水平当然不可能高于后代的知识分子，若论知识结构的全面性而言可能称得上"通才"。那是一些通天文、晓地理、识万物、懂医药、会打仗、能管理、包办宗教仪式、专与天神地祇人鬼交往、以惊人的记忆力背诵一长串氏族谱系和迁移转战史的"圣人"。贾谊说："吾闻古之圣人，不居朝廷，必在卜医之中。"（《史记·日者列传》第3215页，中华书局

1959年版）卜医均来自巫师，巫师当然也是"圣人"。弗雷泽对巫术的评价颇为辩证："就巫术公务职能曾是最能干的人们走向最高权力的道路之一来说，为把人类从传统的束缚下解放出来，并使人类具有较为开阔的世界观，从而进入较为广阔自由的生活，巫术确实做出了贡献。对于人类的裨益决非微不足道。当我们更进一步想到巫术还曾为科学的发展铺平道路时，我们就不得不承认：如果说巫术曾经做过许多坏事，那么，它也曾经是许多好事的根源；如果说它是谬误之子，那么它也是自由与真理之母。"（《金枝》第74页）事实上我们的古人对巫师的个人修养、才能、职责、地位、作用等有颇为详细的论述：

> 古者民神不杂，民之精爽不携贰者，而又能齐肃衷正，其智能上下比义，其圣能光远宣朗，其明能光照之，其聪能听彻之。如是，则明神降之，在男曰觋，在女曰巫。是使制神之处位次主，而为之牲器时服。而后使先圣之后之有光烈，而能知山川之号、高祖之主、宗庙之事、昭穆之世、齐敬之勤、礼节之宜、威仪之则、容貌之崇、忠信之质、禋絜之服，而敬恭明神者，以为之祝。使名姓之后能知四时之生、牺牲之物、玉帛之类、采服之仪、彝器之量、次主之度、屏摄之位、坛场之所、上下之神、氏姓之出，而心率旧典者，为之宗。
>
> （《国语·楚语下》）

《国语》基本上是以春秋时代为背景的历史文献，巫、祝、宗还是沟通神灵的权威人士。引文中没有谈到"史"。据《左传·庄公三十二年》记载:"神居莘六月,虢公使祝应、宗区、史嚚享焉,神赐之土田。"祝、宗、史三者并提,史也是巫术精通者,直到汉代的司马迁还说:"文史星历近乎卜祝之间。"(《报任安书》)他们原本就是由同一职业分化而来,只不过到了西周末期,巫祝的地位越来越低下,史的作用越来越突出。随着人类文明的发展,驾驭自然的能力不断提高,巫术越来越衰落,渐渐由精英文化蜕变为糟粕文化。可是,在原始社会,"巫术可以被说成是原始人必须通过的第一个学校。"(《人论》第119页)巫师在驱鬼敬神的各种仪式中,绘制各种象征神灵鬼怪的图像,这些连环画式的图像代代相传,渐渐就变成了文字,这是文字起源的普遍规律。有人说:"文字的发明在很大的程度上是为了巫术的需要。无巫则无字,无字则无史。"(马德邻等:《宗教:一种文化现象》第54页,上海人民出版社1987年版)甲骨文已是相当成熟的文字,但我们现在见到的甲骨文资料其内容多为卜辞。正如汪德迈所言:"与其说这些记文是为了人与人之间的交流,毋宁说只是为了记载人类与精灵、与上苍的联系。"(《新汉文化圈》中译本第93页,江西人民出版社1993年版)还有一个活样板——东巴文字,对我们研究汉字与巫史的关系有极其重要的参考价值。

"东巴",在纳西语中意为"智者",直译则为"山乡诵经者"。兰伟在介绍东巴与东巴文的关系时说:

> 一般的看法是纳西文字的产生早于东巴教。认为文字的产生开始是用来记载事物的,东巴教产生以后,东巴才利用

它来记载经文。但从东巴文的产生和发展的情况来看,东巴教作为纳西族的原始巫教,它的产生不仅比东巴文的产生要早得多,而且它是东巴文得以产生和发展的"土壤","课标"画就是东巴文的前驱,东巴则是东巴文的创制者。东巴文中约三分之一的字是直接为东巴教的需要而造出来的,从文字本身也可以证实东巴教的产生早于东巴文。至于个别人用这种文字记事、记账和通信,这只是后来东巴扩大了东巴文的应用范围而已。

(兰伟:《东巴画与东巴文的关系》,见《东巴文化论集》第432页,云南人民出版社1985年版)

东巴文属于图画文字和象形文字,掌握这种文字的人是东巴,"大量东巴典籍,由于文字古朴,非经老东巴释读,并把形、音、义记录和直译出来,那么,即使是纳西族学者也无从研究。"(和万宝:《东巴文化论集·序》第2页)

据研究,东巴文属于自源型文字,汉字同样是自源型文字,二者在自源的发生阶段都以图画为"前驱",创制于巫师之手,文字为巫术的需要而造,这样的推断应当接近事实真相。当然,我们在下文还要进一步论证。

甲骨文以前的文字情况如何,地下考古还没有提供确切的资料,但古文献资料已给我们提供了某些重要信息。我们一定要重新审视古人传下来的文献资料。我们虽然不能尽信书,把古代的传说全当作信史,但也没有理由完全抛开这些明文记载。

《周礼·春官·外史》"掌三皇五帝之书"。是什么"书"

呢？东汉贾逵以为三皇五帝之书即《三坟》、《五典》。(《左传·昭公十二年》孔颖达疏引贾逵云："三坟，三王（宋本作皇）之书；五典，五帝之书。"《十三经注疏》下，第2064页）为什么不掌之内史而掌之外史呢？顾实的解释是："此周人之内三代而外三皇五帝，有以也。……三代之王朝虽亡，而三代世官之守犹存，故内之而因成法也。三皇五帝不然，王朝既亡，并无世官之守，故外之而存治化也。……三王有世传之政，五帝有世传之人，三皇仅有世传之书而已。"(《汉书艺文志讲疏序例》，《国学丛刊》1卷1期，1923年）据《左传·昭公十二年》载，楚灵王的左史倚相"能读《三坟》、《五典》"。可证春秋楚国还保存这类图书，一般人已经读不懂了。其中的原因大概如孔子所言，"天子失官，学在四夷"。(《左传·昭公十四年》）

《史记·封禅书》引管仲的话说："古者封泰山禅梁父者七十二家，而夷吾所记者十有二焉。"这十二氏即无怀氏、伏羲、神农、炎帝、黄帝、颛顼、帝喾、尧、舜、禹、汤、周成王。《后汉书·祭祀志上》注引《庄子》曰："易姓而王，封于泰山，禅于梁父者，七十有二代。其有形兆垠堮勒石，凡千八百余处。"(《后汉书·祭祀志》第3162页，中华书局）据《韩诗外传》称，孔子登泰山时也见过许多上古封禅刻石，"不能尽识"。（伪孔传：《尚书序》孔疏引，《十三经注疏》上，第113页）为什么这些刻石文字连孔夫子也不能完全认识了呢？原因就是许慎说的："迄五帝三王之世，改易殊体，封于泰山者七十有二代，靡有同焉。"或者如宋人王观国所言："古者帝王登封泰山，必有金石之刻，其文字形体各不同，历时既久，罕有传者。"(《学

林》卷一，第21页）

这些材料说明，在黄帝之前，中国大地上曾有过文字"百花齐放"的时代，"仓颉者，盖始整齐画一，下笔不容增损，由是率尔著形之符号，始为约定俗成之书契。""自仓颉定文以还，五帝三王又乃改易殊体。古文猥众，一字数形，加以点画单奇方邪随势，复难识别。"（章太炎：《造字缘起说》，《章太炎全集》三，第390页。又见《中国现代学术经典·章太炎卷》176页，河北教育出版社1996年版）

根据另外一些记载我们可以推断，所谓的《三坟》、《五典》以及与之同时代的封禅刻石，有可能是图画文字或象形文字，其内容与原始巫术、宗教崇拜、神话传说有关，与东巴经性质相类似，属于巫书。司马迁在《五帝本纪》中说："百家言黄帝，其文不雅驯，搢绅先生难言之。"所谓"不雅驯"，当指精灵神怪图腾之类的传说，文明社会的历史学家司马迁对此既不理解也很不感兴趣了。于此，傅斯年有过中肯的批评。他说："可惜太史公当真不是一位古史家，……求雅驯的结果，弄到消灭传说中的史迹，保留了哲学家的虚妄。"（《夷夏东西说》，见《中国现代学术经典·傅斯年卷》213页，河北教育出版社1996年版）

受过西方文化洗礼的章太炎对文字与图画与敬鬼神的关系，联系中外材料，发表了颇有价值的意见："吾闻斯宾塞尔之言曰：有语言然后有文字。文字与绘画，故非有二也，皆昉乎营造宫室而有斯制。营造之始，则昉乎神治。有神治，然后有王治。故曰：'五世之庙，可以观怪。'禹之铸鼎而为离魑（魑魅），屈原之观楚寝庙而作《天问》，古之中国尝有是矣。澳大利亚与南亚非利加之野人，尝垩涅其地，丹漆其壁，以为画图。其图则生人战斗与上古之异事，以敬鬼神。埃及小亚细亚之法，自祠庙宫寝而外，不得画壁，其名器愈峻。当是时，布政之堂与祠庙为一，故以画图为央之政，以扬于王庭。其朝觐仪式绘诸此，其战胜奏凯绘诸此，其民志驯服壶箪以迎绘诸此，其顽梗方命（指抗命）终为俘馘绘诸此。其于图也，史视之，且六典祀之，而民之震动恪恭，乃不专于神而流虻于图，见图则爽然师保逮其前矣。君人者，藉此以相临制，使民驯扰，于事益便。顷之，以画图过繁，稍稍刻省，则马牛凫鹜，多以尾足相别而已，于是有墨西哥之象形字。其后愈省，几数十画者杀而成一画，于是有埃及之象形字。"（《訄书重订本·订文第二十五》，《章太炎全集》三，第207—208页，上海人民出版社1984年版。又见徐复《訄书详注》371页，上海古籍出版社2000年版）章太炎对画图演变为文字的过程，对"君人者"利用画图"以相临制"的推断，都是很对的。只是他未谈到原始时代洞穴岩画与文字与巫术的关系，以为画图起始于"营造宫室而有斯制"，而不知道祠庙宫寝的壁画制度源于岩画。

关于巫术与文字的关系，还有四条文献资料可以提出来讨论。

第一，太昊伏羲与图画文字的关系。

《周易·系辞下》及《说文·叙》都说伏羲氏"仰则观象于天，俯则观法于地，观鸟兽之文与地之宜，近取诸身，远取诸物，于是始作八卦"。

这里有两个问题值得探讨，一是作八卦为何要"仰观"、"俯视"、"近取"、"远取"？二是伏羲为何要作八卦？

先说第二点。伏羲作八卦的目的有三种说法。《系辞》说是

"以通神明之德，以类万物之情"；《说文·叙》说是"以垂宪象"；陆贾《新语·道基篇》说是"以定人道"。

所谓"以通神明之德"，是说伏羲能通晓神明的德性，能沟通人与神的关系。纬书《易通卦验》郑玄注："苍精牙肩之人，能通神灵之意，谓伏羲将作《易》也。"伏羲精于巫术，是那个时代的"智者"、"圣人"。八卦是巫术的产物。

所谓"以垂宪象"，是用八卦来垂示法定的图像，从而达到"以定人道"的目的。《易通卦验》郑玄注："伏羲时质道朴，作《易》为政令而不书，但以画见其事之形象而已矣。"郑玄把"书"和"画"绝对分开，因为他不明白书画同源，可是他将"画"与"政令"联系起来，已暗示了图画已具有文字的功能。既然这些图画已是"宪象"且有"政令"的性质，当然就不是为艺术而艺术的图画，也不可能是我们现在所见到的由阳爻阴爻构成的八卦，应该是有具体图形有巫术含义的宗教文字画。"设卦观象"、"画卦立象"、"神道设教"，其内容必然涉及天象、地理以及动植物和人体自身的生殖崇拜，这就回答了我们提出的第一个问题，作八卦为何要"仰观"、"俯视"、"远取"、"近取"。《易乾凿度》还说："卦者，挂也。挂万物，视而见之。"《周易正义》"乾"卦"元亨利贞"孔疏："《易纬》云：'卦者，挂也。'言悬挂物象以示于人，故谓之卦。"所谓"物象"就是图画，这些图画是挂起来的，挂在八个方面，故谓之八卦。可以想见，这些挂图并不是为了展览，而是巫师们在挂图前作法事，跳舞唱歌，举行祭祀仪式。汉代人已不了解这种图画的文字性质，所以说"伏羲作《易》，无书以画事。"(《易坤灵图》，见《易纬》第115页，上海古籍出版社）马叙伦拘泥于八卦的构造原则是—和--，是用土做的，"可以挂起来表示给人看，所以叫作卦。"（马叙伦:《中国文字之原流与研究之方法》，《学林》第6辑，1941年）忽视了八卦与"物象"的关系。他又说："我想庖牺造八卦，原来并非拿做卜筮用的，大概在我们用的文字尚未产生以前，他们就是替代语言的工具。"他的这个想法有一定道理。推想很难取信于人，用东巴画与东巴文的关系来看八卦画与文字的关系，虽不能作为直接证据，对开启我们的思路应当是极有意义的吧。

请看兰伟的介绍：

> 纳西族东巴画中有一种最古老的"课标"木牌画，它与东巴文的关系最密切。从它身上可以明显地看到东巴文是怎样由图画逐步发展演变起来的，……由于东巴教是一种原始巫教，它把客体看成到处是布满神灵和鬼魂的世界，而把巫术看成是活人与鬼魂之间联系的手段，"课标"木牌画则是巫术的重要组成部分。人们相信"课标"所画形象具有精灵和魔力，因此为了祈求鬼神消灾赐福，满足人们各种各样的要求和幻想，巫术形式逐步增多，"课标"也随之繁杂起来。……这些画稿在东巴长期使用和传抄过程中，所画内容及形象逐步向规范化、线条化发展，形成一幅幅记事图谱，这就是东巴文的前驱。
>
> （《东巴画与东巴文的关系》，《东巴文化论集》第424—426页）

兰伟列举了两幅"课标"画稿。一幅是东巴祭风时使用的"课标",另一幅也是祭风时用的"课标"画(见图一及文字说明)。两幅画中的图像就是古文字学家称为"文字画"的画。"原始的绘画和写字并没有严格的区别,有些画和字也就难以分开。"(《东巴文化论集》第430页)

有人认为:"图画与文字是有本质区别的。……从图画到文字是一种飞跃,其中并不存在'图画文字'的过渡型。"(邹衡:《中国文明的诞生》,《文物》1987年第12期)如果这位先生对东巴文字做过研究,就不会如此武断地否定"图画文字"了。由图画"飞跃"到文字,难道是眨眨眼的工夫就"飞"过去"跃"过去了吗?实现这种"飞跃"恐怕得上千年或好几千年吧。

论者又谓,东巴文与伏羲时代的八卦画年代相距如此之遥远,怎么可以相提并论呢?其实,东巴文是图画文字的活化石,拿它与汉民族的古文献资料相印证,与文字起源的一般规律相印证,其意义是不可低估的。况且,摩尔根可以利用从印第安人那里调查来的资料研究人类原始社会的发展规律,列维·布留尔可以利用澳大利亚等地土著居民的资料研究原始人的思维,列维-斯特劳斯利用多种土著居民的资料研究野蛮人的心智(野性思维),研究永宁纳西族的母系制可以帮助我们认识远古社会,研究基诺族的刻木记事有利于汉民族的契刻制度,所有这些都是以今例古,参照有据,有什么不可以呢!东巴画与八卦画在发生年代上虽相距遥远,但从文字发展规律而言,二者具有一定程度上的共同性,也就是在时间上不平行,在阶段上却可以比较。因为人类早期文化普遍存在发生性的趋同现象,这是由原始文化共同的心理结构造成的。

①　　　　②

图一

图一及文字说明（见《东巴文化论集》第426—427页）

由于东巴教是一种原始巫教，它把客体看成到处是布满神灵和鬼魂的世界，而把巫术看成是沟通活人与鬼魂之间联系的手段，"课标"木牌画则是巫术的重要组成部分。人们相信"课标"所画形象具有精灵和魔力，因此为了祈求鬼神消灾赐福，满足人们各种各样的要求和幻想，巫术形式逐步增多，"课标"画也随之繁杂起来。由于"课标"画一般用后丢弃，东巴不易保存和传习，为了便于使用和传授，东巴逐步将传统的"课标"画进行记录整理，从而逐步产生了"课标"画画稿。这些画稿在东巴长期使用和传抄过程中，所画内容及形象逐步向规范化、线条化发展，形成一幅幅记事图谱，这就是东巴文的前驱。如图一①是东巴祭风时使用的"课标"画画稿，它记录了纳西族地区广泛流传着的《达勒阿萨命》的故事。传说达勒有个姑娘叫阿萨命，她骑着一匹青骡嫁到石鼓这边来，按规矩新娘是不能往后看的，但因为她惦念父母，又忘记带木梳子，所以回头看了一下，突然风起云涌，右边吹起一股白风，左边刮来一股黑风，黑风白风争抢阿萨命，最后把她卷贴在红石岩对面的岩石上，成了风神娘娘。这只是故事的梗概，东巴的"课标"画记录得更概括，它只画了旋涡风、云朵、阿萨命（戴尖帽以示新娘）、青骡、山岩等几个主要图像，但任何东巴一看就知道记录的是《达勒阿萨命》的故事，说明所画图像比较规范，成为约定俗成的图谱，造字的基础。事实上这些图像后来已分别成为东巴文中的"旋风"、"云"、"小尖帽"、"衣服"、"裙子"、"脚"、"骡子"、"山岩"等字。又如图一②也是祭风中使用的"课标"画稿，记录着长着山羊头鬼王的故事。图中说明这是鬼王居住的地方，上有日月星辰，房头上和树林里养着许多饿老鹰和乌鸦，专门降凶祸于人类和家畜。这些图像也在东巴文中分别成为"湖"（海）、"天"、"日"、"月"、"星"、"辰"、"云"、"鹰"、"乌鸦"、"塔"、"柏树"等字。上述两幅"课标"画稿肯定不会是最原始的，它经过东巴世代传抄修改逐步成为规范了的记事图谱。这就是古文字学家称为"文字画"的画，它没有固定的读音，仍未脱离图画的范畴，直到东巴在此基础上进一步用来记录经咒，绘画与语言相结合，这个时候真正的东巴文才算产生。

第二，"古人之象"即图画文字。

《尚书·皋陶谟》中谈到虞舜时代还有图画文字，历来的注释家和研究汉字起源的人都未加注意，只有段玉裁曾经指出了这一点，但语焉不详，未引起后人关注。《皋陶谟》的原文是：

> 予（舜）欲观古人之象，日、月、星辰、山、龙、华虫作会；宗彝、藻、火、粉米、黼、黻绨绣，以五采彰施于五色，作服。

这就是所谓的"冕服十二章"（可参阅清人恽敬《大云山房十二章图说》，今人黄能馥、陈娟娟著《中国服饰史》第二章第四节）。《孟子·尽心下》也说舜为天子，"被袗衣"。东汉赵岐注："袗，画也。"《史记·五帝本纪》说"尧乃赐舜绨衣。"（绨字疑有误，这里不详细讨论）这种"袗衣"上的"古人之象"究竟是什么意思呢？许慎的《说文·叙》透露了一点消息。许慎说："《书》曰：'予欲观古人之象'，言必遵修旧文，而不穿凿。"现在有的注家把《书》的这句话解为"我要看古人的物象。言欲继承前代之文物、制度。"（《中国历代语言文字学文选》第123页，江苏人民出版社）许慎明明讲的是文字问题，与文物制度何关。段玉裁的注凿破混沌，深得要领。

> 古人之象，即仓颉古文是也。象形、象事、象意、象声，无非象也，故曰"古人之象"。文字起于象形，日、月、星辰、山、龙、华虫、宗彝、藻、火、粉米、黼、黻，皆象其物形，即皆古象形字，古画图与文字非有二事，帝舜始取仓颉依类象形之文，用诸衣裳以治天下，故知文字之用大矣。伏羲、仓颉观于天地人物之形，而画卦、造书契，帝舜法伏羲、仓颉之象形，以为旗章衣服之饰。大舜之智，犹修

第三章 关系论

旧不敢穿凿,况智不如舜者乎!

(《说文解字注》第763页)

段玉裁对"绣"字的注释也指出绘画与文字的关系。原文:

> 《考工记》:"画绘之事杂五采,五采备谓之绣。"郑氏《古文尚书》曰:"予欲观古人之象,日、月、星辰、山、龙、华虫作缋,宗彝、藻、火、粉米、黼、黻希绣。"此古天子冕服十二章。"希"读为"黹"。或作"絺",字之误也。按今人以鍼缕所紩者谓之绣,与画为二事。如《考工记》则绣亦系之画绘,同为设色之工也。画绘与文字又为一事,故许以"观古人之象"说"遵修旧文"也。

(《说文解字注》第649页)

段氏的这两条注真可以令人拍案叫绝,除了由于时代局限而误言"仓颉古文"之外,聪明的段玉裁解决了文化史、文字史上的几个重大问题。

首先,段氏明确指出,"象"就是文字。我在上文已经讲过,伏羲、尧、舜时代尚无"文"、"书"之类的名称,当时的图画文字叫作"象"。《汉书·艺文志》"六书",除转注、假借外,其余四种造字法均曰"象×",这跟远古时代称图画文字为"象"应该有关系。

为什么把图画文字叫作"象"?《易·系辞下》说:"象也者,像此者也。"画卦立象,盖源于"天垂象,见吉凶"之类的巫术思想，是以"圣人象之"。"象"之得名与巫术有内在的一致性。

其次，18世纪的段玉裁坚信"古图画与文字非有二事"，解"遵修旧文"之"文"为象形字，见地非凡。段氏不可能知道在中国还有东巴图画文字，更不可能知道世界上曾有苏美尔图形文字以及埃及圣书之类的古文字。他能做出科学的诠释，完全在于他对于历史文献资料有极高的领悟能力。现在谈汉字文化的人，往往轻视文献资料的有关记载，或者不能正确地诠释这些资料，不"好古"而又希冀"敏求"，后果会如何呢？

再其次，段玉裁揭示了"古人之象"与"用诸衣裳以治天下"的关系，从而使我们明白了《易·系辞下》说的"黄帝、尧、舜垂衣裳而天下治"这样一个极其重要的统治术究竟是什么意思。

"古人之象"所象很广泛，段氏举"古天子冕服十二章"为例，认为就是十二个图画文字。自"日、月"至"华虫"（雉或凤鸟之类）分别绘于上服，"宗彝"（以虎或长尾猴为图像的彝器）至"黼、黻"绣于下裳。把这些既是图画又是文字的物象绣绘在衣裳上，当然不只是为了好看，而是巫术思想、图腾崇拜的表现。上衣与下裳各六种物象，代表天神世界与地祇世界的崇拜对象。上衣以太阳为首，对太阳神的崇拜与农业生产有关。下裳的"黼"文为黑白相间的斧形，"黻"为两弓相背之形，都是武力和威权的象征。数字为上六下六，合为十二。《左传·哀公七年》："周之王也，制礼，上物不过十二，以为天之大数也。"周代制礼以十二为极数，如十二次、十二旒、十二牢之类，恐怕是从远古时代继承下来的，有特定的巫术含义。天子穿上绘有十二物的文字画衣，作为天神地祇的代表，这就是"垂衣裳"（用衣裳垂示图像），也就是"观古人之象"。"观"，不是看的意思，而是给人看。即把"古人"规定的象服显示出来，目的是为"治天下"，故许慎说："盖文字者，王政之始。"段玉裁也赞叹道："文字之用大矣！"汉字与王政的关系从汉字生长期就开始了。

《诗经》时代文字与图画早已分家，而《鄘风·君子偕老》中还提到"象服"（王后及诸侯夫人所穿的画袍）。这种"象服"无疑是从"古人之象"或受"古人之象"的影响演变发展而来。后来的天子还身着所谓龙袍，文字的作用早已不复存在，神话思维图腾崇拜的遗意却很显然。1998年8月7日的《北京青年报》第13版登过一篇文章，题目叫《原始文化生死结》，文中谈到云南民族文化传习馆的负责人"曾经在一边远山区买过一件彝族嫁衣，第二天，嫁衣的主人——一位老大妈就去世了。面对嫁衣上有关图腾、禁忌、传说等本部族特有的文化符号，村里的年轻人已经说不清楚，更甭说有人会绣了"。这位负责人感慨说："少数民族传统文化死亡的速度太快了！往往是这一代人走了，几千年的智慧结晶也跟着走了。1986年我第一次去红河，亦车人（哈尼族的一个支系）穿的是民族龟背服，两年后再去就只有老妇人穿了，90年代初去，已经没人穿了。"在衣服上绣上本民族的文化符号，起源于古老的原始文化，彝族的图腾服，亦车人的龟背服，都有助于我们理解汉族原始时代的衣裳制度。衣裳也是文化符号，其中的图画、文字代表地位、等级，体现特定的时代精神、文化风貌。

我们再回到原来的话题上来，舜说的"古人之象"，这"古人"是泛说还是有所指呢？清人孙星衍《尚书今古文注疏》说："古人谓黄帝。"（《尚书今古文注疏》第97页，中华书局1986年版）黄帝是仰韶文化时代酋邦联盟的首领，也是巫师首领。在《大戴礼记·五帝德》中，孔子说他"生而神灵，弱而能言"。又说："黄帝黼黻衣。"清人王聘珍注："言衣裳始有章采也。"（《大戴礼记解诂》第117—119页，中华书局1983年版）这条注乃泛泛而谈，注者已不明白黄帝时代有图画文字，更不明白用文字画装饰衣裳始于黄帝。《九家易》对"黄帝尧舜垂衣裳而天下治"的解释是："黄帝以上，羽皮革木以御寒暑，至乎黄帝始制衣裳垂示天下。"（见李鼎祚：《周易集解》卷十五，第4页注）这条注更不得要领。读了这些注文就更觉得段注之可贵。

最后，段玉裁还谈到以图画文字为旗章之饰。也就是说，旗帜上所画的日、月、龙、虎、龟、蛇等物也具有文字的作用，也是文字的来源之一。《说文·叙》："鸟虫书，所以书幡信也。""幡"（旗帜）"信"（符节）用鸟虫书，不只是为了装饰，乃是图画文字留下来的远古传统，是图腾崇拜的遗俗。直到春秋战国时期，一些南方诸侯国如吴越楚蔡，在兵器盘鉴等器具上还使用鸟虫书，许多出土文物上的文字材料都可证图画文字的存在。

第三，文字由巫术扩用于"百官"、"万民"。

《周易·系辞下》："上古结绳而治，后世圣人易之以书契，百官以治，万民以察。"同样的意思，《淮南子·泰族》的说法更为明确具体："仓颉之初作书也，以辩治百官，领理万事，愚者得以不忘，智者得以志远。"圣人指的就是仓颉。《国语·鲁语上》："黄帝能成命百物，以明民共财，颛顼能修之。"《礼记·祭法》有同样的话，只是"成命百物"作"正名百物"。钱大昕说，"正名"就是正文字。"仓颉制文字，即于其时。'名'即文也，'物'即事也。文不正则言不顺，而事不成。"（《潜研堂文集》卷九，第113页，万有文库本）顾实说："读者正当注目于'百官万民'四字，……盖邃古之时，有文字久矣，必待至黄帝仓颉而文字始遍用于百官万民。……自来读《易》者，第知注目结绳二字，遽谓结绳之治告终以前无文字，因无文明，岂不悖哉！"（顾实：《"结绳而治"时代之文书》，《国学丛刊》1卷2期，1923年）

统观以上材料，黄帝时期原始汉字的发展处于重要转折阶段。第一是"正名"。名之所以要正，是因为随着联盟范围的扩大，需要罢其与黄帝酋邦之"名"（文）不合者。第二古人的记载强调"百官万民"，正说明此前的文字使用范围比较狭小。文字由用于巫术扩大为记事工具，此其时也。第三文字用于"百官万民"，必然加速文字的演变，图画繁难，变为象形，此其时也。第四"明民共财"，据孔颖达的解释："以明民者，谓垂衣裳使贵贱分明，得其所也。共财者，谓山泽不鄣，教民取百物以自赡也。"（《十三经注疏》下，第1590页，中华书局）黄帝时代已有贵贱等级不同，衣裳旗章皆有等次。周人所说的"掌九旗之物名"（《周礼·春官·司常》），"百官象物而动"（《左传·宣公十二年》），应是古已有之。物必有名，画其物形，称其物名。画与名结合就是文字，所以文字曾经也叫"名"。民可以"取百物以自赡"，说明"民"已经有了私有财产。地下考古发现，仰韶文化晚期墓葬器物有很大不同。有的随葬品多，有的较少，有的一无所有。少数富人的出现，为精神文化生产创造了条件。

颛顼是黄帝的孙子，在文字发展中起过什么作用，史书无明文记载。但有两项重大改革与文字问题有联系。

第一件是整顿巫史队伍，取缔九黎酋邦的巫术，垄断巫史神权，这就是很有神话意味的"绝地天通"。

根据《尚书·吕刑》和《国语·楚语下》的记载，黄帝酋邦对蚩尤酋邦的战争，经历了几代人（黄帝—少昊—颛顼）的反复较量，黄帝酋邦才取得最后胜利。著名的涿鹿之战，蚩尤被杀，这个酋邦并未灭亡，不过屈居于被统治地位，到黄帝之子少昊时代又出现了"九黎乱德"的局面，他们"犯上作乱"，在巫术方面另有一套，而且颇有号召力，以至"民神杂糅，不可方物。夫人作享，家为巫史"。（《国语·楚语下》）这显然是对黄帝酋邦巫史权威的公然挑战。颛顼继位之后，大力改变"民神同位"的社会风气，树立本酋邦巫史的绝对权威，禁止平民从事巫术活动，这就是《尚书·吕刑》、《国语·楚语下》所说的"绝地天通"（高诱注："绝地民与天神相通之道。"）巫术活动离不开图画文字，既然一般人不能与天神相通，他们就有可能失去掌握文字的机缘，文字进一步为巫史所垄断。

第二件是官制名称的改革，废除旧的以各种图腾命名的官制，改为"以民事"（指所掌管的事务）命名。据《左传·昭公十七年》记载，颛顼继少昊氏为帝，废除了以云（黄帝）、以火（炎帝）、以水（共工）、以龙（太昊）、以鸟（少昊）这类图腾命名的官制，改为"为民师而命以民事"的官制。如改凤鸟氏为历正(主管历数正天时之官,古人认为凤鸟知天时),改雎鸠氏为司马(主管兵刑法制,雎鸠乃鸷鸟,又雌雄有别),改鸤鸠氏为司空(主管平水土)等等。图腾具有图画文字的作用,有的就是图画文字,官名改革意味着这些名称不再使用图腾文字,这也属于"正名"性质。这项改革措施是否透露出当时进行过文字改革的信息呢?回答应是肯定的。

第四,还可以证明文字与巫术有关系的是仓颉造字后"天雨粟,鬼夜哭"的传说。

记载这条材料的是《淮南子·本经》,只是记载者已不了解其中包含的巫术思想,他们引用这个传说的目的是为了宣扬反智主义。他们的结论是"能愈多,而德愈薄矣"。人们掌握了文字,种种虚伪欺诈的不道德行为就产生了,为了从饥饿线上拯救人类,天上才掉下粟子来。东汉末年河北人高诱注释这句话时发挥说:

> 仓颉始视鸟迹之文,造书契,则诈伪萌生。诈伪萌生则去本趋末,弃耕作之业而务锥刀之利。天知其将饿,故为雨粟。鬼恐为文书所劾,故夜哭也。

高注是在反智主义的基础上,又糅进了汉代人贵本抑末的思想。仓颉时代商业尚不发达,还谈不上"弃耕作之业"的问题。王充从辨虚实的立场出发,反对"天雨粟,鬼夜哭"与仓颉作书有关。他说:"天地为图书,仓颉作文字,业与天地同,指与鬼神合。何非何恶,而致雨粟神哭之怪!"(《论衡·感虚篇》)由此,我们可以引出一个结论,儒家的文字观与道家的文字观有着原则上的不同。儒家对文字持肯定态度，以文字为"经艺之本，王政之始"，道家反精英文化，在逻辑上必然要反对造字，以致把"诈伪萌生"归罪于仓颉"造书契"。老子、庄子都明确主张"弃圣绝智"，都赞美结绳记事的社会好得很，他们生活在春秋战国时代，应用文字写着优美的文章，却要"使人复结绳而用之"，退回到结绳记事的原始时代去。

仓颉时代农业生产已成为社会的重要经济基础，粟（谷子，也可作为粮食作物的总称）是主要粮食作物（半坡村遗址已发现粟的朽粒），产量较以前丰富，人们认为是上苍的赐予。酋邦首领，也就是文字的掌握者，利用文字求雨卜年，祭祀天神。从甲骨卜辞也可推想此前的原始社会，文字是沟通天人关系的神圣灵物。至于"鬼夜哭"，高诱的注释是对的，"恐为文书所劾"。文字劾鬼的功能后来分化为符箓，符箓不是文字，却跟文字有关。

总之，"天雨粟，鬼夜哭"，概括了原始汉字在巫术上有两种功能：上通天神，下伏鬼魔，充分表达了文字与交感巫术的关系。如果撇开神话思维的特点，硬要用逻辑思维来阐释这则传说，不仅认识不到它的真实含义，还会做出种种谬误的解释。

三、汉字与士大夫

汉字是士大夫赖以安身立命的基本工具，也是最洁净、最美好的精神家园，士大夫也是运用、维护、整理、保存汉字的主体力量。

没有汉字，也就没有孔夫子、司马迁、曹雪芹等等人物，就没有历朝历代一批又一批的士大夫。而没有士大夫，没有太史籀、李斯、许慎等，汉字也就不会有今天。

汉字是古典精英文化的载体，古典精英文化的创造者主要是士大夫这个阶层。

何谓"士大夫"?《辞源》"士大夫"这个词条有三个义项。(《辞源》一,第0640页,商务印书馆1979年版)

(一)古指居官有职位的人。

(二)将帅的佐属。

(三)封建地主阶级的文人、士族。

《辞海》"士大夫"这个词条列有两个义项。(《辞海》缩印本,第515页,上海辞书出版社1980年版)

(一)古代指官僚阶层。旧时也指有地位有声望的读书人。

(二)古代称军士将佐。

我在这里使用"士大夫"一词大体上是取《辞源》的(一)(三)义项,也就是《辞海》的义项(一)。要说明的是古代"官僚阶层"并不是精英文化的代表者,可是古代不少精英人物是"居官有职位的人",而且有相当一批是"文人"、"读书人",但"文人"并不都属于"封建地主阶级","文人"中有大批寒士、平民,文化传播者,《辞源》义项(三)的定语极不精确。

作为读书人、文人、官吏,终其生几乎都要跟文字打交道。

第一步就是要识字、读字、写字,要学习规范化的字形结构,通晓一个字的书面读音,音韵地位,常用意义。第二步就是要熟读经书和一些重要的史书。第三步要学会作文。第四步参加科考。最后是做官。张志公说:

> 仔细一端详,传统语文教学头绪很简单,一点都不复杂。一共干两件事:一是花大力气对付汉字,一是花大力气

对付文章。目的是：应付科举考试。简要的概括一下：识字加做文章＝语文教学；语文教学的目的要求——→达到考中举人、进士的水平；考中的效果——→做官。说穿了，就是这么一回事。

单就教学而论，花大力气对付汉字有符合实际的一面。第一，汉字这种文字体系有它的特点，有它的优越性，但是相当难学，尤其是在初学阶段。第二，历史上特别重视书面功夫，必须把文字学好。第三，读的写的是文言，文言与实际使用的口语有很大的距离，读写文言全靠文字功夫。有此三点，所以汉字必须花大力气去对付。

（《张志公文集》4，第231页，广东教育出版社1991年版）

1987年张志公把关于传统语文训练的过程进一步简化为一个公式：

识字→读书→做文章→参加考试→及第做官

（《张志公文集》4，第275页）

从"识字"到"做官"一共五项，全都离不开汉字。一个"士大夫"的培养过程和社会实践过程，若单从文字修养造诣来看，就是一个学汉字、用汉字的过程，社会也为适应这种需要，生产了大批的课本、工具书。

西周以前的蒙童识字课本如何，不得而知。至于西周，我们知道有一本儿童识字课本《史籀篇》，秦汉都有类似的课本，现在能见到的只有史游编著的《急就篇》了,《千字文》、《百家姓》、《三字经》这都是家喻户晓的蒙童读物。工具书有《尔雅》、《说文》、《广雅》、《切韵》之类。

古代的考试制度也是以文字为主要内容。周制,贵族子弟八岁入小学,接受"六书"之学的教育。"比年入学,中年考校。"(《礼记·学记》)汉代法律规定,选拔担任文字工作的官吏,先通过郡级考试,合格者再参加全国统考。考试内容有二:一是"讽籀书九千字",二是"又以八体试之"(《说文·叙》)。隋唐至明清一千三百多年,实行开科取士,参加科考的士子,写字必须严守点画制度,丝毫不得苟且,否则就有落选的危险。科考内容以先秦经典为主,经典上的文字已与口语严重脱节,学习经典上的文言,无异于学习第二种语言。汪德迈说:"汉字系统与苏美尔和埃及文字的重大区别是,苏、埃文字仅仅是一种书写系统,而汉字则兼有书写系统和真正的独立语言系统双重功能。""中国文言文是一种不同于口语的独立的语言。""在相当长的时间里,……当需要以书写表达思想的时候,人们总是借助文言。"([法]汪德迈著、陈彦译《新汉文化圈》第91页,江西人民出版社1993年版)所谓的"人们"主要是士大夫。学习文言,背诵文言,用文言的字法句法思维、写作,这是基本功。中国的古代经典就是这样一代又一代往下传,一直到清末白话文兴起,科举废除,文言才与广大知识分子脱节,汉字作为"独立语言系统"的功能显然不如文言时代,而即使以白话为对象的书面语也还是跟口语有别的。

文言的载籍不只是经书,科考也不限于经书,还有诗词、辞赋、骈文也属文言作品。这类文体多涉及声韵、属对方面的规则。既是语言问题，又是文字问题，在很大程度上是文字问题。要从文字学习语言。首先是字音，不管你的口音如何，是哪个方言区的人，一律以"官韵"为准，或平或仄，属什么韵，有的只能靠死记。如果记忆有误，一落"官韵"，也就要名落孙山。其次是对仗，此中有许多讲究，也是专门学问。"骈四俪六，锦心绣口"（柳宗元:《乞巧文》,《柳河东集》上，卷14，第77页，商务印书馆），"云对雨，雪对风，晚照对晴空，来鸿对去燕，宿鸟对鸣虫"（〔清〕车万育:《声律启蒙·一东》卷上，岳麓书社1987年版）。从儿童时代起，就要接受声律启蒙训练。再次，是要掌握大量字汇。字是来自书面，主要不是来自口语，才符合典雅的要求。早期的辞赋家有的就是文字学家，如扬雄、司马相如，他们的字汇都很丰富，对文字都下过功夫。司马相如编有《凡将篇》，扬雄著有《训纂篇》。熟读古书，从古书汲取营养，是文学创新的前提。杜甫的经验是："读书破万卷，下笔如有神"（《奉赠韦左丞丈二十二韵》），"唐诗佳句，多本六朝"（《带经堂诗话》卷十五），"老杜作诗，退之作文，无一字无来处；盖后人读书少，故谓韩杜自作此语耳。"（《黄山谷集·答洪驹父书》）宋代士子的经验是："《文选》烂，秀才半。"最后是推敲用字。中国的读书人，文人，从孔夫子开始，就在用字上狠下功夫。孔子"为《春秋》，笔则笔，削则削，子夏之徒不能赞一辞。"（《史记·孔子世家》）"一字之褒，宠逾华衮之赠；片言之贬，辱过市朝之挞。"（〔晋〕范宁:《春秋穀梁传·序》）春秋时郑国的外交文件要经过四位大夫共同创制。"为命，裨谌草创之，世叔讨论之，行人子羽修饰之，东里子产润色之。"（《论语·宪问》）中国古典诗文的精美之作，都由千锤百炼、千斟万酌而来。反复修改，不厌其烦的修改，是创作的根本态度。杜甫说:"新诗改罢自长吟。"白居易说:"旧句时时改,无妨悦性情。"韦庄说:"卧看南山改旧诗。""昌黎之文,字句皆古,人悉知为锤炼而成矣,而不知欧公之平易亦是锤炼而成者。即如白香山之诗,老妪能解,可谓平易矣,而张文潜以五百金得其稿本,窜改涂乙,几不存一字,盖其苦心锤炼如此。以此例之,则欧公可知,不特'环滁皆山'之句数易稿而就也。"(〔清〕王应奎:《柳南随笔》卷六,第113页,中华书局1997年版)古人有"吟安一个字,撚断数茎须"的惨淡经营,有"一字师"的美谈,还有"一字功夫,足见学力"的评说。古典诗文,与其说是语言艺术,不如说是文字艺术。那些炉火纯青的古典诗文,至今脍炙人口有无穷的魅力,因为它们是两千多年中的文化精英们用自己的全部生命谱写而成的。现代社会的才子们,电脑一敲,下笔万言,倚马可待,一挥而就,从不修改,其寿命如何,其价值如何,可想而知矣。

两千多年来,汉字的生命与士大夫的生命已融为一体。士大夫用自己的血汗浇灌了汉字,汉字也用自己的奶汁哺育了士大夫。关于汉字与士大夫的故事,甜酸苦辣,五味俱全。"子云识字终投阁"(杜甫),"人生识字忧患始"(苏轼),"避席畏闻文字狱"(龚自珍),大概要用几大本厚书才能写得完吧。世界上恐怕没有第二种文字饱含着这么多人世间的悲喜忧乐。文人与汉字其实是不平等的。在帝王专制时代法律并不保护文人的写作自由,而汉字是受到法律保护的。汉代的法律规定,"吏民上书,字或不正,辄举劾。"(《汉书·艺文志》)写错了一个"马"字,就有死罪之虞。(《史记·万石君列传》)唐代的杨珍任给事中时,在奏折里将一个名叫崔午的人错写成崔牛,受到肉体经济的双重处罚,打四十大棍，罚铜四斤。（〔唐〕张鷟：《龙筋凤髓判》卷一）所以"打了不罚，罚了不打"，在这里是不适用的。享有特权的皇帝不受法律制约，皇帝写了错字下臣擅自纠正，也得挨打。唐代陈邃任左补阙，未请示就改动了敕书上的错字，被判打八十大棍。（《龙筋凤髓判》卷一）写错字挨打，替皇帝改正错字也挨打，这不是"人生识字忧患始"吗？

四、汉字与现代科技

中国的"士大夫"是中国农业经济社会的产物，他们不直接投身于社会化的物质生产，"万般皆下品，惟有读书高"。临文命笔，咬文嚼字，舞文弄墨，笔走龙蛇，在字里行间度过自己的一生，这是正道，无可非议。一进入工业时代，"士大夫"消失了，代之而起的是"知识分子"（"知识分子"这一概念在西方某些文化中有特定的含义，我们是在最为宽泛的意义上使用这一概念的）。知识分子的知识结构比之士大夫要广泛得多，光通晓汉字文化是远远不够用的了。虽然不能把汉字文化看成是现代科学文化的障碍，但汉字文化并没有构成自己的公理系统，而且汉字要进入技术层面，前面有种种困难。必须克服这些困难，汉字才能与现代精英文化紧密结合，尤其是信息时代的到来，汉字如何适应电子文化，如何面对以因特网为核心的信息技术革命，这都是严峻的挑战。

早在20世纪初，就已有人担忧，汉字不适应于电报，不适应于打字机，这两个问题的解决虽不如拼音文字方便，但毕竟是解决了。

电脑出现于西方世界之后，古老的汉字能否实现与光电的对接,这比电报、打字机的难度大得多。从 70 年代末开始,经过近二十年的探索,汉字的输入问题得到了解决。有人统计,这期间出现了上千种(有人说是八百余种)汉字编码方案,有形码,有音码,真是"百花齐放"。为了提高信息化的规范水平,有关部门进行了汉字笔顺规范和汉字部件规范,确定汉字有 560 个部件,分为 393 组。部件的确定力求保持汉字的文化特性。为适应全球信息化发展,国际标准化组织还推出了《国际标准字符集》。汉字输入的成功,无疑值得大书特书。有文章指出:"今天,汉字可以输入电脑,而且可以用很多种编码进行输入。这一次高新技术的浪潮对汉字文化的冲击并不比变隶、简化等带来的冲击为轻。""汉字文化像一条巨龙,每一次蜕变,都焕发出更旺盛的生命力,因而才有今日的辉煌。"(叶昌元:《象形文化会在键盘上消失吗》,《北京青年报》1997 年 3 月 12 日)还有一篇自称为"初学者"写的文章谈了自己初学电脑之后的深切感受:

如今,我拥有了电脑,正在努力学习五笔字型,虽然打得还不太快,但已深谙它的妙处,对它的卓越性能也有了切身体会。

在学习五笔汉字时,我还想了这样一个问题:假如鲁迅先生会在电脑上使用五笔字型,他该作何感想?

"汉字不除,中国必亡。"(盈按:这是 1936 年香港新文字研究会送给鲁迅追悼会的挽联之下联,原文是"汉字不灭……。")这是伟大的鲁迅先生说的。在他之后,还有许多思想家主张"中国文字改革要走拉丁化道路"。所谓拉丁化就是完全使用拼音。是谁彻底终止了这种思想？五笔字型。

(朱海军:《初学者说五笔字型》,《光明日报》1998年12月16日第13版）

我从这些文字中看到了中国人的自信心，看到了汉字命运的转机，也看到了世纪末的文化心态与世纪初的文化心态已有了天翻地覆的变化。从而，也看到了我以"汉字文化学"为研究课题，并非徒劳。

诚然，汉字与电子文化的结合已取得了突破性进展，但在国际信息市场上还无法与英语竞争，英语是国际公认的通用文字，而这种情况的产生，责任不在汉字。百余年来，中国不仅在军事经济等方面远远落后于西方英语世界，在信息科技方面也远远落后于美国和西欧。下一个千年情况将会如何呢？预言家说，2500年的人类，在正式交流中将不再使用文字，不必用文字来表达自己的思想。预言只是预言。如果还要使用文字，而且是多种文字并存，汉字是否会与英文平起平坐，甚至成为大赢家，实在未可料也。随着国力的增长，汉字的国际地位也将进一步提升，这是可以预料的。

还有，汉字与电子文化的结合，是否可以代替人脑对汉字文化的研究呢？

丁肇中有一个说法可供参考。他说："科学的进展通常是要看基本原理的不断突破……至于手段的不断改进本质上对科学的发展没有什么用。比如计算机只能把你已知道的东西储存进去，科学的发展还要靠人的思维和创造力。"（丁肇中:《在第六届"雷达表"中国青少年科学英才颁奖会上答问录》,1998年8月25日,《北京青年报》）所以把汉字文献输入计算机，只解决了储存检索问题，字形字音字义的深层研究，句子的研究，文本的研究，文言文的断句、整理，还要靠人脑来解决。1997年的人机大战，深蓝战胜了棋王卡斯帕罗夫，这是精英文化战胜了精英，完全不足以证明电脑优于人脑。

信息，不能代替思考，不能代替由思考而形成的理论、观念，信息本身也不能证明理论、观念是对还是错。美国的历史学教授西奥多·罗斯扎克《信息崇拜——计算机神话与真正的思维艺术》(中国对外翻译出版公司，1994年)反对把计算机加以神化，强调计算机不能代替人脑思维。看来，汉字和汉字文化研究，即使到了信息时代，也还有自己不可替代的作用和意义。

第十二节　汉字与大众文化

大众文化是指为大多数人所信奉所接受的通俗文化。汉字除了与精英文化有密不可分的关系，与大众文化也有千丝万缕的联系。这种联系有神灵崇拜、心理意识、文字游戏等多方面的内容，汉字几乎深入到社会风俗的各个方面。这里，我们并不是要分析汉字形体结构中所包含的民俗文化，而是要研究以汉字文化为特色的民俗文化。

一、对仓颉的崇拜

仓颉究竟是公名还是私名（即：是氏族名称还是个人名字），是黄帝时人还是"在庖牺之前"（慎到语，《尚书序》孔颖达疏引。《十三经注疏》上，第113页），还是"在神农黄帝之间"（徐整语，《尚书序》孔颖达疏引），是史官还是"古之王也"（崔瑗语，同前引），都已无法考证。战国以来的记载,均把仓颉作为个人私名,民间确认他是造字的祖师爷,并为他修了坟墓,立碑建庙,塑造神像。传说演变为真实。

他的墓地又不只一处,陕西白水县,山东寿光县、东阿县,河南开封、南乐县都有他的坟墓。仓颉庙也不只一处,不仅白水等地有,连杭州也有仓颉庙,原址在杭州市吴山顶上。清代俞樾为此庙撰写了一幅62字的长联,颂扬仓颉造字的功绩。

仓颉塑像大体上类似王者,特异之处是有四只眼睛,两眼之上又加上两眼(见图一)。《春秋演孔图》:"仓颉四目,是谓并明。"东汉灵帝熹平六年(177年)立的仓颉庙碑亦云:"四目重(一作"灵")光,为百王作宪。"塑像有四目,大概是以这类文字为依据,这类文字记载当然又是来自民间神话。

人有四目,违背生理常态,自不可信,其意义在文化层面,古人总是把一些神话传说中的"皇""圣"塑造为生理器官异常的"人",强调其特异功能,或保留图腾崇拜的文化因子,这样的信息弥足珍贵。文字是视觉符号,"四目"正好表示了创造者与创造物之间的一种深层关系。如果简单地斥之为荒诞不经,这就错怪古人的一片苦心了。

古人奉仓颉为神明,也是很有社会意义的文化现象。感恩戴德,不忘根本,这是一;文字本为神圣之物,此物的创造者当然应奉之为圣为神,这是二;敬神历来都有祈求保护的实际目的,聪明的人是不会抛开自身利益去塑造一个神的,这是三。这第三点,我们要找一个实例来证明,宋代胥吏为"仓王"而举办的"赛神会"就可拿来作证:

图一 陕西省白水县史官乡仓颉庙仓颉塑像
（原载《寻根》1996年第6期。摄影 任 飞 袁耀儒）

> 京师百司胥吏，每至秋，必醵钱为赛神会，往往因剧饮终日。苏子美进奏院，会正坐此。余尝问其何神？曰："仓王。"盖以仓颉造字，故胥吏祖之，固可笑矣。
>
> （叶梦得：《石林燕语》卷五，第68页，中华书局1984年版）

"赛"是酬谢报答神灵的祭祀活动，官府中从事文书工作的"胥吏"，吃的是文字饭，抄抄写写，一笔不敢苟且，万一出错，担当不起，求仓王保佑，既是敬神也是敬业，这跟木匠以鲁班为祖，性质差不多，各行各业都有自己要祭拜的祖师爷。

书法家更不会忘记仓颉。如北周工隶书的冀儁（俊）"以书字所兴，起自仓颉，……遂启太祖（宇文泰），释奠苍颉及先圣、先师。"（《周书·冀儁传》837页，中华书局1971年版）

所有的仓颉墓都是后人根据传说建造的，大概谁都不会置疑，没有人要去弄个水落石出，也没有人要去"打假"，黄帝陵、炎帝陵难道都是真的吗？大家不也都接受了吗？然而，这的确又是中华文明史上的大问题。具体的坟堆不是真冢，而此地有此传说，此传说又可作为研究仓颉其人或仓颉其部落、其氏族活动范围的参考资料，这应该是允许的。

仓颉的活动范围，西起陕西白水县，南下至今洛南县，进入今河南，经开封、南乐（古称繁水，又名乐昌、昌乐，春秋时属卫地。南乐县吴楼村北有仓颉陵庙），东进至今山东寿光县。

我们从中间讲起，先说仓颉在洛南的资料。《山海经·中山经》："又东十二里，曰阳虚之山，多金，临于玄扈之水。"郭璞注："《河图》曰：'仓颉为帝，南巡狩，登阳虚之山，临于玄扈洛汭，灵龟负书，丹甲青文以授之。'出此水中也。"《水经注·洛水》："洛水又东，至阳虚山，合玄扈之水。《山海经》曰：洛水东北流，注于玄扈之水，是也。"接着引《河图玉版》曰："仓颉为帝南巡……"文字与郭璞所引基本相同。玄扈，既是山名，又是水名。在陕西商洛地区洛南县境。玄扈山与阳虚山相对。玄扈水源出玄扈山，径阳虚山下，因洛水东北流入玄扈水，故又名洛汭。《初学记·卷三十·凤第一》引皇甫谧《帝王世纪》曰："黄帝服斋于中宫，坐于玄扈洛上。"又引《春秋合诚图》曰："黄帝坐玄扈洛水上，与大司马容光等临观，凤皇衔图置帝前，帝再拜受图。"宋均注："玄扈，石室名。"（《初学记》卷三十，第724页，中华书局）又《左传·隐公元年》孔颖达《正义》引《春秋纬》云："黄帝坐于扈阁，凤皇衔书致帝前，其中得五始之文。"（按，所谓"五始"："元者，气之始；春者，四时之始；王者，受命之始；正月者，政教之始；公即位者，一国之始。"见孔颖达《正义》）

　　黄帝、仓颉都在玄扈山活动过，此地又发生了"灵龟负书"、"凤皇衔书"的故事，这不就是一个创造文字的文化生态环境吗？当然，我们不会傻到这种地步，真相信龟能负书，凤能衔书，但他们两人的故事都跟"书"分不开，这总是有原因的吧。宋均注："玄扈"为"石室名"，也很值得注意。黄帝时代可能还没有后世的宫室，而是住在天然山洞里，黄帝的史官仓颉是否在山洞的石壁上留下了龟、凤之类的图画文字呢？这是非常可能的。否则，为什么会有仓颉造书于洛南阳虚石室的传说呢！

　　宋代《淳化秘阁法帖》留下了所谓《仓颉书》二十八字之秘（见图二）。乾隆年间白水县知县梁善长主编的《白水县志·卷四·艺文》类也以《仓颉书》为题收录了这二十八字，有如下说明：

右二十八字，世所传仓颉之蝌蚪古文也。宋南岳宣义大师梦英《十八体书碑》"沙门惠休诗"五字，摹仓圣书，左旁笺云："古文者，黄帝史仓颉之所作……"善长观此二十八字与梦英所摹五字，体异而神合，其为黄帝史仓颉之书无疑也，故弁诸"艺文"之首。

梁善长以为此"仓颉之书无疑也"，纯属不着边际的推断。《白水县志·卷二·古迹》："仓颉阳虚石刻二十八字（见金石古文）《河图玉版》以为仓帝所受灵龟书文，景刻于阳虚石室。……李斯只

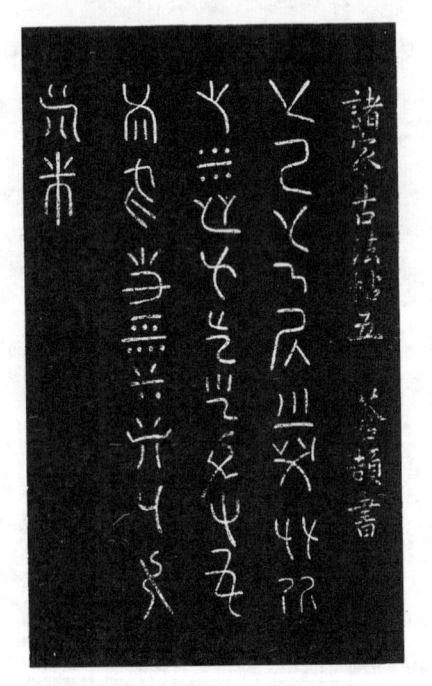

图二 《淳化阁帖·仓颉书》，甘肃人民出版社

识八字,曰'上帝作(一作'垂')命,皇辟迭王。'其余二十字,斯不能识。叔孙通自言识十二字。任昉不信。……阳虚山石室,相传在洛南县,洛水之北,而贡士强恝求之,不得。……白水黄龙山下仓颉坟前,传有石室,极深冥,乡民不敢入,后以土填塞之,今庙寝室适覆其上,求所传二十八字,亦无有也。……李斯作小篆,著《仓颉》九章,仓颉古文,实李斯小篆之祖,仓颉有书二卷,多古字,俗师不明其读……此其为仓颉鸟迹书与?然其书至隋而亡,今所传者二十八字耳。"梁善长没有见到甲骨文,大概也没有研究过金文,他把所谓《仓颉书》与李斯的《仓颉篇》联系起来,以为这就是"仓颉鸟迹书",从汉字演变的历史看这是不可能的。

现在我们可以做出这样的设想,仓颉部落或氏族曾经在阳虚石室活动过,在山洞里留下过原始文字,龟书凤书之类,《河图玉版》虽是汉人编的纬书,但它记载的仓帝受灵龟书文的传说,是不应该忽视的。至于所传二十八字,不一定就发生在阳虚,更不可认为这就是仓颉时代的鸟迹书。今白水县仓颉庙的《仓圣鸟迹书碑》是乾隆十九年梁善长"命工琢石刻置仓圣庙中"(《白水县志·卷二·古迹》),作为怀古景点是可以的,作为真迹就不对了。而且,郑樵《通志》云:"仓颉石室记二十八字,在仓颉北海墓中,土人呼为藏书室,周时无人识之……"因此,山东《寿光县志》亦有与《白水县志》类似的记载,只不过肯定此石刻乃周初时发现于北海仓颉墓下。现在有的研究者又认为这是彝族祖先留下的文字,用彝文来解读这二十八字。也有的研究者认为这二十八字的《仓颉书》与山东邹平丁公遗址龙山陶文相似。(张树铮:《山东方言历史鸟瞰》上,《古汉语研究》1996年第2期)这些研究的意义如何,还有待于证实,我个人深存怀疑。饶宗颐特别注意到陶绘鸟纹与仓颉鸟迹书之间的渊源。

> 我们看安特生《考古记》中有不少西北彩陶绘有鸟纹,河姆渡作鸟纹的更多,说"鸟篆"源于"鸟迹",正有陶器纹样可为佐证。
> ……近时发现仰韶文化在华县泉护村及山西芮县大禹渡村陶彩(应为"彩陶")都有鸟纹图像。飞鸟陶纹样在远古陶绘的流行,和仓颉字起于鸟迹一说,似乎不无蛛丝马迹的关系,值得一记。
> (《符号·初文与字母——汉字树》第35—36页)

在以往的记载中,仓颉氏不仅造书于阳虚山,"而山东及河南开封府各有仓颉造书台"(梁善长语,见《白水县志·卷二·古迹》小注)。也可能是仓颉氏的后裔迁徙或游牧到开封及南乐县吴楼村和山东寿光等地,留下过文字遗迹。但我们还是认为,仓颉氏这个部落的发源地还是以白水县的可能性较大。

白水县跟仓颉有关的资料,有下列五项值得注意:

1. 白水县古属雍州,秦地也。汉景帝时建粟邑。县名"粟邑",因仓颉造书"天雨粟"之故。这就是说,西汉官方就以此地为仓颉故里。北魏孝文帝太和二年改粟邑为白水县,以其地南临白水为名。白水在唐代隶属耀州,所以有的记载说仓颉墓在耀州。

2.《春秋元命包》:"仓帝史皇氏,名颉。……都于阳武,终葬衙之利乡亭。"阳武，为白水县村名，乃仓颉出生地。"衙"即彭衙，汉时建衙县，乃白水旧地名。"利乡"即今之史官村，在白水县东北三十五公里处的黄龙山下。据《县志》载："阳武村去史官村二十里。"（卷二"仓圣庙"条）

3.《县志》卷二载，仓颉墓有《仓圣冢碑》，下方上锐，高四尺七寸，阔二尺四寸，计二十四行，凡九百一十余字，皆磨灭不可读，止"仓颉四目灵光为左史"及"熹平年"十余字可见。梁善长说："碑文中有熹平年号，则此碑为汉时所立无疑，其为（卫）觊书亦足信。"他根据的是《西安府志》"仓颉冢碑，觊大篆书"的记载。张怀瓘《书断》云：

> 魏卫觊，字伯儒，河南安邑人。官至侍中。尤工古文、篆、隶，草体伤瘦，笔迹精绝。……年六十二卒。伯儒古文、小篆、隶书、章草并入能。子孙皆妙于书。

觊是汉末至曹魏时的书法大家，汉魏又盛行刻石之风，他于熹平年间书《仓圣冢碑》的记载是很可信的，但不等于说所书内容为信史。

4.以上三条都是汉代传下来的史料，证明汉代人确信粟邑（今白水）为仓颉氏故地，与此相关的另一条材料，今白水县西北方向不远就有黄陵县，黄陵城北的桥山上有"轩辕黄帝陵"，仓颉墓与黄陵相距如此之近，仓颉为黄帝史官的传说，不又增加了几分真实性吗，仓颉为阳武（或史官村）人恐怕不全是空穴来风的无稽之谈吧。

5. 李斯是大文字学家，也是大书法家，为什么他要把自己编著的识字教科书命名为《仓颉篇》呢？这跟仓颉的故土在秦国雍州地区（在汉属左冯翊，在秦属内史）应该是有关系的。

关于仓颉的材料，前人也做过一些整理工作，如1941年的燕大《文学年报》第七期就发表过周澍的《仓颉传汇考》，基本上是一堆原始资料的编排，无论是背景材料还是事实判断、价值判断都相当欠缺。一般研究工作者多视这类材料为民俗文化，不足信。以致长期湮没在方志、野史中，没有人用科学的观点甄别整理，真有点对不住伟大的祖先。

无论是研究中国文化史还是研究中华文明史，还是研究汉字文化史，仓颉氏都值得我们下大功夫去研究。在这个话题的末尾，我引用《白水县志·艺文》中的一首诗作为结语。诗很一般，却很可以表达民间对仓颉氏的深情厚意。

史官村外柏成行，仓圣坟祠古利乡。
碑蚀苔痕迷鸟迹，像衣木叶尚羲皇。
精英自泄乾坤秘，典册因垂日月光。
四目开天先首出，至今蘋藻有余芳。

二、对文字的崇拜

对文字的崇拜从文字产生的时候就开始了。其实，对仓颉的崇拜也就是对文字的崇拜。崇拜文字的"创始人"是因为他所创文字本身值得人们去崇去拜。

文字崇拜只发生在古代社会。在现代社会中文字已成为文化研究的对象，甚至是"改革"的对象。大众对文字的态度最多只有崇敬，而不至于盲目崇拜。古人为什么要崇拜文字呢？原因有二，一是文化上的原因，一是祖传习惯上的原因。

就祖传习惯而言，汉字本是由远古时代巫史文化、图腾文化发展演变而来。先民有各种各样的崇拜对象，如崇拜日月星辰，风云雷电，土地石头，山川河流；崇拜祖先，灵魂，鬼神，男根，女阴；动物如猴虎熊狗鸟蛙，植物如草如木，都可以成为崇拜对象。崇拜对象文字化，这是仓颉造字的原则，岂只是"见鸟兽蹄远之迹"，"仰则观象于天，俯则观法于地，近取诸身，远取诸物"，都可以变成造字灵感，都可以成为图画文字的资源。尽管图腾、绘画与文字之间有质的不同，而万物有灵的观念是一脉相承的。以"文字"的"文"为例，这个字就是图腾崇拜的产物。"文"字在甲骨文里写作𡘒、𠁡、𠁢，金文中写作𠁢𠁢𠁢𠁡，各种写法都像正面而立的人形，胸前画有文彩图形，表明远古时代曾有过文身习俗，文身习俗就是图腾文化的产物。《说文》："文，错画也，象交文。"所谓"错画"即指胸前的刻画文饰。唐代段成式《酉阳杂俎》引《天宝实录》云："日南厩山连接，不知几千里，裸人所居，白民之后也。刺其胸前作花，有物如粉而紫色，画其两目下。"又说："越人习水，必镂身以避蛟龙之患。今南中绣面佬子，盖雕题之遗俗也。"（《酉阳杂俎》前集卷八，第79页，中华书局1981年版）

图腾文化消失之后，崇拜汉字的心理基础、社会基础也随之而变。这时的文字崇拜乃是对文化的崇拜，对"斯文"的崇拜，人们像崇拜孔夫子一样崇拜汉字，"万般皆下品，惟有读书高"，

"四民"之中，以"士"为首，"书中自有黄金屋，书中自有千钟粟，书中自有颜如玉"，读书识字，通情达理，观今鉴古，著书立说，十年寒窗，一举成名，两千年的芸芸众生，世俗社会，就是如此。"四民"之二、之三、之四，不必"之乎者也"、坐而论道，也还得记账记姓名，看皇历，认路碑，即使当个和尚，也还得学会念经呢。不识字，无以立。大文豪韩愈说："凡为文辞，宜略识字。"是的，苏轼也说过："人生识字忧患始，姓名粗记可以休。"鲁迅还说过："人生识字胡涂始"，这都是针对某种特定的情势而说的，不能当作普遍真理。我以为清代江苏青浦县王有光在《吴下谚联》中说的一句话才是普遍真理："世以不识字为有眼瞎子。"（卷一，13页）古人画仓颉像之所以要画上四只眼，原来此中有深意。人人都有生理上的两只眼，这不够，还有可能是"瞎子"，必须再加上两只眼，可以称之为"字眼"、"文眼"，是体外器官。有了这个体外器官，人类才得以跨入"文明"的门槛，从"化外之民"进入"礼义之邦"，从为活着而活着，到超越"活着"的价值而知道"活着"究竟有何种意义。宋人讲"天不生圣人，万古如长夜"（〔宋〕强幼安述《唐子西文录》："蜀道馆舍壁间题一联云：'天不生仲尼，万古如长夜。'不知何人诗也。"《历代诗话》上，446页），明人李卓吾已经批评过（《焚书·赞刘谐》卷三，130、131页，中华书局1961年版）。若说"人不造文字，万古如长夜"，这个道理应该无可辩驳吧。

　　古人把文字作为崇拜对象，自有古人的道理，我们不必摆着现代人的架子说三道四。谁能跳出时间的河流生活在古代而却有现代的文化眼光呢!

　　古人往矣,文字崇拜的余光留下了长长的影子。清末民初甚至于到40年代,"敬惜字纸"的古训,在农村中还有很深的影响。余生也晚,也还见过焚字炉,见过身着蓝布大褂的落魄书生,手拿钩子篓子沿村收集字纸,把塞在砖墙缝中的字纸钩出来,把散落在地面上的字纸捡起来,然后送到焚字炉中火化。他的信念是什么?不求任何回报,是行善积德呢还是文字崇拜呢,恐怕后者的成分居多。我也接受过这样的教育,不能脚踩有字的纸,不能用有字的纸包裹东西,不妥善处理字纸,轻则会读不好书,重则会瞎眼。清代同治年间上海官方还制定过《惜字章程》,提出了若干禁条。在现代人看来,这章程,那教训,当然很无意义,而这些就是属于当时大众文化层面中具有习俗意义的东西,即使是官方的"章程"也不是什么文化精英。随着大众文化的变革,"敬惜字纸"的文字崇拜现象也自行消失了。

　　在世俗仪式中还能见到文字"崇拜"的余光。"福"、"寿"、"喜"这类字在有关的喜庆场合或物件上表示出祥和吉利的愿望和气氛。《中国风水应用学》的作者说:"中国传统文化符号中,就汉字而言,福寿二字最有成就。古代的服装鞋帽中充满了福寿字的变体。近年走俏的盒式生日蛋糕则在蛋糕上以各色奶油为笔墨,大书特书福寿字,以迎合人们的吉祥意识。殊不知,原来福寿二字各有上百种写法(见图三、图四)。如此众多的写法,绝非生拼硬凑,而是多次S曲线构成,严格遵循了'曲则有情'(有气)的原则,因而书之气感很强。其本质即是符,不少已经

图三　由符构成的百寿图
（北京妙峰山碑帖）
（转引自《中国风水应用学》第189页）

第三章 关系论　　　　　　　　　　285

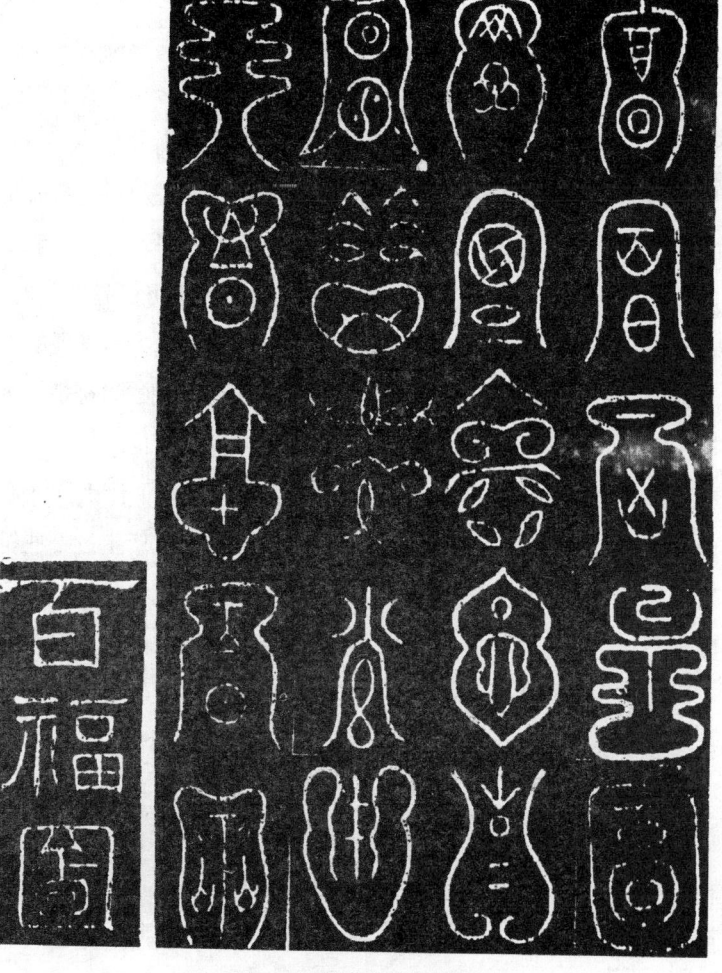

图四　由符构成的百福图
（北京妙峰山碑帖）

（转引自《中国风水应用学》第188页）

无法辨认其字形。其符形不仅具有'气囿于形'的特点,而且具有中国书法固有带气书写的特点。因此福寿字或福寿符具有超越一般汉字的强气感功能。"(《中国风水应用学》第187页)关于字的"气感功能"问题,我是外行,这里不做讨论。作者认为"字"与"符"之间有联系,"符与汉字、画同源"(183页),这是值得认真研究的。道家的符箓,民间的吉祥图案、吉祥符号,一般不是文字,而书、画、符三者,在远古图腾时代很可能是不分的,它们是同一崇拜对象,后来发展方向不同。向艺术方向发展的为图画,向语言方向发展的为文字,向宗教方向发展的为符箓。符箓,一般的说法均斥之为迷信骗人的东西,这是对的。但它是怎么发展起来的,代表了什么样的文化层次,反映了什么样的心理结构,跟文字之间是什么样的关系,历史上究竟产生过哪些符箓,为什么能骗取人们的崇拜,如果有人运用现代符号学的理论原则,写一本《中国符箓学》,揭示其深层结构的含义,对我们了解认识先民的文化生态环境,恐怕有相当重要的意义。

三、神秘的文字预言

比之关心过去,人们更想知道未来。古人对如何掌握自己的命运,如何把握命运的未来,自信心是很不够的。他们认为自己的行为方向、前途、后果、祸福吉凶等等,都是早已注定了的。冥冥之中,天地鬼神,主宰一切。卜筮、相字、卦影、谣谶、算命、扶乩(许地山写过《扶箕迷信的研究》)等等,都能"预示"未来,中国古代的"预测学"相当发达,文字预测只不过是手段之一。古人所搞的"预测"基本上是迷信思想作祟,或为变态心理作怪，说不上科学性。他们能从文字的解构中与各种毫不相关的事物建立起某种联系，不仅"愚夫愚妇"，读书人也相信文字预言，说明原始思维，非逻辑思维，影响相当强大；也有实际上的原因，如为社会环境、政治形势所制约，有些话不宜直说或不敢直说，采取较为隐讳的形式，表达某种意向；也有的是为了表现交流过程中的机敏、才能。

1. 歌谣中的文字预言。

歌谣具有引导舆论的传媒作用，歌谣中将有关人的姓名用字用离合法编入其中，构成预言的主体。从汉至清，每逢社会动荡时，就会有这种性质的文字预言出现。

《后汉书·五行志》一："献帝践祚之初，京都童谣曰：'千里草，何青青。十日卜，不得生。'案千里草为董，十日卜为卓。凡别字之体，皆从上起，左右离合，无有从下发端者也。今二字如此者，天意若曰：卓自下摩上，以臣陵君也。青青者，暴盛之貌也。不得生者，亦旋破亡。"（《五行志·谣》，3285页）所谓"别字之体"就是分析字的结体，一般是从字的上部分析起，或者用左右离合法，而这里分析"董"、"卓"二字，乃由下而上，这也透露了"天意"。

南朝宋刘敬叔《异苑》卷四："石勒为郭敬客，时襄国（在今河北邢台西南）有谶曰：'力在左，革在右，让无言，或入口。'""'让'去'言'为襄字，'或'入'口'乃國字也。勒后遂都襄國。"（28页）还有另一种说法：按晋初童谣云："'古'在左，'让'去'言'，'或'入'口'。果为石勒所据。'古在左'，'胡'字也，'让去言'为'襄'，'或入口'为'国'也。"（《太平寰宇记·河北道八·邢州》卷五九，1212、1213页，中华书局），石勒（274—333年）是山西上党的胡人，年轻时家贫，得到郭敬的资助，这首歌谣大概是他部下编造出来的，为他称王建都做舆论准备，在"勒"、"襄"、"國"三字上做文章，以"谶"语的形式出现，也是要表明"天意"如此。

他如李渊称帝前，有"东海十八子，八井唤三军"（转引自谢贵安：《中国谶谣文化研究》第92页，海南出版社1998年版）的预言，李自成造反，有"十八子，主神器"的预言。今天看来，只不过是无稽之谈，骗人而已；而在当时，这些上了口碑的预言，的确很能蛊惑人心，很有力量，人们以为这是"天意"，"天意"不可违。就这种预言结构本身而言，简洁、神秘、顺口、易记，易于传播，易于掌握群众。

2.符瑞中的文字预言。

这类文字预言出现在实物上，有直言，有离合，其社会意义、影响、传播范围不如歌谣预言，而它的史料价值仍然不可轻视。

《西京杂记》卷四："元后在家，尝有白燕衔白石，大如指（一作"卵"），坠后绩筐中，后取之，石自剖为二，其中有文曰'母天地'（《新编分门古今类事》卷一作'母天下'）。后乃合之，遂复还合，乃宝录焉。后为皇后，常并置玺笥中，谓为天玺也。"（29页）元后即"孝元皇后，王莽之姑也"（《汉书·元后传》）。汉成帝的母亲，名政君。十八岁入宫，从家人子到倢伃到皇后到皇太后到太皇太后，历经宣帝、元帝、成帝、哀帝、平帝、孺子婴，一直到王莽篡汉，活到84岁才归天。西汉末年，近六十年间，已是王氏天下，"日暮汉宫传蜡烛，轻烟散入五侯家"（历史上的

"五侯"有三个出处。韩翃《寒食》中的"五侯"究竟指的哪一个时代的"五侯",说法不一。王皇后的五个兄弟于成帝河平二年同日封侯。我用此说。此事可不必深究)。这位自称为"我汉家老寡妇"的古典女强人,其地位和作用不减于西汉初年的吕后,班固专立《元后传》,跟《史记》之立《吕太后本纪》,意义相等。这辉煌的背景材料,是"母天下"这则文字预言最好的注脚。"天玺"在握,又是"天意",大众能不信吗。

唐睿宗(662—716年)是个不怎么中用的皇帝,也利用文字预言以固权柄,效果却不怎么样。《新编分门古今类事》卷二载:"唐睿宗在藩邸,有蜗涎成'天子'字在寝室之壁,心惧之,以泥涂去。数日复如旧,如是者数三。及即位,铸金银蜗牛数百枚于功德前供养,亦有琢玉为之者,后人时有得之焉。"(这条材料取自《酉阳杂俎》卷一"忠志"类,文字有所不同。"睿宗……为冀王时,寝斋壁上,蜗迹成'天'字,上惧,遽扫之,经数日如初。及即位,雕玉铸黄金为蜗形,分置于释道像前。"第2页)这回的符瑞是蜗牛,已经很不成气候了。那些金蜗牛、银蜗牛、玉蜗牛帮不了什么忙,救不了他的驾,武则天一伸手,他就缩进蜗牛壳里去了。

下一则文字预言又是以白石为宝符。《新编分门古今类事》卷二载:"开元末,弘农古函谷关得宝符,白石赤文,成'枣'字,识者解之曰:'枣'者,四十八,所以示明皇御历之数。及帝幸蜀之岁,果四十八。得宝之年改元天宝。"(18页,中华书局1987年版)这类数字预言现在还有人在编造,虽不见于文字,而传之者津津乐道,信以为真,谁能说我们中国"人心不古"呢,"古"得很哩。

五代十国后蜀孟昶也为文字预言而高兴了一阵子。"蜀广政（孟昶年号）中，成都人李明父因破木，中有紫文隶书'太平'两字，蜀主以为嘉祥。"可是，这"太平"二字并没有给他带来太平，赵匡胤的军队一开进成都，他就投降了。宋代的术士对此又有更高明的解释了："识者乃云：'不应此时，须待破了方见太平耳。'果自圣朝吊伐后，一方泰然；又改'太平兴国'之谶也。"（〔宋〕委心子：《新编分门古今类事》卷十三，第196页，中华书局1987年版）"太平"二字发现于破木时，故应后蜀破灭之后才"太平"；若干年后，赵光义即位，改元为"太平兴国"，又与后蜀"嘉祥""太平"二字相应。"识者"的高见真是到了左右逢源的地步。木中有"太平"紫文隶书，不一定就是伪造，偶然像似而已。前不久《北京青年报》还登过一条消息，鸡蛋上面发现文字，现代人谁也不会想入非非吧，可以作为科学问题来研究，跟社会、人事有什么关系呢。话又得说回来，古今文化心态之不同，也是事实，并非处处事事都人心很古哩。

符瑞文字预言并不都是应在帝王身上，普通人也不乏这类故事，只不过以帝王为中心的历史记载顾不上普通人罢了。十六国前秦有个王嘉（陇西安阳人）著《拾遗记》十卷，其中卷六记东汉安帝永初年间有个叫王溥的人，应了一则铁印上的文字预言："永初三年（109年），国用不足，令吏民入钱者得为官。有琅玡王溥，……于洛阳市傭书，……九族宗亲，莫不仰其衣食，洛阳称为善笔而得富。溥先时家贫，穿井得铁印，铭曰：'傭力得富，钱至亿庚，一土三田，军门主簿。'后以一亿钱输官，得中壘校尉。三田一土，'壘'字也。中壘校尉掌北军壘门，故曰军门主簿。"在文章结尾，王嘉感慨说："积善降福，神明报焉。"(《拾遗记》143页）铁印是真是假，不得而知，即使真有"一土三田"，偶合而已，何关乎"神明"！

"木中有字"的预言，何薳《春渚纪闻》卷五也记载了两条："三衢毛氏，庭中一木，忽中裂而纹成'衍'字，如以浓墨书染者，体作颜平原书。会其子始生，因以名之。后衍登进士第，官至龙图阁而终。又晋江尤氏，其邻朱氏，圃中有柿木，高出屋山，一夕雷震中裂，木身亦若以浓墨书'尤家'二字，连属而上，不知其数。至于木枝细者，破视，亦随枝之大小成字。尤氏乞得其木，作数百段，分遗好事。字体带草，劲健如王会稽书。朱氏后以其圃归尤氏。"（何薳：《春渚纪闻》下，卷五，第6页，上海商务印书馆，民国八年）在科学还不发达的古代，人们对这样的奇闻怪事，总认为是天意在冥冥中通过文字传达福音。

3.图谶中的文字预言。

从刘秀开始，图谶大兴。手法之一，利用字形结构，附会"天意"，制造传媒。魏文帝曹丕即位许昌，就以图谶作为舆论导向。

《孝经中黄谶》曰："日载东，绝火光；不横一，圣聪明。四百之外，易姓而王。"此魏王之姓讳，著见图谶。

（《三国志·魏书·文帝纪》第64页，裴松之注）

"日载东"为"曹"字，"不横一"为"丕"字，汉以火德王天下，故要"绝火光"。按《说文·曰部》："曹，狱之两曹也，在廷东，从棘（《说文·东部》有此字，义与音俱不明），治事者，从曰。"徐锴曰："以言词治狱也，故从曰。"段玉裁改为："曹，狱两曹也。从㯥，在廷东也；从曰，治事者也。"（段《注》203页）汉印中，"曹"字也有作"𣍘"的。作《谶》者不知道是真的不懂"曹"字从"曰"不从"日"呢？还是故意要把"曰"说成"日"（日象征帝王）？其牵强附会的野心是显而易见的。所谓"四百之外"，指曹魏王朝的寿命。另外，同是曹丕的"丕"，经吴国的阚泽一分析，就非常不妙。《吴书·阚泽传》裴松之注引《吴录》说，魏文帝曹丕即位时，孙权担心自己年长于丕，来不及跟曹丕较量到底。阚泽安慰他说，要不了十年，曹丕就完了，大王何必担忧呢。孙权问：你怎么知道。阚泽说："以字言之，'不十'为'丕'，此其数也。"（《三国志·吴书·阚泽传》第1250页）果然，曹丕即位七年就驾崩了。但绝不是"丕"之名应验了阚泽的谶语。

曹魏篡汉于许，黄初二年改许县为许昌县。"许昌"二字的谶语也是篡汉的舆论宣传。

> 《易运期谶》曰："'言'居东，西有'午'，两'日'并光日居下。""言"、"午"，"许"字；两"日"，"昌"字。汉当以许亡，魏当以许昌。
>
> （《三国志·魏书》第64页注文）

按，《说文》"昌，美言也。从日从曰。""臣铉等曰：曰，亦言也。"（卷七上，138页）段《注》："会意。取悬诸日月不刊之意也。"（306页）作此《谶》者把"曰"分析为"日"，有意歪曲字形。

第三章 关系论

《易运期》又曰:"鬼在山,禾女连,王天下。"

(《三国志·魏书·文帝纪》第64页,裴松之注)

按,这是曹丕的国号"魏"。这条资料颇有意思,证明当时"魏"字还是写作"巍"。据报载:2009年12月安阳县西高穴发掘的曹操墓(?),中有若干魏武王石碑,"魏"字的写法为"䰠"。"山"在"鬼"下。墓主的真实性如何,争议很大。可这个"䰠"字的构形是不错的。《说文》有"巍"(在嵬部)无"魏"。段玉裁说:"按本无二字(意谓本无"巍"、"魏"二字之分),后人省'山'作魏,分别其义与音(巍,语韦切;魏,鱼贵切),不古之甚。"(437页)云梦睡虎地秦简,居延汉简,石门颂,以及《汉印分韵合编》所收38个"魏"字,均作"巍",且绝大多数"鬼在山"上(296页)。今人如有姓魏名巍的,秦汉时只能写"巍巍"了。

民国三十五年(1946年)海宁人朱肖琴曾将民间流传的八种预言书合编为《中国预言八种》(参阅谢贵安:《中国谣谶文化研究》第194页。据何海鸣《求幸福斋随笔》第45页载,民国初年坊间曾出版《中国预言》,袁世凯总统府之内史监致函内务部请查禁),其中有明代刘伯温(?)的《烧饼歌》,《歌》中关于魏忠贤(1568—1627年)的谶语:"阉人任用保社稷,八千女鬼乱朝纲。""八千女鬼"为"魏"字,同一个"魏"字可以从不同层次分析,预测的结论也就大不一样。一是"王天下",一是"乱朝纲"。《歌》中还有对明末国事的预测:"万子万孙层叠层,祖宗山上贝衣行,公侯不复朝金阙,十八孩儿难上难。卦曰木下一了头,目上一刀一戊丁,天下重文不重武,英雄豪杰总无成。"第一句为万历（1573—1620年）子孙，第二句指崇祯（1628—1644年在位），"宗山"为"崇""上贝衣"为"祯"，作《歌》者将"祯"字的示旁说成"衣"，下面几句指李自成（"木下一了"为"李"，"目上一刀"为"自"，"戊丁"为"成"）(1606—1645年）这些材料根本不可能是刘伯温（1311—1375年）的预测，14世纪的刘基能知道17世纪的崇祯皇帝和李自成吗，连傻瓜也骗不过吧。刘伯温是预言大家，连穷乡僻壤的老农民都说，刘伯温能后知五百年。他的事迹肯定是在传说中神秘化了，夸大了。《烧饼歌》的作者假托刘伯温的大名，无非是为了扩大影响，易于流传。还有《推背图》，有图有谶，其谶辞也为隐语或离合字体之类的东西，纯属荒唐之言。明万历进士谢肇淛已有非议。他说："今世所传有《推背图》，相传李淳风所作，以占帝王世次。其间先后错乱，云是宋太祖欲禁之，不可，乃命取而乱其序并行之。人见其不验，遂弃去。然多验于事后，虽知之何益？圣人所谓'百世可知'者，岂是之谓哉！"（《五杂俎》卷十三，281页，辽宁教育出版社，2001年）

4."叶子"中的文字预言。

叶子，又名叶子格，叶子戏，骰子格，是古代一种博戏用具，起源于唐代，欧阳修《归田录》卷二有介绍。以"叶子"作文字预言的材料不多，我只见过《渑水燕谈录》中有一条，这条材料也被《新编分门古今类事》编入"帝王运兆门"。原文为："唐太宗问一行世数，禅师制葉子格进之。葉子，言'二十世李'也。"（《渑水燕谈录》卷九，110页）繁体"葉"字由艹、世、木组成，将艹头读成"二十"，"木"与下面的"子"字组合，就成为

"二十世李"了，这则文字预言是要证明"唐果传二十帝"（《新编分门古今类事》第30页）而亡。这条预言有可能是五代时的人编出来的，托名于一行。一行是唐代高僧，天文学家。编造者留下了一个大漏洞，即一行与唐太宗不是同时代人。据新《辞海》一行生于673年，《辞源》说是生于683年，他的祖父为太宗功臣张公谨，他出生时，唐太宗已驾崩二三十年了，怎么可能"问一行世数"呢。宋人对这类材料很感兴趣，顾不上去伪存真了。

5. 画面中的文字预言。

《新编分门古今类事》卷十四载："誌公常画鹿负鞍走山中，云：'两角女子绿衣裳，却背太行邀君王，一止之月必消亡。'后安禄山作乱。'两角女子'，'安'字也；'绿'之言'禄'；'太行'即'山'也；'一止之月'乃'正月'也。正月败亡之谶耳。……后禄山果正月死。"（206页）这条预言用了离合法，谐音法，以"太行"代"山"是修辞学上的以个别代全体。有画有谶，也可归在图谶类。但誌公（418—514年）为南朝宋齐梁间僧人，他怎么能知道8世纪会有安禄山（？—757年）这么一个胡人呢？

宋代盛行的"卦影"实际上也属于这一类。"所谓卦影，乃是术者先让卦面成为图画，然后加以解析附会，预测吉凶。"（许逸民：《夷坚志选注》第197页注①，文化艺术出版社1988年版）其中往往也有文字。如《夷坚志补》卷十八："闽士曹仁杰，淳熙（宋孝宗年号）末……假卖卜自给，在市售卦。一人来卜，为画一官人发怒，一'事'字甚大，而无挑脚，'忧'字半缺，一'喜'字下画不满。解之曰：'君恐当官事，其祸大如天，然忧不成，出此月，翻有获财之喜。'"求卜者问他为什么，曹仁杰解释说："官既怒为可忧,而事不圆,故知无害。忧去则喜至,以下画缺,须候改月乃吉。"求卜者听了他的解释,"欣然而去"。曹仁杰用的是减笔法。"事"字"无挑脚","忧"、"喜"字的笔画均不全,以缺笔预示祸尚未成,喜将至。还有一次,一少年来求卜,占问婚事。曹仁杰"画一枷一匙,其下有'喜',曰:'卦中惟婚姻事最吉。'少年满意而去。"(《夷坚志选注》第196—197页)"枷"谐"家","匙"谐"室"。女有"家",男有"室",婚姻美满成功,是大"喜"事。

曹仁杰本一落魄书生,卖卜以糊口,他的骗术正好迎合了市井小民糊涂官吏的需要。在心理咨询不发达的古代,既无心理医生,也无发表"绝对隐私"的报刊,又无热线电话,"卦影"有时就能起排忧解愁的作用。如果卖卜者有极其丰富的人生阅历、社会经验,德行又高尚,他自然能受到大众的信赖和好评。人生毕竟苦难太多,坎坷太多,卖卜者因此获得了自己的生存空间,汉字在特定的历史条件下也多了一项服务于心理学、社会学的功能。现在回过头来谈一个语音问题。曹仁杰以"枷"谐"家",二字均古牙切,很合适;以"匙"谐"室",可能有方音问题。"匙"为禅母支韵字,"室"为审三质韵字,之所以能谐,读音应该相同或相近。《中原音韵》二字声母相同,均为 [ʃ]。"匙"归支思韵 [ï] 平声;"室"归齐微韵 [i],上声。曹仁杰为闽人,卖卜于临安(杭州),他若说闽语,杭州人是不懂的,"匙"谐"室"当是杭州音,可能南宋时的杭州话入声已经消失,至少是 [-t] 尾已模糊。

6."相字"中的文字预言。

相字就是测字、拆字,前文诸条均涉及拆字,这里要专列一条，是因为前文所言拆字不一定是专门之学，这里所谈是古代以相字为专业的"术者"。只举宋代的谢石为例。此人于宣和年间由四川成都到首都东京（开封）以"相字"为业，名气很大，并由此而升官发财，卒于南宋秦桧当权时期。据载："宋高宗微行，遇谢石，能字卜，问终身事业，取纸书一'春'字，头笔太浓，'日'字极淡。石曰：'春头太重，蔽日无光。'高宗然之，召至京师，授三品爵。秦桧知其刺己也，大怒，竟以他事流之于广，嘱皮卒（谢石曾字卜于仙姑，仙曰："石遇皮则破，遇卒则碎。"所谓"皮卒"，亦拆字也）于半途害之。"（周越然《言言斋古籍丛谈》44页，辽宁教育出版社2001年版）此人竟死于秦桧之手，权奸之惨毒，可想而知。"（秦）桧两据相位，凡十九年……察事之卒，布满京城，小涉讥议，即捕治，中以深文。"（《宋史·秦桧传》13764、13765页）谢石就是无数被害者中的一个。蔡絛（tāo，蔡京的儿子）《铁围山丛谈》卷三，洪迈《夷坚志·再补》，何薳《春渚纪闻》卷二均记载了他的事迹。他的方法是，由求相者本人随便写一字，然后就此字加以分析，"而言无不奇中者"。（《夷坚志选注》第200页）

例一："始石居市邸，人有失金带者，书一'庚'字以问石。石曰：'汝有所失乎？必金带也。然我知其三日内始（一作"便"）出。'果如期出。"（《铁围山丛谈》第43页，中华书局1983年版）

一个"庚"字中包含的文化信息是很多的，谢石为何能与"金带"、"三日内"联系起来呢？不得其解。必也，庚主西方，于五行为金，而三日的理据又是什么？可见，某一个时代的人有某一个时代的共同文化心理，这是解开字内密码的前提，缺少共同的文化心理，则不知所云。汉字的许多附加信息，是随着时代的变化而变化的，此例可给我们这样的启发。

例二："有朝士妻，怀妊过月，手书一'也'字，令夫持问。石曰：'此闺中所书否？'曰：'何以言之？'曰：'谓语助者，焉、哉、乎、也，固知是公内助所书。尊阃盛年三十一否？'曰：'是也。''以也字上为卅，下为一字。然吾官寄此，当力谋迁动而不可得否？'曰：'正以此为挠耳。''盖也字着水则为池，有马则为驰，今池运则无水，陆驰则无马，是安可动也？又尊阃父母兄弟，近身亲人，无一存者。以也字着人则一他字，今独见也而不见人故也。又尊阃其家物产亦当荡尽否？以也字着土则为地字，今又不见土也。'曰：'然。但此皆非所问者，贱室以怀妊过月，忧而问耳。'曰：'是必十三个月也。以也字中有十字，并两旁二竖，下一画为十三也。有一事涉奇怪，欲不言，则公所问正决此事，可尽言否？'朝士请其说。曰：'也字着虫为虵。今尊阃所妊，殆蛇妖也，然不见虫蛊则不能为害。石亦有药，可为公验之。'朝士异其说，因请至家。以药投之，果下百数小蛇而体平。"(《夷坚志选注》第201页）谢石从一个"也"字做出了这么多文章。"也"为"语助"词，"也"字笔画，与"也"有关的字，都能牵强附会，步步深入，还懂点医道，但被药杀死的是不是"百数小蛇"，这就很难说了。

例三："太上皇（宋徽宗）闻而密俾之，尝为书一'朝'字，命示之。石曰：'此非人臣也。我见其人则言事。'询何自知。石曰：'大家天宁节以十月十日生，此'朝'字十月十日也，岂非至尊乎？'上喜，乃召见。石有问辄中。且令中官索东宫书一字来，乃以'太'字进。又问石，石曰：'此天子也。'左右为大惧。上询谓何，石曰：'太字点微横'此必太子也。他日移置诸上，岂非'天'字耶？上以金带赐之。"（《铁围山丛谈》第43页）

谢石是一个经验很丰富的术士，他能"名闻九重"（《夷坚志选注》第201页）总有点混饭吃的本领，他玩过什么样的猫腻，不可得知。上述三例当有所据，《铁围山丛谈》作者蔡絛是他的好朋友，谢石离开汴京之前，曾想把"相字之术"传给蔡絛，但蔡氏父子当时正是倒霉的时候，怕引来更大的灾难，"故谢之，不肯听石"。（《铁围山丛谈》第42页）

宋代的成都出了个谢石，使我想起汉代成都的严君平，"君平卜筮于成都市，以为卜筮者贱业，而可以惠众人。有邪恶非正之问，则依蓍龟为言利害。与人子言依于孝，与人弟言依于顺，与人臣言依于忠，各因势导之以善。"（《汉书·王吉传》）他还培养了扬雄这样的学生。术士也并不全都是骗子，也有严君平这样的隐者。

在整个帝王专制社会中，测字术长盛不衰，是因为科学知识、逻辑思维不发达，故信之者多。清代纪晓岚在《阅微草堂笔记》中谈了他自己的经验：

"亥"有二首六身（《左传》襄公三十年史赵语），是拆字之权舆矣。汉代图谶，多离合点画，至宋谢石辈，始以是术专门。然亦往往有奇验。乾隆甲戌（1754年），余殿试后，尚未传胪，在董文恪公家，偶遇一浙士，能拆字。余书一"墨"字，浙士曰："龙头竟不属君矣。'里'字拆之为'二甲',下作四点,其二甲第四乎?然必入翰林。四点'庶'字脚,'士''吉'字头,是庶吉士矣。"后果然。又戊子(1768年)秋,余以漏言获谴,狱颇急。日以一军官伴守。一董姓军官,云能拆字,余书"董"字使拆。董曰:"公远戍矣。是千里万里也。"余又书"名"字。董曰:"下为'口'字,上为'外'字偏旁,是'口外'矣。日在西方为'夕',其西域乎?"问:"将来得归否?"曰:"字形类'君',亦类'召',必赐还也。"问"在何年?"曰:"'口'为'四'字之外围,而中缺两笔,其不足四年乎?今年戊子,至四年为辛卯(1771年)。'夕'字卯之偏旁,亦相合也。"果从军乌鲁木齐,以辛卯六月还京。盖精神所动,鬼神通之;气机所萌,形象兆之;与揲蓍灼龟,事同一理,似神异而非神异也。

(《阅微草堂笔记·如是我闻(一)》,
扫叶山房,民国十八年石印)

一个具有现代科学头脑的人,既不会相信揲蓍灼龟,自然也不会相信拆字。纪晓岚是一位大学问家,他所说的"奇验"也可能是一种偶然巧合,也可能就是他本人编出来的故事,纪是很会编故事的。但这种以文字测吉凶祸福的文化心态,的确深入人心,彻底破除,很不容易。

7. 梦中的文字预言。

关于梦,奥地利精神病学家弗洛伊德(1856—1939年)创建了成系统的理论。梦的功能,释梦方法,梦例分析等等,都是研究的内容。他研究过关于梦的大批著作(弗洛伊德发表《释

第三章　关系论

梦》之前，欧洲已出版过80本论梦的著作），而以汉字为梦象的材料，似未曾涉猎。中国古代也有很多梦书，多已失传。（参阅刘文英：《中国古代的梦书》，中华书局1990年版）

"梦话"也得从黄帝说起。《史记·五帝本纪》张守节《正义》引皇甫谧《帝王世纪》，说黄帝梦见了两位贤臣：

> 黄帝梦大风吹天下之尘垢皆去，又梦人执千钧之弩，驱羊万群。帝寤而叹曰："风"为号令，执政者也。"垢"去"土"，"后"在也。天下岂有姓风名后者哉？夫千钧之弩，异力者也。驱羊数万群，能牧民为善者也。天下岂有姓力名牧者哉？于是依二占而求之，得风后于海隅，登以为相。得力牧于大泽，进以为将。黄帝因著《占梦经》十一卷。
>
> （《史记·五帝本纪》第8页）

这则预言用的是转换法，由梦象转换为汉字。"风"是直接转换，"垢"是减偏旁转换，"力牧"二字为间接转换。黄帝时代也可能已经有了文字，他真做过这样的梦吗？传说只当传说看好了。

两汉之际的公孙述（？—36年）也想成王霸之业，"好为符命鬼神瑞应之事，妄引谶记"，"梦有语之曰：'八厶子系，十二期。'觉，谓其妻曰：'虽贵而祚短，若何？'妻对曰：'朝闻道，夕死尚可，况十二乎！'"（《后汉书·公孙述列传》）于是，在汉光武建武元年，自立为天子。到建武十二年被杀，正好应了梦中的"十二期"。时间如此契合，这个梦必有虚构成分。

"日有所思，夜有所梦"。古代文人所思所想，多为科举与做官,这类文字预言就常出现于梦境。

唐代诗人杜牧,"顷于宰执处求一小仪,不遂;请小秋,又不遂。尝梦人谓曰:'辞春不及秋,昆脚与皆头。'后果得比部员外。"(《玉泉子》第25页,中华书局1958年版)"昆"字之脚,"皆"字之头,乃"比"字。

唐末的宋言,"近十举,而名未播"。后梦中有神人相助,才得以高中。"言本名獄,因昼寝,似有人报云:'宋二郎秀才,若头上戴'山',无因成名。但去其'山',自当通泰。'觉来便思去之。不可名'獄',遂去二'犬',乃改为'言'。及就府试,冯涯侍郎作掾而为试官,以解首送言也。"(〔唐〕范摅:《云溪友议》卷下,第55页,古典文学出版社1957年版)

宋代的王景仁,于庆历末年,"将赴吏部选。一夕,梦一人衣冠高古,若术士者,因访以当受何地、官期早晚。书八字与之,云:'时生一阳,体合三水。'既觉,不悟其意也。及注官河南府河清主簿,凡三字(河、河、清)皆从水。到官日,正冬至。"(《渑水燕谈录》第75页)按,这是偏旁归纳法,冬至一阳生为时令问题,非关文字。

也有人为了符合梦象而更改名字。皇祐间,王彦祖"免解赴礼部。前以卧疾困眠,梦至一大府,见二人,因恳求生平禄命,二人笑不答。再叩来年得失,其人指面前池水曰:'待此水分流,君即登第也。'觉,以为池水不能分流,决无中第望矣。久之,乃寤,即更名'汾',以符水分之兆。及试礼部《严父莫大于配天赋》,廷试《圆丘象天》,皆中高选。其后召试学士院,又赋《明王谨于事天》,得贴馆职。皆符梦中之言也。"(《渑水燕谈录》

第78—79页）科举考试，使人神魂颠倒，竟求助于梦象，乞灵于字形结构，这是很可悲的。

四、精妙的文字游戏

所谓游戏，当然带有娱乐性质，也有嘲谑，戏弄。汉字的这种功能，历史悠久，丰富了大众文化的内容，在小说、笔记文中有不少记载，也有专著传世。虽不登于大雅之堂，但明人已经指出："薄此者，腐儒也。东坡之才，博学宏词，无所不览，尚留心于此，何况于后人乎！"（郎瑛：《七修类稿》第813页，中华书局1960年版）要注意的是，东坡"留心于此"，主要成就却不在此。

1. 字谜。

字谜是谜语中的一个门类。《文心雕龙·谐隐》："自魏代以来，颇非俳优，而君子嘲隐，化为谜语。谜也者，回互其辞，使昏迷也。或体目文字，或图象品物；纤巧以弄思，浅察以炫辞；义欲婉而正，辞欲隐而显。"所谓"体目文字"就包括字谜这种形式。

字谜之始，明人郎瑛认为始于《曹娥碑》的八个字："黄绢幼妇，外孙䪡臼。""后杨修解之曰：两字包一字；绝妙好辞。此谜之始也。"（《七修类稿》下，第812页。宋人庄季裕《鸡肋编》卷上认为："其原出于'反正'、'止戈'，而后人因作字谜。"第1页，商务印书馆民国九年初版）后人称能构思这种字谜的人为"黄绢之奇智"。《玉泉子》载，唐代淮海大明寺之西廊，前壁有一字谜："一人堂堂，二曜同光。泉深尺一，点去冰傍。二人相连，不欠一边。三梁四柱，烈火而然。除却双勾，两日不全。"有人揭示其谜底为："'一人'岂非'大'字乎；'二曜'者日月，非'明'字乎；'尺一'者十一寸,非'寺'字乎;'点去冰傍','水'字也;'二人相连','天'字也;'不欠一边','下'字也;'三梁四柱'而'烈火','無'字也;'两日''除双勾','比'字也。得非'大明寺水、天下無比'乎。"众皆恍然大悟,说:"黄绢之奇智,亦何异哉!"(《玉泉子》第 26 页,中华书局 1958 年版。又见《桂苑丛谈》第 67 页)〔南宋〕赵彦卫《云麓漫钞》卷九载:"《青箱杂记》载南唐徐铉至义兴,读汉太尉许馘碑,其阴有八字云:'谈马砺毕,王田数七。'莫晓其指。铉以'黄绢幼妇'语意求之,云:此谓'许碑重立'也。"(《云麓漫钞》卷九,第 128 页,中华书局 1958 年版)所谓"许碑重立",《青箱杂记》本文有更为明确的记载:"徐铉父延休博物多学,尝事徐温为义兴县令。县有后汉太尉许馘庙,庙碑即许劭记,岁久字多磨灭。至开元中,许氏诸孙重刻之,碑阴有八字云:'談馬礪畢,王田數七。'时人不能晓,延休一见,为解之曰:'談馬即言午,言午許字。礪畢必石卑,石卑碑字。王田乃千里,千里重字。數七是六一,六一立字。'此亦杨修辨蠚臼之比也。"(《青箱杂记》卷七,72 页,中华书局 1985 年版)这类字谜的复杂性,在于其中有某种文化密码,不是简单的形体离合,如"谈"第一步要转化为"言","马"第一步要转化为"午"(在十二属中"午"为"马"),第二步才能将"言"与"午"合而为"許",若不了解"马"和"午"的文化关系,这个谜就解不了。

字谜也有纯用减法的。《桂苑丛谈》载:唐僖宗时有客人访长安青龙寺寺僧,连日受冷遇,乃怒而取笔题诗于寺门:"毚龙东去海,時日隐西斜,敬文今不在,碎石入流沙。"众僧不能解,独有一沙门能解之,说:"毚龙去矣,乃'合'字;時日隐西,乃

'寺'字也;敬文不在,'苟'字也;碎石入沙,'卒'字也。此不逊之言,辱我曹矣。"(71—72页)"合寺苟卒"都是取原字的一半,客人的愤怒之情也溢于字表。

一字谜的形式也很普遍。《世说新语》中有几个常被引用的例子。如《简傲》篇说吕安题门上作'鳳'字,讥嵇康之兄为"凡鸟"。《捷悟》篇说曹操"嫌门大","使人题门作'活'字",聪明的杨修马上揭示其谜底为"阔"字,这个谜面是把物和字连成一个图像,曹操与杨修都是字谜游戏的高手。

有的字谜有很深刻的社会意义。明代嘉靖二十四年(1545年),天下大荒,"时疫大行,饿莩横道"(郎瑛:《七修类稿·荒年转语》第737页),郎瑛的一位朋友在除夕之夜作了两首"转语词",其中有两个关键性的字谜。

〇年去年来来去忙,不饮千觞饮百觞。
今年若还要酒吃,除却酒边酉字旁。

原注:"饮水也。""酒"字去掉了"酉"字,就只剩下"水"了。

〇年去年来来去忙,不杀鹅时也杀羊。
今年若还要鹅吃,除却鹅边鸟字旁。

原注:"杀我也。"

还有人以自己的名字为谜,表明一种人生态度。如北宋扬州人陈亞（亚）"自为'亞'字谜曰：'若教有'口'便'啞'，且要无'心'为'惡'。中间全没肚肠，外面强生棱角。"吴处厚说："此虽一时俳谐之词，然所寄兴，亦有深意。"（吴处厚《青箱杂记》卷一，6页，中华书局1985年版）

2. 字舞。

宋代吴曾《能改斋漫录》和周密《齐东野语》均有"字舞"条。

> 州郡遇圣节锡宴，率命猥妓数十群舞于庭，作"天下太平"字，殊为不经。而唐《乐府杂录》云："舞有字，以舞人亚身于地，布成字也。"王建《宫词》云："罗衫叶叶绣重重，金凤银鹅各一丛。每遇舞头分两向，'太平万岁'字当中。"则此事由来久矣。
>
> （《齐东野语》卷十，第189页，中华书局1983年版）

从唐到宋都有字舞，歌颂"太平"。至今还用汉字来组成图案，表示欢庆。内容虽古今不同，形式上的继承关系是存在的。

据《重辑渔洋书跋》载："今外国犹传其字。"（39页）也就是说，字舞早已远播邻国。

3. 谐音。

汉字有音同字不同的特点。谐音，成为文字游戏的一种常见手法。

金元之际的刘祁在《归潜志》中记载了一个故事：

> 高丞相岩夫，自南渡执政，在中书十余年，无正言直谏

第三章 关系论

闻于外,清论鄙之。……丞相方秉烛至院中,忽一朝士朝服立于前,公不识之。问曰:"卿为谁?"其人曰:"我欧阳脩也。尔为谁?"公曰:"吾丞相也,卿不识邪?"其人曰:"脩不识丞相,丞相亦不识脩。"朝野相传以为笑。

(《归潜志》卷九,第99页,中华书局1983年版)

"脩"与"羞"谐。这位"朝士"有意要羞辱高岩夫这个不中用的丞相。

也有的谐音是取人物生理特征,语义双关,造成谐趣效果。《七修类稿》载:

正统(1436—1449年)间,杭教授陈某,年长而发鲜矣。时方伯艾英最为多鬚,乃旧知也。艾故以一事笼络之,教授乘气进司与讲。

艾乃谩曰:

陈教授数茎细发,无髻可施。

陈随口应曰:

艾方伯一脸胡鬚,何须如此。

(《七修类稿·奇谑类》卷五十,735页,中华书局1960年版)

上联"髻"谐"计",二字均古诣切;下联"须"谐"鬚",二字均相俞切。现在"鬚"简化为"须",就谐不成了。所以汉字拼音化,同音字字形无别,谐音功能就完全丧失了。当然,汉字是否应该实行拼音化,这不是必须要考虑的条件。

4. 酒令文字游戏。

《五代史补》载有唐末文学家皮日休、罗隐的酒令，其法"取一字，四面被围而不失其本音。"皮取"其"字，上加草为萁菜，下加石为碁子，左加玉为琪玉，右加月为期会。罗隐取"于"字，上加雨为舞雩，下加皿为盘盂，左加玉为玗玉，右加邑为邘地。(《旧五代史》卷一三四，1784页，中华书局）。这种酒令文化内涵颇高，条件也很严，只有非常熟悉形声字，方可出口成令。

下面这个例子也取自《七修类稿》：

> 本朝陈询忤权贵谪之，同僚送行。众为说令。陈询曰：
> 轟字三个车，余斗字成斜，車車車，远上寒山石径斜。
> 高谷曰：
> 品字三个口，水酉字成酒，口口口，劝君更尽一杯酒。
> （陈）询自言曰：
> 矗字三个直，黑出字成黜，直直直，焉往而不三黜。

（《七修类稿》卷五十一，第746页）

酒令无疑是通俗文化，饱读诗书的文化人一般都有这种修养。即景生情，拈来古典名句，抒胸中之愤懑，岂只游戏笔端，资助谈柄而已。

5. 对联文字游戏。

离合字形，巧妙地编成对联，有机趣、益智、娱乐之效。如：

日出东，月出西，天上生成明字；

子居右，女居左，世间配定好人。

琴瑟琵琶，八大王一般头目；
魑魅魍魉，四小鬼各具肚肠。

学正不正，诸生皆以为歪；
相公言公，百姓自然无讼。

冻雨洒窗，东二点西三点；
切瓜分片，上七刀下八刀。

夫子，天尊，大士，头上各异；
宫娥，宦者，官人，腰间不同。

50年代香港报刊登载过两幅名（指人名）联，利用字的谐音和多义，巧妙地将人名镶嵌在联中，机趣诙谐。

章士钊，王世昭，姓不同，名不同，韵相同，音相同，同是文人分左右；
仇硕父，易实甫，时难并，地难并，诗能并，词能并，并为才子别明清。

（按，硕音 shí，与"实"同音）

左舜生姓左不左，易君左名左不左，二君胡适，其于右任乎？

　　梅兰芳伶梅之梅，陈玉梅影梅之梅，双玉徐来，是言菊朋也！

这两副对联均收入梁羽生著《古今名联谈趣》，梁氏有详细注释。（见该书169页至172页，作家出版社1986年版）

6. 姓名文字游戏。

对联中的文字游戏，内容很广泛，不局限于姓名，可巧我们举的两副对联都是姓名文字游戏。但姓名文字游戏花样也很多，常见的为文字离合法。从皇帝到宫女到文人及平民都喜欢这种形式。

　　隋炀帝尝会饮宫中，为拆字，令取左右离合之意。谓杳娘曰："我取'杳'字为十八日。"时宫婢羅羅侍立，杳娘取"羅"字为四维。帝又谓萧妃曰："尔能拆朕字乎？"萧妃乃应声曰："能，乃移左画居右边，岂非'渊'字耶！"后验之，乃唐公之讳也。

（《新编分门古今类事》第191页）

聂崇义与郭忠恕都是北宋颇有成就的学者，二人以对方的姓名取笑。

　　国初，聂崇义精《礼》学，著《三礼图》上之，盛行于世，诏给于国子监讲堂。郭忠恕尝诮其姓曰："近'贵'全为'聩'，攀'龍'即作'聋'，显然三个'耳'终是未为聪。"崇义曰："仆不能诗，聊以一联奉酬。'勿笑有三耳，犹胜畜二心。'" 其敏而善谑，亦可嘉也。

（《渑水燕谈录》卷十，第122页，盈按，中华书局1981年版，标点有误。又见《玉壶清话》卷二，21页，《宋史·儒林·聂崇义传》12797页）

郭忠恕的名字下部均为"心"，郭曾仕五代时的后汉、后周，聂讥其"二心"，已是政治攻击了。文人相轻，有如此者。

周密《齐东野语》卷十七有"姓名相戏"条，所举例子均为"左右离合之意"。"前辈有以姓名为戏者，如陈亚有心、蔡襄无口之类甚多。"（322页）宋人气量比较小，竟有人将姓名相戏引入官场斗争而以政治迫害为游戏，最著名的例子就是"苏黄迁谪"的故事了。《鹤林玉露》卷五载：

苏子瞻谪儋州，以"儋"与"瞻"字相近也。子由谪雷州，以"雷"字下有"田"也（田与由近）。黄鲁直谪宜州，以"宜"字类"直"字也。此章子厚（名惇，执政期间，曾作恶多端，《宋史》将其列入《奸臣传》）騃（ái）谑（騃谑：愚弄，戏弄）之意。当时有术士曰："'儋'字从立人，子瞻其尚能北归乎！'雷'字'雨'在'田'上，承天之泽也，子由其未艾乎！'宜'字乃'直'字，有盖棺之义也，鲁直其不返乎！"后子瞻北归，至毘陵（今常州）而卒。子由退老于颍，十余年乃终。鲁直竟卒于宜。

（《鹤林玉露》第315页）

还有离析国名的例子，在此附带一提。三国时吴国的薛综离析"吴""蜀"二国名就是一例。他嘲弄蜀使者说:"蜀者何也?有'犬'为'獨',无'犬'为'蜀',横'目''苟'身,'虫'入其腹。"对"吴"字的离析是:"无'口'为'天',有'口'为'吴',君临万邦,天子之都。"(《三国志·吴书·薛综传》第1250页)薛综玩的是文字游戏,也是政治游戏。其用心无非是要灭蜀国的志气,长吴国的威风。

文字游戏并非只有上述六个方面的内容。这些材料已足以说明,生活在帝王专制时代的文化人,熟练地离合汉字以达到某种目的,乃是适应世俗社会不可或缺的本领。文人把心智用于玩文字,是因为汉字结构形式有可供玩的特点,那时的大众文化有此种风气。

第十三节 汉字与汉文化传播

天下大势,合久必分,分久必合。人类经过几十万年的发展、演变,差异越来越大,"体质"不同了,"心灵"不同了,语言也不同了。于是形成了不同的氏族、部落、酋邦、民族。于是大家都"数典忘祖",互相征讨、厮杀、交流、融合、分裂。于是有了不同的文化形式,文化风格,文化遗产,互相学习,互相影响,于是有了文化传播。人类最终是否会走向"世界大同"共创一种"全球文明"呢?全球经济一体化是一个好兆头。人类的语言由统一走向分裂的历史也早已结束。如果说,我们的祖先原本只有一种语言,之后的语言状况就是分裂又分裂。随着文化交流民族融合的发展,语言不仅停止了分裂,而且绝对数量在日渐减少。据说，公元前地球上曾有一万二千种语言，到公元元年时就只剩下一万种语言了，当今世界还有六千种语言，其中有三千多种语言面临死亡的危险。一种语言的死亡也就意味着一种文化的消失。目前有的语言只有几百人会讲，有的语言只有几个人会讲。往往最后一个会讲某种语言的老人一去世，操这种语言的民族的整个历史也就随之告终。语言的竞争不是语言本身有什么优劣高低之分，而是取决于文化，是文化的竞争。大语种的形成是多民族融合的结果，多民族的融合又共同造就了大语种的文化优势，大语种的文化优势又造就了不同地域的文化中心。汉民族在东方，虽然也有过受欺凌被侵略的历史，而她的文化中心地位是长盛不衰的，最主要的标志是：汉字、文化经典和孔夫子。

一、"文化圈"的存在

德国的格雷布内尔（1877—1934年）和奥地利的施密特（1868—1954年）创立了颇有影响的文化传播学派，提出了"一次发生论"和"传播论"以及"文化圈"的理论。他们认为整个人类的文化都是由少数几个中心地区产生，然后向外扩散，形成不同的文化圈。这个理论在西方颇有争议，其明显缺陷是把"一次发生论"作为文化发展的唯一规律，对各民族都会有自己独创性的特点注意不够。文化的相似性，不一定都是源于传播，也可能是源于不约而同的独创。不承认独创性，会导致不承认各民族都或多或少对人类文化宝库做出过自己的贡献，助长民族沙文主义者的狂傲自大。但我们也不能因这个理论有缺陷而根本否认"文化圈"的存在。

据现有资料研究，跟我们中国人有关的"文化圈"有两个。一是史前的"太平洋文化圈"，一是文明时代的"汉文化圈"。李洪甫的《太平洋岩画》（上海文化出版社1997年版）、胡春洞的《玛雅文化》（复旦大学出版社1991年版）都对太平洋文化圈进行了有意义的探索。前书以"分布于太平洋文化圈上的一千多万幅岩画图像"（1页）为依据，"依循逆时针方向，从太平洋西岸开始，旋转一圈，历数东北亚中国、日本、韩国、缅甸和东盟数国、澳大利亚、太平洋诸岛以及南美、中美和美国、加拿大直至阿拉斯加、西伯利亚……展开这幅涵盖135个纬度、120个经度绘画。"（462页）后书是通过"玛雅人和中国人的亲属关系和五千年前是一家的论断"（《前言》4页），"表明古代太平洋文化圈存在的可能"（《前言》3页）。玛雅人和中国人有血缘关系似乎已不存在分歧，分歧的是中国人何时抵达美洲。国外有的专家研究："越来越多的语言和身体方面的证据表明，亚洲人第一次向美洲迁徙的时间不是1万或2万年前，而是远至4万年前。"（《首批亚洲人何时迁往美洲？》，《参考消息》1998年2月22日）也有一种意见认为："美洲印第安人以及某些太平洋岛屿上的人是大约在15万至30万年前，从亚洲穿过白令海峡迁来的。"（《从病毒分布看人类迁移》，《参考消息》1998年1月11日）这两个材料说的都是"亚洲"，并不一定就是"中国"，至于"五千年前是一家的论断"，在时间上可能性不大。俄罗斯学者的最新研究另有说法，印第安人的祖先最可能是俄罗斯境内的图瓦族人。

"太平洋文化圈"的存在应该是无可怀疑的。仅以岩画为据似乎说服力不强，人类基因的对比研究则不可不重视。据报道，

1998年新西兰维多利亚大学生物学家钱伯斯发现,新西兰的毛利族人及太平洋的波利尼西亚族人的祖先,来源于中国大陆。他们从台湾岛出发,逐岛迁徙,经菲律宾、印度尼西亚,到达波利尼西亚,最后来到新西兰。(《毛利族人:祖先原来在中国》,《参考消息》1998年8月14日)

我们引用这些材料的目的是想说明,用封闭的眼光来看待汉文化,用静止的孤立的眼光来看待汉文化,是非常有害的。文化的流动,文化的分分合合,在史前时代早就开始了。既然"太平洋文化圈"的存在都是可能的,"汉文化圈"的提法有什么错误呢!

"汉文化圈"这个概念并非出自汉字的故乡——中国,日本学者藤堂明保(1915—1985年)1971年发表《汉字及其文化圈》,提出了汉字文化圈的理论,研究了汉字文化圈形成发展的过程。80年代法国学者汪德迈出版了《新汉文化圈》(江西人民出版社1993年出版了陈彦的中文译本),他所划定的"圈"指中国及朝鲜、日本、越南,也包括新加坡等地。1993年陈玉龙等人著《汉文化论纲》,第一章第三节《"汉文化圈"史话》称赞"汉文化圈是人类伟大的文化地理单元"(28页,北京大学出版社1993年版)。书中"汉文化圈"与"汉字文化圈"并用。"圈"内的人使用汉字或汉字型文字这是最基本最重要的共同点。这一点下文还要谈到。现在先说中国境内,汉字向非汉族地区传播的问题。

二、境内传播

在远古的中国大地上就聚居着众多语言不同生活习俗各异的兄弟民族,除了汉字而外,肯定还会有其他民族的自创文字。有人认为，彝族早在距今六千年以前就创造了文字，"西安半坡出土陶文正是彝族先民最早在此使用过的文字，是今彝文的前身"。然而，这只是一种主观推论，可信的证据还没有发现。贵州境内的安顺地区有"神秘天书"之称的红岩碑，至今无人破译，也有人认为是"古彝文字"。福建境内有多处所谓"仙字"遗迹，其中最著名的一处在漳州市华安县沙建乡苦田村，有人认为是"苗文"，有人认为是"吴文字"，也有人认为根本不是文字，而是岩画。(《中国岩画》第186页，广东旅游出版社1996年版)

中国境内的非汉语地区，较为普遍的情况是，少数民族的上层人士，受汉文化熏陶，通晓汉语汉字，借用汉字作为记录本民族语言的工具，有的还进一步模仿汉字，创制适合于本民族的汉字型文字。

用汉字记载非汉语，历代都有，如《越人歌》、《白狼歌》以及许多古地名、人名等。据谭其骧研究，江浙地区不少县市名称本是古越语，如"苏"、"杭"；北方有的地名出于古胡语，如"延河"之"延"。据一些民族学家的研究，南方楚国文献中有不少用汉字记载的苗语词，如"囯闾"，苗语为"门"，"梼杌"疑即苗语之teu，意为文字史籍。(马学良主编：《汉藏语概论》第41页)

这些用汉字记载的非汉语语词，究竟是汉人用汉字记下来的呢，还是该族借用汉字记载下来的呢，后人已无法一一说清。

关于汉字仿造，大抵有两种情况。一是官方仿造，一是民间仿造。

官方仿造，一般是在该族建立了与汉族相敌对的政权之后，他们模仿汉字创建自己独立的文字系统，如辽国有契丹字，党项有西夏字（见附文一），金朝有女真字。这类仿造汉字为专门家所

附文一　西夏文

（从史金波等《文海研究》复印）

过浮收自兰，但礼噜盂艮；
(过)(后)(你们)(就)(知) (但)(得)(骗)(垩)(我)

三

仔叹伝番百姓，掌印自扶官；
(叹)(人)(们)(百)(姓) (掌)(印)(是)(个)(官)

伝丈独丈羊，替扶官算利。
(人)(养)(猪)(养)(羊) (替)(个)(官)(谋)(利)

布口型口塱，盂介劳丈命；
(才)(种)(地)(种)(田) (要)(什么)(养)(命)

平扶尤扶苦，他莫数卷圊；
(不论)(以)(富)(人)(穷) (他)(鱼)(肉)(全都)(圆)

附文二　方块壮字
（从张元生等《古壮字文献选注》复印）

制定，成规模，成系统，由国家颁布，为全族所使用。它随着该政权的消亡而消亡，随着该民族的没落而没落。契丹字、西夏字、女真字，都只有几百年的寿命，先后变成无人使用的死文字。20世纪这些文字材料被考古学家一一发现，现在成为专家之学。

非汉族的民间仿造汉字，种类相当多。有方块壮字（见附文二）、方块布依字、方块侗字、方块白文（僰文）、方块水书、苗瑶哈尼也都有汉字型文字。这些兄弟民族，长期与汉族交往，他们并没有建立自己的脱离中央王朝的政权。他们的上层人物，上层社会，官府衙门，通用汉字，他们的文士往往是汉化了的文士，熟读儒家经典，会用汉字写诗作文，有的还参加科举考试。就这些民族的全体而言，并不满足于学汉语、用汉字。他们有自己的宗教经言，有自己的民歌唱词，有自己的民间故事，有自己的宗族历史，最根本的是有自己的语言系统，这一切都有可能导致汉字的借用和汉字型文字的产生。

借用是很普遍的现象。或借音，或借义，或借音又借义。汉字之所以能被借用，因为汉字非拼音文字，同一方块汉字可以用汉音去读它，也可以用不同民族的语音来读它。借用毕竟有缺点，有汉语音义的干扰，不便于交流，不便于表达。在不废弃借用汉字的情况下，仿造字产生了。于是，同一篇文献中，同一个文句中，既有汉字，又有仿汉字。甚至同一个词，既可以用汉字，也可以用仿汉字。这里所谓的"汉字"只是形体完全一样，音义情况颇为复杂。

我们现在所见到的仿造汉字，绝大多数是仿照进入楷体以后的汉字，这就决定了仿造汉字的特点：整体为方块形（水书中有象形字，有的字类似甲骨文字的形体）；笔画为点、横、直、撇、捺等；结构多为会意、形声、合体，往往取汉字的偏旁，按新的立意组合，也有倒书、反书，或增减汉字笔画成字。

这类仿造汉字的创制者多为宗教经师、民间歌手或普通农民等，这类文字的流传主要是手抄本经书、民歌、唱词、剧本等。它的形成过程一般非常缓慢。如方块壮字大约在隋唐时代才逐步形成，而从考古资料看，西周时期壮族祖先就已经在创造自己的文字。

各民族仿造的汉字，数量多少不一。水族古文字约400个，方块侗字只有100多个，用来记录语言，显然远远不够。

这类仿造字，数量既少，又得不到本族官方的支持认可，无人进行统一规范，无论是书写形式还是音义关系，随意性较大，只能处在自生自灭的状态中。汉族士人对这类仿造汉字也取贬斥态度，如明人谢肇淛《滇略》说方块白文是"以其臆造之文字，传其蛮鴃之方音"。

非汉语语言的民族为什么要借用汉字作为自己的书写形式？为什么创新字要仿照汉字？这跟语言性质无关，也不完全是军事、政治方面的原因。根本原因是文化。古代汉族，创造了世界第一流的文化，有完备的思想体系，成套的统治经验，先进的科学技术，还有丰富的文学艺术作品，正是先进的独领风骚的文化魅力，吸引了周边的兄弟民族学习汉字，借用汉字，仿造汉字，从而形成了境内的汉字文化圈。

三、境外传播

也是由于同样的原因，汉字在公元前或公元一世纪就逐渐向

第三章 关系论

境外传播。北至朝鲜半岛，南至越南，东至日本。这三个国家输入汉字时间先后不一，但至少也有一千多年的历史。一种异族文字，能在本族流传一千多年之久，事实上已经成为"我们的"汉字了。尽管越南、朝鲜已经不用汉字作为官方文字了，但汉字、汉字文化早已深入骨髓，成为这些民族的文化遗产的重要组成部分，他们仍属汉文化圈。

日语、朝鲜语、越南语、汉语，各不相同，由于千百年间都共同使用汉字，使用同一文化符号，不能不对其语言产生影响。日、朝、越都有大量汉语借词，字音字义也深受汉语影响。

词语的借用，汉字的借用，意味着文化精神的同化，思维方式的同化，道德观念的同化，文学艺术趣味的同化，甚至风俗习惯的同化，从而形成东方文化的共同特色。

在汉字进入朝鲜、越南、日本之前，这些国家都没有创造自己的官方文字，汉字传入之后，他们就在很长的历史时期之内用汉字作为书写工具，毕竟因为各国语言不同，不得不仿照汉字另创新字作为辅助工具，日本创制了万叶假名（假名即字母。"假"为借用，"名"即字），经过改革又创制了片假名（借用汉字楷书偏旁盖底创造而成，只用于外来语的译音词和某些特殊词汇）、平假名（由汉字草书演变而成，一般书写或印刷用平假名，"平"有平易、通俗之意），朝鲜创制了谚文，越南创制了字喃。

汉字音义的研究，在日本、韩国均有悠久的传统。他们研究甲金文的著作，研究《说文》的著作，研究韵图韵书的著作，水平都是相当高的。中国的古典文言名著，仍是日韩的精英文化，仍是中文专业博士论文的首选课题。中国实行改革开放以来,中日、中韩的文化交流,开始进入一个新的历史时期。

汉字文化圈内的交流,其障碍大大低于与"圈"外国家的交流。一个中国人行走在繁华的东京大街上与行走在纽约街头,感觉与心情显然不一样。东京街头随处可见的汉字招牌,使你有"宾至如归"的亲切感。语言不通可用笔谈。日本人,以及韩国人,有谁不知道孔夫子,有谁不知道李白、白居易,有谁不知道《论语》、《老子》,日本人对西安、对寒山寺的那份热情恐怕比某些中国人有过之而无不及吧。如果这些国家都使用罗马拼音文字,你就永远找不回那份感觉了。

汉唐时代所筑起的汉字文化圈,从19世纪开始,已经历了与西方文化中心主义的严重较量。19世纪,日本废除汉字的呼声很高,此风一直刮到中国,并横扫越南、朝鲜半岛。但亚洲的三个主力国家,在吸收西方进步文化和科学技术方面都不甘落后,都不遗余力,而汉字仍然很"坚挺"。"即使是从高水平上着眼,汉字也仍然是汉文化民族之间,最可宝贵的举世无双的交流桥梁。"(《新汉文化圈》第148页)以致"一种失落感正在西方滋生",(《新汉文化圈》第153页)因为他们已经敏锐地觉察到:"单独一个汉文化圈的实力就将必不可免地导致整个世界引力中心的转移。"(《新汉文化圈》150页)这是"圈"外的感觉,"圈"内人由于身在此"圈"中,大概还不识庐山真面目吧。

在历史上,一个强大的中国,必然是一个开放的中国,汉字传播至周边各国,就是国门大开,各国友好往来最为频繁的时候。不好的一面，就是千百年的文化输出，养成了中国人的文化自大心理，对西方世界不屑一顾。挨了几次痛打之后，才不得不痛定思痛，清朝末年制定了"中学为体，西学为用"的国策，我们也不得不实行文化输入的策略了。我们向谁学呢？在张之洞时代，首选目标是日本。日本比我们先走了几步，用的是汉字，学起来容易。张之洞说："各种西学书之要者，日本皆已译之，我取经于东洋，力省速效，则东文之用多。""若学东洋文，译东洋书，则速而又速者也。是故从洋师不如通洋文，译西书不如译东书。"（《劝学篇·外篇·广译第五》第128页，中州古籍出版社1998年版）于是，一衣带水的中日两国，"遣唐使"不再源源西来，留日生却滚滚东去。一大批经日本人注入了新学内容的汉字词汇又回到了失去往日帝国风采的故乡。汉字回娘家，带来了新思想、新意义，中国人的现代化进程就从汉字意义的转换开始了。"文化"、"文明"、"经济"、"同志"、"精神"、"具体"、"专制"、"劳动"、"哲学"、"科学"、"物质"、"意识"、"解放"、"干部"等等"旧貌换新颜"的汉字词汇，像潮水般涌入中国大地，掀起了思想革命的狂飙。汪德迈说："19世纪末20世纪初，建立于明治时期的日本各大学在向日本各界传输西方文化的同时，也曾经毫无困难地向当时的中华民族精英传授过现代知识。"（《新汉文化圈》第148页）在谈汉字文化圈的时候，我们永远不会忘记这一点。我们不会忘记，我们的先行者孙中山、章太炎、梁启超、鲁迅、钱玄同、黄侃等都在东京接受过现代文明的洗礼。如果当年我们的日本老师，也具有往日中华大唐帝国的气度、胸襟，不那么猥琐狭隘，野心大大的，真正奉行孔夫子的教导，怎么会对汉字文化圈内圈外的邻邦犯下了至今还令人发指的侵略罪行呢！

1988年，周有光先生在为谢世涯的《新中日简体字研究》作的《序言》中表示："新、中、日三个国家……在可能范围内重新走向'书同文'的境界。这在国际文化交流日益频繁的今天，是'汉字文化圈'的共同愿望。"既不忘记历史，又能面向未来，共同繁荣进步，发扬东方文化优秀传统，这应是"汉字文化圈"的共同愿望。

结　语

人类从野蛮时代进到文明时代，相继出现了四种摄取、储存、传输信息的方式。即体态语言，音节语言，图画、符号（包括结绳、契刻等），文字（包括图画文字）。其中语言符号和文字符号的产生，是人类改变自身改变世界的两个伟大转折点，以致德国哲学家卡西尔"把人类定义为符号的动物"。人类创造了符号，符号也创造了人类。符号指引人类通向有别于其他动物的文化之路，是照耀人类不断向更高级阶段发展的文明之光。

随着电子文化的兴起，文字符号遭遇了新的挑战。早在60年代，美国就有人认为"电视的出现也许就是文字的末日"，英国的一位预言家预言2500年的人类"在正式交流中将不再使用文字"。至于汉字的"末日"早已有种种"预言"，姑妄听之好了，汉字文化研究还是可以照样进行的。如果真有"末日"来临，这种性质的研究意义就更为重大了。

居住在地球上的人类，经过了不知多少次的分化、融合、迁移，形成了现今世界上的众多民族，众多语言，众多文字。值得骄傲的只有汉民族的语言文化、文字文化从未有过间断，历史最为悠久。汉字这个寿星老经过一场大灾大难之后，颇有越活越年轻的势头。对于祖宗留下的这份遗产，我们世世代代受其惠，也世世代代有人在研究。以往的研究集中于两个焦点：一是《说文解字》，一是甲骨文金文。两个焦点，互相辉映，汉字学的命脉，全在于此。然而，无数事实说明，不能仅止于此。仅止于此，就会导致宏观上的大误。

为什么有人总认为汉字"落后"，为什么汉字当今的地位不如英文，汉字在中国文化史上的功过该如何评说，象形文化会在键盘上消失吗，凡此种种，都要求另辟蹊径。我以为"汉字文化学"的提出可满足这种需要，可以解答各方面的疑惑。

研究汉字文化，目标在汉字之内，功夫在汉字之外。研究者的文化视野、理论准备、多学科的文化修养，坚定的文化自信心，会直接作用于研究成果。

不论任何时候，汉字文化只不过是整个汉文化的一个子系统，期待视野太高，无异于取消汉字文化。如果整个汉文化处于落后地位，能要求汉字文化站在世界前头独领风骚吗？即将过去的一千年，中国历史是如何一页一页翻过来的，值得温习。公元1000年，是宋真宗咸平三年，从宋至元、明、清、民国，我们还有汉唐帝国的一流文化水平吗（在当时的国际上，宋朝无疑还是世界文明中心，是经济大国，但国力已远不如汉唐鼎盛时期）？不独中国，整个亚洲又如何呢？美国有人写文章指出："亚洲的现代化大体上是西方智力的产物。亚洲尽管在表面上拥有令人眩目的物质财富，但实质上仍是一个智力殖民地。"新加坡也有文章指出："值得亚洲人省思的是，两次现代人类生产力及生产方式的战略性变革都发源于西方。'信息时代'将为西方文明下个世纪继续领先世界提供一个强有力的支点，并为其有效迎接所谓'亚洲世纪'的挑战创造有利条件。曾在'农业时代'领先世界的亚洲，由于彼时失去了进一步解放生产力的远见和动机，导致痛失历史良机，发展严重滞后。"无论是工业时代还是信息时代，中国都只能跟随人后，处于"智力殖民地"的地位。人类四次文化工具的革命，中国人领先世界两次，即造纸术、印刷术领先。所以那时的汉字地位强劲，并向周边地区辐射。如果打字机、计算机也是中国人发明的呢？汉字的情形又会如何？英文通行世界，既靠往日的军事侵略，又靠科学技术遥遥领先。这两条中国都不具备，说什么"汉字不灭，中国必亡"呢！汉字何罪之有！

"智力殖民地"的提法仍然透露出西方文明中心论者的傲气与霸气，而且也不完全符合事实，但承认文化落后并不是耻辱。文化落后不等于汉字落后，文化落后的根子不在汉字。正如语言无先进落后之别，现代文字同样没有先进落后之别。中国文化复兴、智力复兴，必然带来汉字地位的复兴，汉字文化的复兴。复兴，不是复到孔子那里去，也不是复到儒学中去。汉字曾因孔子而得益，也因儒学而受过。汉字文化如果还在儒学中兜圈子，将前途渺茫。我以为：否定儒学的伟大历史功绩和夸大儒学对当今社会发展、进步的作用，都是片面的。中国文化复兴的前提是文化生态环境的改善，是思维方式的变革，是文化制度的革新。文化复兴将是一个漫长的过程，既非遥遥无期，也绝不是指日可待。旧的包袱要扔掉，新的伤痕要愈合。思想解放，个性解放，尤其是宽容精神、独创精神的培育，没有几代人的努力，没有制度的保障，是不会见成效的。论智力，谁都不会否认，中国人的智力绝对是第一流的，汉字的精密灵巧与中国人的精密灵巧是一致的。正是基于此种认识，我们对汉字文化的复兴完全抱乐观的态度，汉文化经过吸收、改造，完全可以与西方文化并驾齐驱直至超越。西方人是很敏锐的，他们早已注意到此，所谓"亚洲世纪"、"太平洋世纪"，并不是中国人提出来的。这个"世纪"意味着什么？意味着汉字将与英文平分秋色，香港、澳门和新加坡的文字使用情况，已见先兆。

本书所谈汉字文化，仍然着重于过去。温习过去，意在今天。汉字文化代表一种精神，代表一种在世纪初就备受歧视严重歪曲了的传统文化精神。一谈到"传统"，人们就只想到儒学，这是误区。语言，文字，这二者才是传统的传统，才是传统文化的命根子。轻视自己的母语（母文），轻视自己的母体文化（当然也包括儒学的有益于世道人心的部分），还谈什么"中国人"，谈什么民族精神！现在的时尚不是言必称清华四大导师，学必称章黄二钱（钱穆、钱钟书），文必称周氏兄弟吗？试问，他们中的哪一位不是精通汉字和汉字文化的呢？通晓多种语言文字的陈寅恪、赵元任，还是依托母体文化开花结果。就是主张西化的胡适也受过严格的传统语言文字学的训练，他发表的语言文字学论著，至今仍有参考价值。

前文说，汉字文化代表一种精神。这精神是什么？可以有多种回答。最简明的回答就是三个字：民族魂。

我在本书第四节已经引用过诗人余光中先生的一段文字，在此再从中摘引几句，作为"全书结语"的结语吧。

无论赤县也好神州也好中国也好，变来变去，只要仓颉的灵魂不灭美的中文不老,那形象,那磁石一般的向心力当必然长在。因为一个方块字是一个天地。太初有字,于是汉族的心灵,他祖先的回忆和希望便有了寄托。

(《听听那冷雨》,收入《余光中散文选集》第 2 辑,
时代文艺出版社,1997 年版)

后　记

十年前，我就答应一家出版社写一本"汉字文化学"，中间总因有更应急于完成的事情要去做，迟迟未能动笔；而且，要在无依傍无借鉴的情况下建一个学术框架，在理论上和资料处理上都力不从心，故迟迟未敢动笔。

这次，为形势所迫，毫无退路，不得不集中精力，埋头苦干，将往日所收集的各种资料，深入分析，形成一个完整结构，终于写完了这本书，算是了却了一桩心愿。

写这本书，小而言之是出于个人的兴趣（我的许多文章几乎都由兴趣催生。平生很不愿意做自己无兴趣的事，如开什么学会，抬轿子，吹喇叭，放空炮之类）。我七岁开始学汉字，几十年来虽因此而带来不少忧患，可毕竟受益于汉字者多多，不写点有关汉字的文章，岂能无愧于心！大而言之，也就是说一句不怎么谦虚的大话，写这本书是为了我们这个民族。对汉字文化的关心也就是对汉文化的关心，对汉民族前途的关心。

故此，书虽然写得很艰苦，心里却深感快慰。我总以为：无艰苦即无快慰。快慰什么？能写出来就不错了！至于价值判断云云，让高明去评说好了，个人已无可如何。是为记。

何九盈
1998 年 12 月 26 日
于北京西郊中关园

再版后记

本书为辽宁人民出版社《汉字与文化丛书》中的一种，初版于1999年，印刷了两次。

2013年韩国延世大学出版社出版了此书的韩文版，译者为从未谋面的金殷嬉女士。

现在的商务版，改正了几处错误，内容也有改动或补充。责编为何宛屏编审，她很认真细心，故能发谬正讹。如清代《声律启蒙》作者车万育，而注文误作"育车万"，我两次校阅，均未注意，这次由她改正了。她为此书的审阅付出了宝贵的时间，谨志于此，以表谢忱。趁此机会，也对韩国金殷嬉女士遥致敬意。

"汉字文化学"的发展已有二十多年的历史，为告别"汉字落后"论、"汉字革命"论以及迎接新文化建设高潮的到来发挥了极为重要的作用，影响及于海内外。孔老夫子说："有物将至，其兆必先"（注一），"天降时雨，山川出云"（注二）。新文化兴起如"时雨"之从天而降，汉字文化学乃先兆之"云"也。

任何一种开风气的新学说，都会有种种不足与局限，也不可能在短期内得到广泛的理解和认同，最终要靠时间来证明。殷切期盼好学深思者，推演发挥，光大此学，此私愿乃出于公心也。

注一：《孔子家语·问玉》

注二：《礼记·孔子闲居》

何九盈

2014 年 11 月 25 日

于西郊抱冰庐